为有源头活水来：高中地理生活化教学实践探索

魏帅 敬百军 王连香 / 主编

吉林大学出版社

长 春

图书在版编目（CIP）数据

为有源头活水来：高中地理生活化教学实践探索 /
魏帅, 敬百军, 王连香主编. -- 长春：吉林大学出版社,
2020.1

ISBN 978-7-5692-6102-8

Ⅰ.①为… Ⅱ.①魏… ②敬… ③王… Ⅲ.①中学地
理课–教学研究–高中 Ⅳ.①G633.552

中国版本图书馆 CIP 数据核字（2020）第 015565 号

书　　名　为有源头活水来：高中地理生活化教学实践探索
　　　　　　WEI YOU YUANTOU HUOSHUI LAI：GAOZHONG DILI
　　　　　　SHENGHUOHUA JIAOXUE SHIJIAN TANSUO

作　　者　魏　帅　敬百军　王连香　主编
策划编辑　刘　佳
责任编辑　刘　佳
责任校对　张鸿鹤
装帧设计　郭少飞
出版发行　吉林大学出版社
社　　址　长春市人民大街 4059 号
邮政编码　130021
发行电话　0431-89580028/29/21
网　　址　http://www.jlup.com.cn
电子邮箱　jdcbs@jlu.edu.cn
印　　刷　长春市昌信电脑图文制作有限公司
开　　本　880mm×1230mm　1/32
印　　张　13.5
字　　数　320 千字
版　　次　2020 年 1 月　第 1 版
印　　次　2020 年 1 月　第 1 次
书　　号　ISBN 978-7-5692-6102-8
定　　价　45.00 元

前　言
Preface

　　随着素质教育的全面推进，在实际教学中更注重对学生实践能力的培养，是实现素质教学的重要举措。当前社会环境下，传统的教学模式已不能适应新时代下社会对人才的需求。一线教师要结合最新的课程标准，在教学过程中关注学生课堂成绩的同时，积极探索适宜培养学生实践能力的教学方法。使学生在学校不仅能够学到应有的知识，同时还能培养动手、动脑的能力，使学生具备在生活中发现问题、解决问题的能力，实现全面的素质教育。

　　地理是一门实践性较强的学科，教师在开展教学工作的过程中，要在把握地理学科性质的同时，结合高中生的年龄特点，将地理教学与学生实际生活有机结合起来。不论是在课堂教学中还是在课外实践活动中，将知识的学习融入学生的校园生活和日常生活中，充分利用现有教育资源，摆脱传统的教学模式，使高中地理课堂真正地"活过来"。在高中地理的教学中引入生活化的元素，最终使学生爱上地理学习，也使学生掌握的地理知识能够更好地指导学生的学习和生活，升华学生对家乡和对祖国的热爱之情。

本书从七个方面对高中地理教学生活化进行了阐述和论证，分别是高中地理生活化教学的概述、高中地理生活化教学的理论基础和研究现状、高中地理教学内容生活化、高中地理教学方式生活化、高中地理作业布置生活化、高中地理活动教学生活化、高中地理生活化教学的案例展示。从这些方面对高中地理实行生活化教学进行了系统而全面的论证，旨在给高中一线地理教师的教学工作带来一点启发。

由于笔者水平有限，文中多有不足之处，还望各位读者不吝指正。

魏　帅

2019 年 5 月

目 录
Contents

第一章　高中地理生活化教学的概述

第一节　高中地理生活化教学提出的背景

一、时代发展重视地理教育

信息化社会的发展和知识经济时代的来临，必然给教育带来多方面的改变。科技的进步依赖于人才，教育是培养人才的关键。人类社会的发展面临着人口、资源、环境等多方面带来的种种问题。

20世纪初，地理教育在学校教育中一直不受重视。但是20世纪80年代中期以来，全球性的人口、资源、环境问题日渐突显，地理学在解决这些问题上的突出优势让人们开始重视地理教育。20世纪90年代以后，各国为适应世界政治、经济、社会的迅速发展都提出了一些新的地理教育理念。例如，美国提出了"生活化的地理"，德国强调培养学生的"环境意识"，日本提出了培养具有"世界观念的日本人"，我国则提出了"学习对终身发展有用的地理"。

地理学科在培养学生的地理实践能力和探究意识、陶冶爱国主义情操、形成科学的观念方面有着其他学科不可替代的作用。随着各国人口的不断增长，导致了人口暴增、人地矛盾、粮食短缺、资源短缺、环境破坏等各种问题的出现。中学地理教育的时代使命就是要让学生通过地理学习形成一种可持续的发展观念，正确认识人口、资源和环境的关系。

二、地理课程改革提倡活动教学

《普通高中地理课程标准(2017年版)》(以下简称《地理课程标准》)是

地理教学的指导性文件,也是地理研究的理论基础和价值导向。从地理课程改革的发展过程来看,新课改的许多方面都体现了对活动教学的倡导。新课改重视对学生地理探究能力的培养,提倡自主学习、合作学习、研究性学习等现代化的学习方式。这些新的学习方式要以活动为依托,通过组织活动来开展教学。

新课改重视地理观测、考察、实验、调查、专题研究等实践活动,全面培养学生的地理能力,强调信息技术要广泛应用于地理学习和教学中。地理活动的设计和实施都离不开信息技术的支持,因此活动的开展也能培养学生的信息意识,提高学生的信息能力。通过开展多样化的活动能满足不同学生的地理学习需要,也能为他们学习过程和学习结果的评价提供更多的参考。可以说活动教学处处体现了地理新课程改革的理念,地理新课改也有意引导教师和学生以地理活动为中介开展地理教学。

《地理课程标准》中各个部分都渗透着对活动的要求,体现了地理新课改的价值取向的变化,也为活动教学的开展提供了指导依据。尤其值得一提的是,在《地理课程标准》的“内容标准”部分,每一条“课程标准”后面都有相应的“活动建议”,“活动建议”为教学活动的开展提供了参考性的建议,这也传递了一个重要信息——新课程改革倡导活动教学。

三、地理教材包含丰富活动

随着新课程改革的不断推进,地理教材也出现了多样化的发展趋势。地理教材打破了以往“一本教材教全国”的格局,各地可以根据自己的情况选择不同版本的教材。目前高中现行的地理教材有四个版本,分别是中国地图出版社出版的“中图版”地理教材、湖南教育出版社出版的“湘教版”地理教材、人民教育出版社出版的“人教版”地理教材和山东教育出版社出版的"鲁教版"地理教材。各版本教材都将"活动"引入地理教学之中，成为这次教材改革的一个亮点。各版本教材都引入了大量的地理活动内容，活动形式和活动的数量都非常丰富，为教师和学生提供了丰富的课程资源。

新教材的活动部分把学习过程变为体验、探究的过程，从根本上培养了学生的创新素质和创新能力，同时充分体现了"以学生发展为本"的新课改理念，使新教材具有鲜明的素质教育特色。教材中大量的活动为活动教学的开展提供了参考和可能性，也反映出了地理教学朝着活动教学方向迈进的趋势。

第二节　"生活化教学"的概念及特点

一、"生活化教学"的概念

教学是"教"与"学"的统一活动,在这个活动中,教师主要通过科学的方法将自身所掌握的技能、知识传授给学生,而学生在这个活动中通过有效的学习摄取知识,提高能力。所谓的"生活化教学",主要就是指在教学活动中,"教"和"学"与生活相联系,并根据身边的生活事件来探究相关的知识。实际上,知识是源于生活的,而且教学中的各项活动都与生活有着一定的联系,学生在教师有计划、有目的、有组织的引导下自主地去探索知识、学习知识,不仅能帮助学生有效地掌握相关知识、技能,同时学生在实践学习活动中能获得更多的生活体验。著名的教育家陶行知先生曾说过:"没有以生活做中心的教育是死教育,没有以生活做中心的学校是死学校,没有以生活做中心的书本是死书本。"生活化教学方法主要是将教学与生活相联系,让学生在学习中体验生活,在生活中学习知识,从而实现良好的学习效果。

二、"生活化教学"的特点

生活化教学在教育界得到了普遍的应用,生活化教学主要具有实践性、情趣性和主观能动性三方面的特点。

(一)实践性

生活化教学方法是将生活作为教学的基础,因此需要充分挖掘生活中的教学资源。在整个教学活动中,学生的学习主要以"学习实践"和"实践学习"两种方式进行,进而实现理论与实践的相互转化,不仅有助于提升学生的学习效率,同时更有利于激发学生的学习兴趣。

(二)情趣性

情趣不仅会影响教师的教学效果,同时也会影响学生的学习。因此,在生活化教学方法实施的过程中,教师需要对教学工作产生浓厚的兴趣,这样才能直接影响、感染学生。情趣是生活化教学方法实施中一个显著的特点。苏联教育理论家、教育实践家苏霍姆林斯基曾说过,成功的欢乐是一种巨大的情绪力量,这种力量可以促进学生努力学习,教师在教学中不可让这种内在力量消失,否则教师采取任何巧妙措施都是无济于事的。因此,在生活化教学方法实施的过程中,教师应将这种内在力量传递给学生,使学生产生学习情趣,从而有效地提高学生的学习效率。

(三)主观能动性

从生活化教学实施的外在表现来看,其主要是将生活与教学联系在一起;从生活化教学实施的本质上来分析,其主要是从生活中汲取教学内容,并且生活化教学与真实生活有着一定的差别,生活化教学并不是复制原有的生活,而是对生活中的事物进行不断地分析、加工、提炼、总结、概括及改造。因此,在整个活动中需要充分地调动学生的主观能动性,才更有利于教师充分地开展生活化教学工作,提高高中地理教学效果。

第三节　高中地理生活化教学的研究意义

一、弥补传统教学的不足

我国著名教育家陶行知曾经说过,"好的先生,不是教书,不是教学生,而是教学生学"。传统的教学模式就是教师讲、学生听,教师通过耐心地讲解,将自己已有的地理知识一点点地传授给学生。在这种传统的教学模式下,学生仅仅是被"教会",并不是自己"学会",更谈不上"会学"了。在传统教学中,教师一直处于主体地位,学生处于被动地位。而在地理生活化教学模式当中,教师处于主导地位,组织学生以自己熟悉的生活案例为背景,通过自主探究、小组合作等方法进行学习,学生处于主体地位,成为课堂上真正的主人。这样的学习模式,有助于提高学生学习地理的主动性,有助于调动学生学习地理的积极性,有助于发挥学生学习地理的创造性,从而提高地理的教学效率。

二、促进学生的个性发展

在地理生活化教学过程中,教师必须尊重每个学生的个性,使学生能够充分展示不同个体的特殊才能。当学生参与地理生活化教学的过程中,他们就会充分发挥自己的特长。而学生那些在传统教学中不被承认或未被发现的特殊才能,在地理生活化教学中就会得到肯定,从而增强学生的自信心。通过多元的评价方式,能够激发学生对地理的学习兴趣,有助于培养学生的创新能力,有利于促进学生个性的发展。

三、提升学生的实践能力

传统教学注重知识体系的科学性和完整性，忽略了书本知识与生活实践的联系，也忽视了对学生基本生活技能的培养。而地理生活化教学一方面能让学生明白地理知识来源于现实生活，又运用在实际生活当中；另一方面能让学生领悟，地理这门课程在现实生活和生产中具有很强的使用价值，教学的最终目的不是让学生理解和掌握书本上所呈现的地理知识，而是让学生能够将所学的书本知识运用到现实生活当中，能够创造性地应用是终极目标。在地理生活化教学中，通过实施大量的模拟实践活动，能够提升学生的实践能力。

四、培养学生的"和谐"理念

在地理生活化教学中，师生、生生之间互帮互助、相互支持，没有嘲笑、没有蔑视，和谐相处，成为彼此的良师益友，培养了学生人际关系方面的"和谐"理念。针对生活中出现的越来越严重的人口、资源、环境等问题，地理生活化教学始终坚持可持续发展理论，培养学生人地关系、人与环境和谐相处理念，同时也培养学生全面发展的"和谐"公民的理念。

第四节　高中地理生活化教学的必要性

实行生活化教学是中国教育未来的大趋势，对于生活化教学的解释比较多，笔者对生活化教学的简单理解就是学生在教师的引导下在生活中学习,同时又在学习中生活。生活和学习本来就是一体,不能为了学习而放弃生活,只有更好地学习才能更好地生活,也只有正确运用生活经验才能持续不断地学习,因此针对地理课程实施生活化教学是非常必要的。

一、地理教育需要

《中国百科大全书·教育卷》对"教育"做了如下解释:"教育有广义和狭义之分,广义的教育是指能促进人的知识与技能、智力与体力、影响人的思想观念积极正确发展的一些活动；狭义的教育则更明确实施教育的主体是学校,是根据一定的社会发展要求,在遵循受教育者身心发展规律的基础上,有目的的、有计划、有组织地实施促进受教育者的身心朝着教育者所期望的方向发展的活动。"简单而言,教育就是作用于受教育者生理和心理发展的活动,具有时代性,受到社会发展的制约,并且对社会的发展有一定的影响。所以说,教育来源于生活,服务于生活,是对生活有一定影响的活动。美国实用主义教育家杜威曾直接提出了"教育即生活"的教育观点;马克思教育学者认为教育起源于生产劳动,而生产劳动是实现教育的根本途径。教育的作用对象是人,其最终目的也是培养适合社会发展需要的人才，教育本就属于人类生活的一部分，而且是必不可少的一部分。地理是一门与人类生活息息相关的学科,以下介绍四方面地理教学内容和人们衣食住行的紧密联系。

(一)地理与"衣"

服饰是人们日常生活必不可少的东西,不同的国家、不同的民族都会拥有各自具有代表性的特色服装或者是传统服装。衣服最基本的功能就是遮羞和保暖,随着社会的发展会增添"美""艺术"等功能。例如,我国藏族人民的藏袍,用料以皮毛为主,因为藏族地区以畜牧业为主,材料易得,同时加上藏族人民居住在青藏高原,气候高寒,皮毛材质的服饰保暖性更好;藏袍没有扣子,用腰带保持衣服的稳定性,袖子肥大。因为青藏高原地区昼夜温差大,藏族人民常用"一山有四季,十里不同天"来形容当地多变的天气,冷的时候整个人都被藏袍包裹;青藏高原地势高、云层薄、大气透明度高,中午气温高,藏族人民就会将手从藏袍的袖子抽出,将袖子系在腰间,露出白缎衬衫的内衣。藏袍的这些特征都与当地的地理环境有密切关系,有的时候可以通过服装特征来判断当地的气候、文化等地理特征,如阿拉伯地区的人们喜欢穿白色大袍、傣族姑娘喜欢穿筒裙、苗族人喜欢穿戴银饰等。

(二)地理与"食"

各个地方都有自己的特色美食,形成各种独特的饮食文化。这个饮食特点的形成也跟地理密切相关, 特别是食物的取材与当地的环境更是息息相关。例如,中国南方和北方在饮食上有很大的区别,南方人以米饭为主食,北方人以面食为主食,而西北少数民族更多是以肉食为主。这是因为南方水热条件好生产水稻,北方水热条件差一些则以小麦为主,西北地区因为气候条件更差则以放牧业为主。小到地区、大到国家的饮食都受到地理环境的影响，当地人会根据自身地理条件的制约选择适合本地发展的农林牧副渔业，从而影响当地的饮食习惯。例如，日本人喜欢吃鱼，一方面是因为当地有北海道渔场，其是世界四大渔场之一；另一方面是因为日本是一个岛国，国土面积小、人口密度大、土地资源紧张、海洋资源丰富等。

(三)地理与"住"

人们的"住"也能凸显当地地理要素特征，并且遵循当地的地理特点来修建，追求实用性的同时也会追求一定的审美性。例如，南方房顶都呈现倾斜状，这是因为南方多雨水，这样的设计便于雨水的排放；北方和西北地区因为降水少屋顶大多为平顶；以种植业为主的地区大多是定居，而游牧民族则要随着水草的变化而进行迁移，所以他们选择的是更为方便拆装的帐篷；一些少数民族的特色民居，如云南傣族的竹楼、海南黎族的船型屋等都是与当地的湿热天气相适应的，还有黄土高原的窑洞、广东开平的碉楼、山东威海的海草房、福建客家土楼等各种特色民居都烙上了当地的自然人文地理特征的印记。

(四)地理与"行"

因为地理环境不同，交通选择方式也会有差异，这种差异在古代更为明显。例如，中国北方交通方式以马车为主，南方以船只为主，这是由于南方降水多，河流和湖泊数量众多，河网密布，航运发达。现在随着科技的发展，地理环境对交通的影响不断减小，但是不会消失。例如，现在交通方式在不断增多，主要有公路、铁路、水运、航空和管道运输等运输方式。交通线路的修建也会受到地理环境的影响，以中国为例，整体上交通线路数量有东部多于西部的分布特征。自然地理方面是因为东部地区地形相对平坦，修建难度小；人文地理方面是因为东部地区经济发达，市场需求量大。

地理环境对于交通线路方式也有一定的制约作用。如山区一般选择的是公路,铁路比较少,这是由于火车的爬坡能力远远低于汽车,安全性低、成本高等。当然凡事不是绝对的,人们也可以利用先进的技术来改善当地的环境。如历史上著名的铁路工程师詹天佑先生修建的京张铁路在途经八达岭路段就采用了"人字形"铁轨,减少了地形对铁路的限制因素。当代的管道运输、海底隧道等都是通过科技改善交通条件的实例,但是无论科技多么发达,都要遵循当地的地理特点与规律来实施,这些都和地理密切相关。

二、学生心理发展需要

心理发展是指个体从出生到死亡的整个生命进程中所发生的一系列心理过程与变化。个体的心理是不断地发展和变化的,具有连续性、阶段性、方向性、顺序性、不平衡性、个体差异性等特征。高中生的年龄大多在14~18岁,属于青年初期,是个体在生理、心理和社会性上基本成熟的时期,主要体现在以下三个方面。

第一,抽象逻辑思维由"经验型"向"理论型"转化,开始出现辩证思维,同时道德感、理智感、美感有了较为深刻的发展。

第二,能比较客观地看待自我,明确地表达自我,形成了理智的自我意识,但理想自我与现实自我、自我肯定与自我否定经常性地发生冲突。

第三, 意志的坚定性和行动的自觉性有了较大发展,对未来充满理想,但理想容易与现实脱节。

高中阶段学生的心理活动逐渐显露出个人差异特征, 即学习兴趣更加凸显,理想更加贴近实际生活,世界观初步形成,是个体独立走向社会生活的重要准备时期。这个时期的学生已经具备了一定的生活经验及知识储备,并且能更加理性、更具逻辑性地分析事物的现象,认识到其本质,所以课堂实行生活化教学在这个方面没有太大的阻碍,具备可行性。高中阶段的学生不断趋向成熟的心理特征,加之学生前期不断累积的生活和学习经验、知识,对于发生在其周边的现象都充满了好奇心,也希望能用正确的、科学的理论给出合理的解释,获得心理上的满足。在这样的心理准备条件下,实施生活化课堂教学一方面是适应学生心理发展阶段的特点,另一方面是满足学生不同阶段的学习需求。

三、社会发展需要

政治经济制度对教育具有决定性的作用,决定教育的领导权、受教育权、教育目的、教育内容和教育体制;生产力对教育具有制约作用,制约教育的发展速度和规模、教育结构、教育内容和方法手段。现在各国的竞争,特别是在经济全球化和区域一体化的大背景下更加激烈。各国都希望能在国际市场中占有一席之地,实现GDP(国内生产总值)的迅速发展、居民生活水平的不断提升。20世纪60年代,以美国舒尔茨为代表的一些西方经济学家就提出了"人力资本理论"一说,简单而言是指可以影响劳动者从事生产性工作的能力的因素,包括劳动者自身的知识、技能等方面。各国之间政治、经济、文化、军事等方面的竞争其实就是人才的竞争,而人才的获得和产出在很大程度上是依靠教育的,我国提出了"科教兴国"的发展策略也是因为教育具有科学知识和劳动力再生产的作用。中国是一个人口大国,具有很大的人力资本潜力,如何能最大限度地利用,获得更多的高质量人力资源不断作用于社会,促进国家的发展和进步,最终的落脚点还是在教育。所以教育的发展反过来也会影响社会的发展,在教学过程中要注意教学目标的确定要联系中国国情,适应社会发展的需要,教学过程的实施更需要密切联系实际,及时更新数据,用最新的数据展示。例如,中国经济实力的排位现在已经是位居世界第二,仅次于美国(单算国家,不算欧洲联盟体),赶超了日本,而以前的数据是在日本之后位居第三。

四、教学弊端改善需要

在新课改大背景下,全国各个学校都尝试进行教学改革,对原有的教学方式开始进行反思和思考,先后出现了一些风靡全国的教学模式,如山东杜郎口中学"三三六"自主学习模式、江苏洋思中学的"先学后教、当堂训练"教学模式、河北衡水中学的"三转五让"教学模式、江苏东庐中学的"教学合一"模式、永威中学课堂教学模式等。各种新兴教学模式都有各自的特点,但这些模式的"新"区别于以往传统的教学模式,其共同特点就是更加注重了学生的主体地位,充分发挥了学生的学习主动性。虽然表面上教师的主体地位在不断弱化,实际上对教师的要求更高,如对教师的学科专业知识、教学组织能力等方面的要求。相比传统教学方面,无论是教育行政部门,还是一线的教育工作者都在尝试并进行教学方式的转变。这是一个很好的发展趋势,但是在实际操作过程中还是存在以下两个方面的问题与弊端。

(一)观念落后

任何事情的转变都需要时间,虽然新课标出台了一段时间,对于很多教师,特别是资历较深的教师而言,固有教学模式和风格不是立即就能转变的。有些教师甚至还在坚持传统的"三中心"——教材中心、教师中心、课堂中心的教学理念,认为只要讲完书本内容、做完相应的训练就是完成了教学任务;教学过程中以自我为中心,认为教师是教学活动的中心,不注重学生个性发展;认为教学活动实现的唯一方式就是课堂教学,模式单一枯燥,学生很容易产生学习疲惫感。不以发展全面素质人才

为教学培养目标,只是以能完成教学任务、达到教学和升学指标为唯一行动标准。

(二)模式单一

目前,还有很多教师的教学模式是以传统教学模式为主。教学内容方面,教师简单粗暴地处理教材,有的甚至是照本宣科,教学内容的安排基本只有书本概念和知识,机械化地进行教学内容的传递;学习方式方面,单一实行"师讲生听""满堂灌"的方式,很少引导学生进行自主学习、探究学习和合作学习,也很少倾听学生的理解,不注重学生学习思维能力的培养;作业练习方面,大多以资料练习为主,很少有社会实践活动,不能为学生学习提供广阔的空间,同时也脱离了生活,单纯为了记忆知识,提升解题能力而已。进行生活化教学,在一定程度上可以减少甚至是避免这些问题的出现。教师要树立全新的教学观念,清楚地认识到现阶段我国的教育目的是培养德育、智育、美育、体育和劳动技术教育全面发展的高素质人才,不再是以前的只以分数论英雄的时代了。教育具有未来性,具有服务现有生活和未来生活的功能。传统教学模式的弊端阻碍了现有教育的发展,而进行生活化教学是教育发展的正确方向。

第五节　高中地理生活化教学的内涵

一、地理生活化教学的内涵

地理生活化教学的内涵包括以下三个方面。

第一，发现地理教学内容和学生生活共通的地方，高度提炼生活中的地理事物和现象，将教学内容与学生日常生活体验联系起来，以便学生知识结构的内化。当然，我们教学的最终目的还是要求学生能学以致用。生活化教学倡导学生把课堂上学到的地理知识和方法运用于指导生活，在实践过程中加深对地理知识的理解。同时，学生成功解决生活问题后，体会到地理的实际应用价值，就会以更加饱满的热情投入地理学习中来，两者互相促进，最终形成良性循环。

第二，学生的一天除了睡觉，绝大部分时间都是在学校度过，所以不可否认，地理学习对学生来说，本身就是一种生活。在地理课堂教学活动中，学生作为活生生的人，不仅有获取知识的需要，更有身心健康成长的需要。因此，地理生活化教学应该创设轻松活跃的学习氛围，体验生活的喜怒哀乐，过有生命力的课堂生活。

第三，地理生活化教学，不但关注学生的现实生活，而且关注学生将来的可能生活。所以，地理教学要从中学生的未来着眼，不回避地理学科知识的难点，一切以学生的未来发展为准则，强化基础知识，培训有用技能,培育地理思维,形成和谐的人地观。

这就要求教师不能片面地追求生活化的形式,而应该根据实际需要,灵活处理,衡量的标准就是既要有利于学生现在的生活,也要为其未来的生活服务。所以,高中地理教学内容不能一味地普及化,回避地理教学的难点,这将不利于高中地理的教学。

二、高中地理生活化教学的内涵

教学生活化是把教学看成是一种生活,更多的是一种教学理念,而生活化教学是以生活化的方法来进行教学,强调的是一种教学方法,这两者互为表里,相互包容。结合高中地理的学科特点及高中生的学情特点,笔者根据自己的理解给出以下高中地理生活化教学的概念。

高中地理生活化教学是根据高中生的心理和思维发展规律及《地理课程标准》的要求,联系社会生产与生活实际,高度提炼生活素材,充分利用学生的生活体验、乡土素材及时事热点,安排教学内容,并在富有生活气息的氛围中获得地理知识与技能,形成应有的地理思维和资源、人口、环境观,并最终能将之应用于自然与社会,能努力分析与解决现实生活中存在的问题,真正能激发学生主观能动性的一种教学形式。这种教学形式源于生活,却高于生活,而且也最终服务于生活。学生从现实生活的经历与体验出发,摆脱依赖教师的状态,积极探究,在探究中体味生活的酸甜苦辣。

第六节　高中地理生活化教学的原则

地理生活化教学强调生活与地理的联系，借助生活学习地理知识，再将所学地理知识用于指导生活。然而，教师在进行地理生活化教学的过程中，往往难以把握分寸：一种情况就是茫然无措，生活化教学流于形式，走的还是老路；另外一种情况就是产生"泛生活化"现象，凡事不管好赖都往生活上套，使得地理课失去了"地理味"。因此，针对这种状况，本书提出了地理生活化教学要遵循的五个原则。

一、生活性原则

地理生活化教学要遵循生活性原则，中国现代教育史上著名的教育家陶行知认为："教材只是生活的工具，生活才是教育的根本，教育因为生活才显得精彩。"《地理课程标准》也明确指出："学习对生活有用的地理。地理课程要提供给学生与其生活和周围世界密切相关的地理知识，侧重基础性的地理知识和技能，增强学生的生存能力。"

生活性原则是指教师能根据学生已有的知识和生活体验，结合高中生的心理特点，对地理教学内容进行生活化处理，让学生在设置的生活化情境中去获取知识，增长才干，在熟悉的氛围中学以致用。地理知识在生活中应用价值的发现，将有利于激发学生的兴趣，提高学习的热情。高中学生对于如太阳东升西落、四季更替之类的地理现象及身边发生的地理事件已经有了感性认识，但他们不知道为什么会这样，仍然怀有强烈的好奇心,这些就是最好的学习材料。所以,教师要遵循生活性原则,将地理教学的学科需求与生活中能激发学生好奇心的地理现象相结合,可以使抽象的地理知识形象化,也符合高中生的思维特征。同时,学生也能够主动去汲取知识一解心头之疑。在这个过程中,学生自然能够发现地理学科的应用价值。反之,如果高中地理教学忽视了这一原则,将会丢弃地理学科最大的优势,地理也最终将会被学生所抛弃。

二、地理性原则

地理生活化教学不能纯粹充斥着生活实例,关键还是要落实到地理教学上来,生活化只是促进地理教学的一种有效手段,遵循地理性原则,可以让我们不至于迷失在生活化的浪潮里,忘记地理的实质。

(一)人地关系

人地关系是指人与自然环境的关系,自然环境滋养了人类,人类的活动也会对自然环境造成影响。如果人类不能善待自然,肆意破坏自然环境,那么自然环境就会用灾难来报复人类;如果我们能够善待自然环境,那么自然就会回馈给我们幸福的家园。我们只有一个家,那就是地球。所以地理教学强调培养学生形成正确的人地观,毕竟这涉及我们生活的家园。教师在生活化教学的过程中,要引导学生对生活中有关的地理事实与现象进行加工提炼,要适应地理学科的需要。教师提炼生活素材时,要注意有意识地渗透人地关系这根主线。

(二)空间直观性

空间性是地理学科的特征之一,高中生由于空间思维发育得还不够成熟,因而空间辨别能力弱,然而地理空间里的地理事物又具有直观性。高中地理教材相对于高中生的认知水平来说比较抽象难懂,所以高中地理生活化教学要能变抽象内容为地理事物的直观展示，变枯燥内容为生活中的鲜活事例。这也符合高中生形象思维为主体的思维特征，有利于降低学生学习的难度，激发其学习地理的兴趣。

（三）系统综合性

地理环境本身是由多种要素系统组成的，事物之间是相互作用、相互影响的。相应地，高中地理生活化教学要尽可能地全面展示相关的学习素材，引导学生全面、系统地认识生活中的现象和事物。同时，在解决生活中的难题时，要能综合运用所学地理知识与技能。教师在进行高中地理生活化教学时，要注重培养学生综合分析问题的能力，这远比学习地理知识更重要。

中学地理教育除了知识与技能的培养，最重要的就是对学生地理观及地理思维的培养，这些都属于地理学科的基本属性，对学生的终身发展影响巨大。如果我们的生活化教学一味地追求外在形式，而忽视学生地理素养的培养，那也就失去了教学改革的价值。

三、乡土性原则

高中地理生活化教学要遵循乡土性原则。地理教学中最丰富的生活素材来自哪里？本乡本土。学生对哪里最熟悉，最有感情？家乡。学生生于斯，长于斯，家乡的一切，早已烙印在心间。家乡的自然环境和人文环境，紧扣地理教学的主题。开展生活化教学，教师应该组织学生从"乡土"里寻找贴近地理教学主题的生活化素材。

把地理课堂搬到自然界中去，搬到工厂里，搬到街头巷尾去……利用乡土资源，我们的课堂将不再局限于教室，地理课堂可以延伸到原野里，延伸到工厂里，延伸到商场里，地理教学将真正进入学生的日常生活中。

当我们走在大街小巷、田间地头,能用地理的眼光和思维去审视周围的一切时,可以说我们已经做到生活与地理学习合二为一了。遵循乡土性原则,才能又快又好地促进高中地理生活化教学。

四、问题性原则

人类相对于动物而言,最大的优势是我们会思考。正如亚里士多德所说:"思维是从疑问和惊奇开始的。"为了更好地实现地理课程改革的基本理念,促进课堂教学的和谐发展、教师和学生的健康成长,高中地理生活化教学要遵循问题性原则。

首先,生活化之所以具有生命力,被看作挽救高中地理学科命运的一剂良方,就在于生活中处处含有地理知识,学生对生活中的地理事物和想象存有好奇心,脑袋里装有一个个"为什么",所以生活化素材能吸引学生乐于学习地理。

其次,地理学科教学的要求有其特殊性,大多时候与所收集的生活素材并不一致。这时就很考究地理教师的功力了,设置生活化情境,吸引学生探究的目光,将抽象的地理问题基于当前的情境,层层分解,再引导学生由浅入深,层层深入,进入地理学习的主题。以生活化情境为平台、问题为载体,激发学生探究的欲望,使生活化教学由粗浅转向深入。

高中生比较感性,有趣、形象具体的问题比较容易吸引他们的注意力。生活本身不就是先产生一个个问题,再解决一个个问题吗?所以,高中地理生活化教学要遵循问题性原则。

五、开放性原则

高中地理生活化教学应该遵循开放性原则。

首先,我们之所以进行生活化教学,就是因为在熟悉的情境下,学生心情轻松愉悦,学习劲头足。可以说,轻松自在的氛围有利于学生的学习,每个学生都希望自己能成功,而轻松氛围确实有助于人成功,成功本身又会给学生带来无穷的动力。因此,开放性原则应该包括师生关系的开放,这有利于营造民主平等的学习氛围。

其次,生活化教学不是教教材,其教学内容也是开放的。生活化教学经常要求教师从丰富的生活素材中提炼出适宜本地学生学习的教学内容。可以说,如果不遵循开放性原则,生活化教学必定是"假、大、空",流于形式。事实上,拥有开放性的观念更重要。观念开放,就能接受各种稀奇古怪的想法,能包容学生犯的错。坚持开放的观念有利于激发学生的创造性思维,培养学生的创新精神和实践能力。教学方法不唯一,生活化教学方法同样也不拘一格,因为生活本身就充满变数,教学方法也不例外,因此在生活化教学中要根据情况灵活选择教学方法。在开放性的师生关系和开放性教学方法的前提下,学生敢于生疑、勇于质疑,也就是能进行求异思维,那么一个开放性的课堂也就出现了。学生不再是被动的、单纯的接受者,而是积极主动的探究者,这有助于培养学生的观察能力、想象能力、记忆能力和思维能力。

第二章　高中地理生活化教学的理论基础和研究现状

第一节　高中地理生活化教学的理论基础

一、哲学基础

（一）马克思关于"人的全面发展"学说

马克思在其哲学思想体系中，系统地阐述了"人的全面发展"学说。他认为，人的全面发展首先应该是人的能力得到多方面的发展，人的能力发展是人自身发展的实质，它既包括一个人所拥有的自然力，也包括作为主体的人在实践活动中通过锻炼、培养与学习而形成并积淀的各种精神因素，如知识、经验和情感意志等。在马克思看来，人的全面发展蕴含着人的自由发展，即每个社会成员的全部智慧、力量和潜能素质在得到全面发展的同时，能够在复杂的社会关系中自由运用。我们现在实施的素质教育强调学生的全面发展，地理生活化教学就是通过学生与生活的联系，使学生的认知、人格心理、情感意志得到自由而全面的发展。

（二）王阳明"知行合一"思想

"知行合一"思想是王阳明重要思想之一，包括三个方面：其一，知是行之主意，行是知之工夫。即反对知行分作两件事，知与行相互融为一体。"知"在实践中起到指导作用，"行"在"知"中起到磨炼作用，知行之间相互连接，相互渗透。其二，知是行之始，行是知之成。知并不"可以说"是行，行也不"可以说"是知，"知"与"行"其本来意义就是互相包含的。"知""行"永不脱离，是王阳明"知行合一"的立言宗旨，知行一体，知而必行。其三，知而必行，行而必知。从"知"的角度来讲,王阳明所讲的"知",即"良知",这种"知"是生来固有的,对于个体而言,它不一定是全面完整的,必然需要在著实上下功夫,亦就是在致知上磨炼,在践履过程中检验"知"的深浅,在践履中对"知"进行弥补修正,这就是"知而必行"。从"行"的角度来讲,"行"是"知"的功夫,"行"在"知"的指导下进行,离不开"知",同时"行"亦是"知"的检验手段。不管检验结果如何,都在实践中产生新的认知,对于个人而言,就是在实践中不断提升认知的水平,这就是所谓的"行而必知"。

二、心理学基础

(一)学习动机(需要)理论

学习动机是一种内部启动机制,是一种内在的心理过程,有了学习动机,个体就能积极主动地朝一定的学习目标不断努力。学习动机是在学习需要的基础上形成的,诱因是学习动机产生的外部条件。个体的价值观、情绪、认知程度及行为结果都会影响其学习动机的形成。所以,教师在教学过程中要帮助学生树立明确的学习目标,形成正确的价值导向;注重培养学生强烈的求知欲和浓厚的认知兴趣,使学生在快乐中学习成长;要合理利用学生学习结果的反馈作用,并给予适当的表扬和批评。如此一来,就激起了学生的学习动机,学生可以利用这种内驱力的作用,寻找适合自身的学习策略,充满激情,进行有意义的学习,最终提高学习效果。

需要是一种心理倾向,是有机体感到某种缺乏或者不平衡状态而力求获得满足状态,是有机体自身和外部生活条件的要求在头脑中的反映。不同的角度,需要可以分为不同的种类。

根据需要的起源可以分为先天的生理性需要和后天的社会性需要。先天的生理性需要是指为保持生命体的生命安全和种族延续的一些需要，如饮食、睡眠、休息、运动、排泄等；后天的社会性需要是指在生理性需要基础之上，在社会实践和教育的过程中逐渐受影响而发展起来的需要，如友谊、成就、求知、美德、尊严、审美、劳动等。

根据需要的对象又可分为物质需要和精神需要。物质需要是指人对衣食住行等相关物品的需要，以及对劳动工具、文化用品、生产资料和科研用品的需要。物质需要包含生理性需要和社会性需要；精神需要是指人对社会精神生活及其产品，如对知识、文化、艺术等的需要，是人类所特有的需要。需要理论中我们最为熟知的是马斯洛的需要层次理论。《基于马斯洛需求理论的译者动机研究》一文中介绍马斯洛是美国著名当代人本主义地理学家，他根据需要出现的前后及强弱分成了五个层次（生理上的需要、安全上的需要、情感和归属的需要、尊重的需要、自我实现的需要）。马斯洛对其中的需要进行了进一步的区分：一是缺失需要，包含生理、安全、归属、爱和尊重需要。是个体生存所必需的，必须得到一定程度的满足，一旦满足，由此产生的动机则会消失。二是成长需要，虽不是我们生存的必需品，但对个体适应社会有极大的积极意义，促使个体更好地生活。缺失需要有严格的先后顺序，只有在前面一个需求得到一定程度的满足后才会出现对较高级需要的追求，同时对低级需要的行为的影响减弱甚至消失；而成长需要是永远得不到完全满足的需要，是更为高级的需要，永无止境。其中求知需要又称为认知与理解的需要，如何找到事物、如何摆脱危险、如何得到别人的好感等都需要一定的认知，属于成长需要。简单而言是指对自身和周围世界的探索、理解及解决难题的需要。自我实现需要是成长需要中最高层次的需要，即追求自我理想的实现，充分发挥个人潜能、才能的心理需要，也是一种创造和自我价值得到体现的需要。在

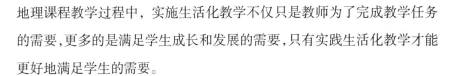

地理课程教学过程中，实施生活化教学不仅只是教师为了完成教学任务的需要，更多的是满足学生成长和发展的需要，只有实践生活化教学才能更好地满足学生的需要。

（二）有意义学习理论

美国著名认知教育心理学家奥苏伯尔在对学习方式进行分类的基础上，提出了有意义学习理论。他认为，有意义学习是一种学习方法，即学习者在学习过程中将遇到的新知识与其原有认知结构中的适当观念建立起非人为的、实质性的联系，最终使新知识获得心理意义。非人为的联系是指某种合理的或逻辑基础上的联系，实质性的联系是指非字面的联系。有意义学习的产生受外部条件与内部条件的双重影响。从外部条件来看，有意义学习的材料对于学习者来说必须具有"潜在的意义"，即逻辑意义，能够与学习者认知结构中的适当观念建立起非人为的联系；从内部条件来看，首先，学习者应该具备能够同化新知识的适当结构；其次，学习者要有将新知识与认知结构中的适当知识建立联系的主动倾向性；最后，学习者应该使新旧知识发生碰撞，擦出使新知识获得心理意义的火花。由此可见，有意义学习实质上就是认知同化的过程。因此，教师在进行教学设计时，要注重新旧知识之间的联系，给学习者在已知和未知之间架起一座桥梁，以实现新旧知识经验间的同化，形成意义学习。在日常生活中，学生已经形成了丰富的地理经验，将这些经验与新地理知识建立起非人为的、实质性的联系，是有意义学习得以实现的根本途径。

（三）学习迁移理论

学习迁移也称训练迁移，是指一种学习对另一种学习的影响，或者指已有经验对将要进行的活动、获得不熟悉知识技能的影响。在平常的学习中经常提及的"举一反三""触类旁通"等典型的学习迁移表现形式,通过迁移使得各种经验得以沟通、经验结构得以整合。学习迁移能直接促进解决问题的能力的提高,也是习得的经验得以概括化、系统化的有效途径,是能力与品德形成的关键环节;迁移规律对于进行学习活动的参与人员,包括学生和教师都具有重要的指导意义。在教学过程中,教师要充分挖掘学生熟悉的学习材料,如学生生活周边发生的现象与问题,了解学生已有的认知结构,创设带有一定感情色彩的具体的合理的学习情境,充分利用学习迁移规律,促使学生知识技能的有效迁移,最终达到教学目标。

(四)建构主义理论

建构主义也被称为结构主义,是在布鲁纳的认知结构学习理论的基础上发展起来的,属于认知理论的一个重要分支。当今建构主义学习理论有以下三个主要观点。

1.知识观

建构主义认为,知识是个体基于自己的经验背景建构起来的对现实的一种解释和假设,并不是问题的最终答案,需要在特定的情境中进行再创造。因此,在教学过程中,教师不能用所谓的知识的权威性来压服学生,学生对知识的"接受"只能通过自己的意义建构和内化来完成。

2.学生观

建构主义强烈反对学生"心灵白板说",认为学生在日常生活学习和交往的过程中,已经形成了丰富的经验,并对这些经验有了自己的看法,可见学生并不是空着脑袋走进教室的。因此,教师在授课时,不能无视学生的这些积累,而应把它视为新知识的生长点,引导学生在原有的认知结构上生长出新的认知结构。

3.学习观

建构主义认为,学习并不是学生被动地去接受教师向其传递的知识,而应是学生在原有生活经验的基础上主动积极地建构自己的知识结构的过程。在此过程中,"情境""协作""会话""意义建构"相互作用,相互影响,使学生学习得以顺利完成。情境设计是否恰当关系到学生对新内容的意义建构程度,会话发生在协作学习中,而协作学习又贯穿于学习的始终。为此,教师进行教学设计时,要以学生为主体、以经验为基点、以情境为依托、以活动为载体,将生活世界以情境的方式再现课堂,实现书本世界与生活世界的融合。可见,建构主义的理论体系与生活教育理论有异曲同工之处。

(五)情境学习理论

1990年前后,美国加利福尼亚大学伯克利分校的让·莱夫教授和独立研究者爱丁纳·温格提出了"情境学习"这种学习方式。情境学习理论认为,学习者的角色、经验甚至知识都是在相应的情境中由学习者与学习情境、学习者和学习者互动的过程中不断形成的,学习的本质就是对话,主张学习的经历就是广泛地协商。

简单而言,情境学习是指将要学习的知识、技能在情境中进行应用的学习方法,体现为"在哪里用,就在哪里学"。也就是说,我们想要将所学的知识、技能运用到什么场合与场景,我们就到最接近的环境中去学习。例如,学习一种语言最好是到将这种语言作为母语的国家进行学习,在那里能有良好的语言环境,能促使我们时刻使用这种语言;我们想要学习销售的技巧,就应该在实际的销售场合学习,因为这一技巧最终是用在销售场合的;我们想学习教师的教学技巧,就应该踏上那五尺讲台,在实际课堂中学习最为真实的教学技巧；我们想要学习骑自行车，就应该拿来一辆自行车不断地进行骑练，而不是一直研究它的构造和组成部分……为什么要这样学习呢？因为任何学习行为的发生都是在一个特定的情境中，渗透在特定的自然和社会环境中，不能简单地将学习视为抽象的、去情境化的知识，教学活动也不是单纯机械地从一个人传递给另一个学习者。情境学习理论严格来说并不适合学校教育，但是其理论精髓能帮助我们认识到一个本质，学习要尽量帮助学生还原知识、技巧发生的背景和情境，知识、技巧的学习要回归其最原始的状态。学者在对情境教学与学校教育相结合的模式下进行不断的探讨和研究，相信在未来能看到两者最完美的结合。目前，学校教育中的语言教学、社会教学都已经积极应用情境教学，如情境对话、角色扮演等。

三、教育学基础

（一）杜威的生活教育理论

美国教育家杜威在其实用主义教育思想体系中，系统地阐述了教育与生活的关系，认为教育和生活同生共长，并提出了"教育即生活""社会即学校""从做中学"的教育和教学原则。杜威认为，仅仅把教育看成一种促进美好生活的手段是片面的，因为教育本身就是一种美好的生活。在这种美好的过程中，生活通过刺激、丰富学生的想象来扩大、启迪学生有意义的经验。所以，在杜威看来，社会生活过程本身就具有教育作用，教育的过程等同于生活的过程，联系教育与生活的纽带是学生的经验。学生在生活中获得经验，带着这种经验完成学习过程，正因为经验和生活密不可分，才使学生的发展与具体生活和学生经验统一起来，成为一个整体。

资本主义的发展，尤其是科学技术的普及，使教育从传统的偏重灌

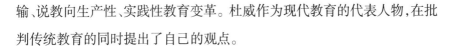

输、说教向生产性、实践性教育变革。杜威作为现代教育的代表人物,在批判传统教育的同时提出了自己的观点。

1.学生中心论

杜威认为,"传统教育"就是一种"静听"教育,将学生机械地凑在一起,教学课程及方法标准统一,消极地对待学生,向他们强制地灌输,把重心放在教师和教科书上,完全忽略了学生自身的本能和活动。因此,现代教育就应该把"学生变成太阳",让教育的一切措施围绕着他们转动;学生是中心,教育措施应该围绕他们而组织起来。

2.教育即生活,学校即社会

杜威认为,教育能传递并丰富人类的经验,强化经验指导生活和适应社会的能力,个人在社会生活中、与人交往中又不断改进经验、扩展经验,学到知识技能,形成良好的道德品质,从而把教育与社会生活维系并发展起来。学生只有参与真实的社会生活,才会全面促进自己的身心成长,并进行经验的改造。所以,当教师把课堂创设为学生的活动乐园,引导学生自愿参加活动,学生会在活动中自然地养成品德并习得知识、经验,继而实现生活、生长和经验改造。

3.教学论

在教材的选择上,杜威提出"学校科目的相互联系的中心,不是科学,而是学生本身的社会活动",因此要把基本的人类事物引进学校里来。作为学校的教材,在教学方法上,杜威主张"从做中学",他认为学生由听课和读书所获得的知识是虚缈的,只有从活动中获得才更为真实;在课程编制上,他提出要改造课程,把教材引入学生的生活,让学生直接去体验,使之能真正适于学生的生活。

(二)陶行知的生活教育理论

我国著名教育家陶行知先生根据多年的实践经验，提出了生活教育理论。他认为，生活教育就是以生活为中心的教育，它是生活原本存在的、自主经营的且必须进行的教育。其理论具体表现为一个目的、三大原理。

1.一个目的

目的表现在生活教育中是"为生活而教育"，"为生活的提高、进步而教育"，"为生活的向前、向上的需要而教育"，"为大众生活解放而办的教育"。

2.三大原理

(1)生活即教育

陶行知认为，生活决定教育，过什么样的生活便是受什么样的教育，实际生活是教育的中心，教育的力量来自实际生活，教育的内容随人类生活的变化而不断发展，教育应伴随人的一生。

(2)社会即学校

陶行知认为，传统教育使学校与社会相脱离，学校教育因为不运用社会的力量、不了解社会的需要而成为无能的、盲目的教育。他提倡真正的教育应该拆除学校与社会之间这座无形的高墙，使学生冲破鸟笼似的学校束缚，回到原汁原味的生活中去，使教育与社会融为一体。

(3)教、学、做合一

教学做合一既是对生活现象的说明，也是对教育现象的说明。在生活当中，针对某件事来说是"做"，针对自己的成长与进步就成了"学"，针对别人对自己的影响可谓"教"，"教""学""做"是生活的三个方面，并不是孤立的过程。陶行知认为，教学做合一重视精神上的主动，正是因为用心去做,精神才会因为做而抖擞,个体才会奋发进取。

(三)苏霍姆林斯基的生活教育理论

苏联教育家苏霍姆林斯基根据苏联社会的要求和多年的实践经验,提出了全面和谐发展的教育理论。他认为,不要把学生关在学校的牢笼里接受教育者的监督,应该让他们走进社会,面向生活,积极参与社会实践,加强自主能力的培养。否则,他们就无法合理有序地进行工作和学习,也不能抵制不良思想行为的侵蚀,长此以往,其成长过程就会受到严重影响。

(四)现行地理新课程理念

2017年颁布的《普通高中地理课程标准(2017年版)》(以下简称《地理课程标准》)中对地理课程提出了新的理念:一是学习对生活有用的地理,地理课程要把与学生生活及其周围世界关系密切的知识提供给他们,尤其侧重地理基础知识、技能,增强学生的生存能力;二是学习对终身发展有用的地理,反映全球发展变化的形势,突出资源、人口、环境及可持续发展等内容,使所学内容对学生目前的学习和生活有用,而且对他们的终身学习和长期发展有用;三是改变地理学习方式,以学生心理发展的规律为基础,联系实际合理地安排教学内容,引导学生使其在现实生活中的自身经历和体验与所学产生共鸣,激发学生研究地理问题的个人兴趣,培养他们学习地理的能力,鼓励他们主动探究学习,使学生进一步了解地理知识学习的价值,从而产生主动学习的诉求;四是构建开放式地理课程,地理课程应重视对校外资源的利用,关注学校、家庭与社会的密切联系,构建资源共享式的开放课程,拓宽学生学习空间,满足学生多样的需求等。总体来说,学习地理是在充分认识自身生活环境的基础上改造、利用环境,形成和谐的"人地关系",实现可持续发展。因此,高中地理教师在教学过程中必须将教学内容与生活紧密联系,关注生活中的各种地理现象,并融入课堂教学中,让学生自己思考探究各种现象的成因和演变,产生对自然的关怀和热爱,提升对地理的学习兴趣,指导他们更好地认知生活、适应生活、改造生活。在地理新课程理念下,除了帮助学生学习掌握自然和人文这些基础性课程知识,还应该以周边的乡土生活为范本,积极将本地的地形、土壤、河流、气候、民情风俗、历史沿革等乡土地理纳入课程中,通过组织贴近学生、贴近社会、贴近生活的教学内容,广泛拓展学生的思维,让学生主动联系生活,切身感受地理就在自己身边,就是自己生活的一部分,从而对自己的生活产生积极的影响。

(五)教师学习与发展共同体(LDC)相关理论

教师学习与发展共同体主要探讨在新课改背景下,如何在不同层面建立教师学习与发展共同体的策略和途径,通过引导教师反思自身教学实践、开展行动研究和合作研究,促进教师专业能力的发展,进而促进学生高质量地学习,以适应社会变革。教师学习与发展共同体是通过专业人员、学校教师与工作实践者的共同努力,创造一种环境,创造一种机制,创造一种氛围,让大家共同根植实践,研究自己的课堂、自己的学校、自己的学生和教师自己。研究人员将自己置身于研究之中,通过对自我和教学实践的研究,探索提高教学质量和自身素质的规律,从而激发自身成长的内在动力。从该目标分析来看,该理论研究包括以下两部分内容:一是如何促进教师产生和分享教学策略,完善自我成长;二是如何帮助学生成为高质量的学习者,完善学生成长。目前,LDC研究在全国各地都开始推行,教师与学生作为教学的两大主体,在LDC研究中承担着各自的重要作用。以高中地理教学生活化课题研究为例,一方面要从教师方面考虑,如何能够提高地理教师积极性以实现高中地理教学生活化;另一方面则要从学生方面考虑,如何正确引导学生在生活中主动学习地理,体会到生活地理的实用性和趣味性,把学习地理变被动接受为主动获取,让学生的生活地理化,以实现高中地理教学生活化。教师和学生之间相互作用、相互促进、相互弥补,通过交流互动进一步提高教师的教学水平,进一步扩展学生主动学习、轻松运用的能力。

第二节　高中地理生活化教学的国内外研究现状

一、高中地理生活化教学的国外研究现状

随着时代的发展,各国地理教育也都随之发展,21世纪以来,许多国家都重新修订并颁布了新的地理课程标准,以探索从根本上提升教育质量的途径,都各自形成了自身的特点,有很多值得我们思考和借鉴的地方。

（一）以英国为例

从内容上看,英国的地理课程是由"教学目标与说明""关键阶段的学习计划"和"地图"三部分组成,内容简洁明了、容易掌握,教师进行教材编写的空间广泛,在教学过程中教师更容易发挥,不受某一教案的限制,因此地理教学生活化的水平与教师自身的经验关系密切。从目标上看,英国的课程标准对技能和目标的要求更为严格,我国要求学生具备阅读、分析、运用地理图表数据的能力,而英国则要求学生具备去搜集、整理和处理资料的能力。相对来说,英国的地理教育从要求上与实践的结合更加紧密,它直接导向学生对生活中问题的自主解决。从结构上看,英国地理课程是分阶段、分等级的,不同的等级有不同的学习内容。从区域上看,从认识自己居住的区域到其他区域再延伸至不同的区域,地理课程的编排也遵循先乡土地理、再英国地理、最后是世界地理的顺序,层次明确,地理知识呈现螺旋上升结构。也就是说,英国的地理教育要求学生首先要了解自己生活的区域,并以此为扩展点联系生活实际和自身生活经验,充分体现了英国地理教育生活化的现状和发展水平。

(二)以美国为例

《面向生活的地理:国家地理标准》(以下简称《国家地理标准》)是美国国家地理协会于 1994 年颁布的,这是在地理与数学、英语、科学、历史成为美国国家五大核心学科之后又一有重大意义的举措。其编纂过程融合了美国地理协会、美国地理学会、全美地理教育协会和全美地理学协会四个地理学团体的共同努力,受到政府、学校、学术机构及民间各方的鼎力支持,经过了在美国各地召开九次意见听取会听取多方意见、充分进行讨论的阶段,为国家地理标准成为一套广泛公认的地理学科最佳的教学标准打下了坚实的基础。在地理知识方面,《国家地理标准》的地理知识以六大要素、十八项标准为主线,从幼儿园到十二年级都根据学生身心发展的不同水平制订了周到、合理的计划和树立了明确的目标。六大要素中最后一项为"地理用途",标准是"知道如何用地理学解释过去、如何应用地理学解释现在并规划未来"。在地理技能方面,美国的目标定位于"提出地理问题、获取地理信息、整理地理信息、分析地理信息、回答地理问题"。将回答地理问题作为最后的落脚点,充分传达地理技能实用性的信号,与地理课程标准的大标题"面向生活的地理"有效结合。在内容标准方面,美国对行为动词的实践能力要求多,如"模拟、制作"的力度就高于我国的"理解、说明"等词语。美国更重视使用操作水平的动词,同时美国对情境性的行为动词描述详细,如"朗诵诗歌、角色扮演"等,有益于学生主体性的发挥,这也是美国生活化地理教学的特点之一。在面向的范围方面,美国的《国家地理标准》除了针对课程开发者、教师,还包括学生、家长及所有对地理感兴趣的人们,范围宽广,使得地理教学生活化真正扩展为广义上的,而不仅仅局限于学生,使更多的人参与地理学科的发展,进一步促进地理面向生活，也让更多生活中的现象和问题得到地理爱好者的关注和解决。一方面，美国《国家地理标准》冠以"生活化的地理学"（Geography for life）的副标题，表明编纂课程标准的参与者力图实现生活化的地理教育的愿景，并坚定这一信念；强调地理教育是全民教育、终身教育、服务个人生活的教育、保障人类生存的教育、提高生活质量和品位的教育。另一方面，除了全国性的课程标准，美国尊重地区差异，鼓励地区根据自身的自然环境、人文特征、教育资源等特点制定本土化的地理课程标准，取消国家地理标准的强制性，恰恰体现了美国对生活化地理的真正落实，不要统一化，要适合于当地生活实际、教育实际的地理。

（三）以日本为例

日本和美国具有共同的构架，有着相同的地理教学目标，但日本对实践的重视程度更加明显。日本对实践的关注绝非纸上谈兵，在幼儿园阶段就开始进行专业的防震、防火演练，这些都成为日本儿童的基本技能，让他们能从容面对一些自然灾害，在很大程度上减少了灾害损失。因此，对生活有实用性的地理教育是日本地理教育的亮点和核心。在日本的地理教科书上，作业系统由课堂活动、综合练习、实践活动三部分组成，而实践活动又是作业系统中最主要的部分。实践活动是以联系实际为出发点设计的，目的就是培养学生能正确运用并灵活选择各种地图等素材的能力，野外调查研究的能力和在素材、调查结果的基础上公正判断地理事物的能力和态度。通过各种活动，使学生掌握地理知识和方法，激发起他们对自身生活的土地的热爱，建立"生活教育"的理念，让学生形成热爱家乡、建设家乡的意识，增强民族凝聚力。

二、高中地理生活化教学的国内研究现状

我国地理教学曾一度受应试教育的影响，普遍存在着脱离生活的倾向。尤其是 20 世纪 90 年代初，几乎所有省份都取消了地理高考，使得地理学科的发展落入低谷。与此同时，突然缺失了升学"指挥棒"的动力，学校、教师、学生、家长都开始对地理学科失去了兴趣，这种状况与国际范围地理教育发展趋势相违背，与素质教育的要求也相背离。

正如斯宾塞提到的情况，"那些受人称赞的知识总放在第一位，而其他即使对个人发展很重要的知识倒放在第二位"，因此他提出，"为我们完满生活做准备是教育应尽的职责；而评判一门教学科目的唯一合理办法就是看它对这个职责尽到什么程度"。尽管在 2001 年左右，全国大部分地区都恢复了地理学科在高考中的地位，但应试教育的观念仍旧占据主流，地理教学并非"为我们完满生活做准备"，依然脱离生活，"生活地理"内容匮乏，学生在感到枯燥乏味的同时更不知道如何在自己的生活中运用地理知识解决出游、饮食等基本问题。

随着《地理课程标准》的颁布，打破了原有教学大纲侧重于知识技能的刚性教学模式，取而代之的是在学生知识与技能、过程与方法、情感态度与价值观等方面都做出规定发展目标的新课程标准，保证了素质教育的实施，为地理教学生活化提供了发展的契机。学习对生活有用的地理、学习对终身发展有用的地理、构建开放式地理教学等新理念也随之提出，在教学内容的选择上也体现了基础性、选择性和时代性的特点。

在新理念下，地理教学必须与生活紧密联系，让学生学会如何适应社会生活、如何为自己的终身发展打好基础，体现了教学内容的基础性；地理教学必须与学生实际已有的生活经验紧密联系，根据学生身心发展的水平和自身发展的需要选择素材,体现了教学内容的选择性;地理教学必须与社会实践紧密联系,即时反映社会现实和时代进步的成果,体现了教学内容的时代性。由此,地理新教材的修订使用也融入了课程改革的新理念,让学生领悟到学习地理的真谛是了解、利用、改造自身的生存环境,协调人与环境的关系,实现可持续发展。新教材强调联系现实生活,激发学生对已有生活经验的运用,关注并及时、合理地反映科技新成果和时代新趋势;新教材加强了书本知识与生活的联系,贴近学生身边的实际,契合他们的生活经历和体验,使教材有用;新教材将家乡的、祖国的、世界的自然和人文知识层次清晰地组合起来,把家乡的水文、地质、气候、民俗、历史等乡土地理纳入计划,使教材与学生生活环境融为一体。

在《地理课程标准》内容和目标的导向下,高中地理教学生活化无疑成为教师和学生关注的问题, 应该说地理教学生活化的意识已经建立起来,很多省市已经开始行动起来。一方面,教师开始思考并着重于符合学生生活体验的情境导入,帮助学生理解领会知识,又让他们体悟地理知识在生活中的运用;教师开始探索课堂教学的过程和方法,密切课本知识和实际生活的联系,引发学生的学习热情,让他们主动构建地理知识,实现生活经验在学习中的作用;教师逐渐摸索各种渠道,整理对生活有用的地理,开阔学生的眼界,让他们感受到地理知识的实用性,又能够让他们发现差距,形成掌握更多地理知识的动力。另一方面,学生开始体会地理教学生活化带来的帮助,明白周围生活现象形成的原理,形成一定的认识生活、利用生活、改造生活的能力,进一步激发自身学习地理的积极性;学生在生活的体验中不断验证地理知识,进行自我总结提炼,主动发现生活中的问题,探索解决问题的途径。通过双方的体验,众多的学生、教师的个人知识和直接经验就会演变成极其实用且有教育意义的教学课程资源。因此,目前的地理教学生活化是建立在《地理课程标准》的基础上,在教学实践中摸索和总结出来的,凝结了学校、教师、学生乃至社会生活各个构成部分的智慧,相比以前已经取得很显著的成果。

但是,高中地理教学生活化是个持续的过程,随着时代的发展也在不断地变更,在变更中也存在着很多不容忽视的问题,还需要更加艰辛的努力来实现。一是高中地理教师的教学成绩评价受学生分数的影响太大,教师过多注重对学生分数的提高,而忽视对学生生活地理素养的培养,缺乏对高中地理教学生活化持续性研究的积极性。二是受高考压力的影响,学生过多注重对知识的掌握,而忽视技能和实践能力的培养,缺乏对地理生活化的联系和体验,限制了高中地理教学生活化的范畴。三是教学内容固化,过多地局限在课本固定知识点内,缺乏在这些知识点的基础上结合学生生活实际适当拓展地理知识的思考。

三、高中地理生活化教学的研究发展历程

从国内来看,自 20 世纪 90 年代开始,生活化教学的研究就开始进入教育研究领域,我国对于生活化教学的研究大致可分为以下四个阶段。

（一）萌芽期（1996—2000 年）

这一阶段处于萌芽阶段,也属于不成熟阶段。在这个阶段,我国的生活化教学话语研究更多的是通过翻译、介绍西方学者有关"生活世界"的哲学论点,教育与生活关系的相关论点等方式向外国学者学习。例如,胡塞尔在《欧洲科学危机和超验现象学》中明确提出了"生活世界"的概念,杜威的"过程说"等。与此同时,很多学者提出我国课堂教学实践中存在的问题,产生了"关注教育生活意义""教育回归生活世界""重建课堂生活

等论点，为生活化教学的回归奠定了一定的理论基础。例如，刘铁芳教授在《试论教育与生活》中论述了教育属于生活的一部分，是儿童的一种具有生活意义的特殊生活过程；在《现代教育对生活的疏离与教育向生活的回归》中谈到了通过教育帮助人们实现完美生活，教学需要回归生活的论点；在《生活意义的失落与当代教育的使命》中讲述了现代人面临的生活意义的失落现状，教师需注意在教育过程中引导人热爱生命、理解生活，形成正确的人生观、科学的世界观等。

（二）发展期（2011—2004年）

在这一阶段，我国研究者主要围绕教学能否回归生活世界、回归到什么样的生活世界、如何回归生活世界等问题展开了讨论。我国教育部门2001年在全国范围内展开了第八次基础教育课程改革，提出教学中要加强课程内容与学生生活的联系，在课程实施过程中多开展合作、探究的课堂环节。随着新课改革的不断深入，生活化教学话语研究逐渐演变成本领域的重要课题，生活化教学成为指导教学实践工作者实行课堂教学改革的重要指向标。例如，林存华在《教育世界与生活世界：从"隔离"到"融通"》一文中提出，当今中国的基础教育领域存在教育世界与生活世界严重脱离的现象，所以对教育世界与生活世界的融通，既满足了当代教育发展的要求，又顺应了现实生活的需求。此外，还有不少论者结合不同学科的特点与要求来探讨学科教学生活化的策略。

（三）争鸣期（2005—2006年）

随着中国生活化教学话语研究的不断发展和成熟，在这个阶段出现了不同的声音，就教育生活化问题表达各自的观点和看法，都具有各自的道理。2004—2005年连续两年的全国教学论专业年会主题都是"教育回归生活"的问题,因此也掀起了生活化教学话语研究的高潮。相关学者和研究者也以中国教育报等为阵地展开了激烈的讨论,有的学者持质疑态度,认为若教育与生活浑然一体,对于教育而言是一种倒退,退到学校教育之前的状态,甚至有些学者认为要完全抛弃"教学回归生活世界"这一话语;而教育回归生活世界被另一些研究者认为是教育发展的必然趋势,包含如何回归生活、回归什么样的生活、回归的意义和目的等内容,如蔡宝来、王立国在《教学回归生活的意义与价值》中论述回归生活是生命的永恒法则,脱离生活的教学最终需要回归生活。

（四）深化期（2007年至今）

这一时期关于生活化教学的研究成果最丰富,是关于这个论题不断解构与重构的阶段,也是相关成果最为成熟的阶段。有的研究者继续坚持对生活化教学的反思和批判路线,剖析人们在认识和把握"教学回归生活世界"时存在的问题,如王娟娟、靖国平的《教育"回归生活世界":误区及本真探析》,郭娅玲、张敏《对教育回归生活世界的反思》等;有的则尽全力为教学回归生活世界创造便利和条件,如李燕、李松林的《教学与生活关系的历史透视与现实建构》;还有一部分研究者则更乐于从正面解释教学回归生活世界的内在含义及其能带来的影响,从而进行该课题的澄清和重新建构。例如,2007年刘晓伟在《消解与建构——对"教学回归生活世界"论争的思考》中认为教学向生活世界的回归是对作为生命个体存在的承认,而与知识逻辑性无直接性关系。

第三节　高中地理生活化教学存在的问题

一、学校方面

（一）实际教学条件参差不齐

通过对部分地理教师的调查分析可知，一、二类学校多媒体教学设备的配备比较齐全，使用率也比较高，但是三类学校多媒体设备的使用率却很低，有的学校甚至没有多媒体设备。在这个科技迅猛发展的时代，运用多媒体设备进行地理教学是很有必要的。多媒体设备可以模拟演示地球的自转与公转，可以清晰地呈现出地球的内部结构，可以展示各种地形、地貌、地理景观，可以模拟板块的运动，可以演示冷风与暖风过境前、过境时、过境后的运动过程和天气变化，可以重现重大自然灾害的发生对人类的生存和发展所带来的巨大影响……多媒体设备是生动地呈现地理内容的载体，所以要尽快完善各学校多媒体设备的配备工作，同时增加三类学校对多媒体设备的使用。

各地区各学校所选用的地理教材也不尽相同，一类学校和部分二类学校条件相对较好，能够根据具体情况自主研发校本教材，教学内容更加贴近学生的生活，使学生更容易接受地理知识。而一部分二类学校和三类学校的条件相对较差，没有自主开发校本教材的能力，只能尽力完成教学任务。

(二)成绩评价机制陈旧单一

无论在古代,还是在现代,学校评价学生的主要方式都是书面考试,评价机制陈旧单一。评价的主要功能是鉴定和选拔,即以学生在考试后所得的分数作为鉴定学生的结果,然后再根据这个鉴定结果对学生进行分类选拔,评价为"优等"的学生归入表扬、奖励、升级、升学一类;评价为"劣等"的则归入受批评、受惩罚、留级、不能升学的另一类。这种传统的以考试为中心的评价方法是片面的,以卷面分数为唯一标准的评价机制是陈旧单一的。这种成绩评价机制,强调评价的标准要统一,就是所有的学生都用"一把尺子"来衡量。表面上看体现了公平、公正、公开的原则,但实际上并没有考虑学生不同的原有基础,扼杀了学生的个性发展和创新精神,也在很大程度上伤害了学生的自尊心和自信心。

二、教师方面

(一)地理教师对地理生活化教学认识不足

地理生活化教学的产生顺应了时代的发展,符合新课改的理念要求。地理生活化教学能够把书本知识和现实生活联系起来,有效地激发学生的学习兴趣,提高学生学习地理的积极性,使地理教学活动在轻松愉悦的氛围中完成,受到了师生的一致好评。

但是,也有一些地理教师受应试教育影响很深,很难改变固有的教学方式,仍然一味地坚持向学生传递和灌输地理知识,很少联系学生的生活经验,对《地理课程标准》也没有仔细、认真地研读,对新理念的认识也是一知半解。还有一些地理教师在解决教学过程中所遇到的问题时,不是通过认真总结、深刻反思、共同探讨等方法解决,而是仅仅凭借原有的、积累的教学经验去解决。这就导致地理教师在指导学生的学习方法方面与《地理课程标准》的要求存在一定的差距。部分地理教师在对地理生活化教学的认识上存在的这些不足,直接影响着地理生活化教学的实施。

(二)地理教师地理生活化教学的资源匮乏

随着地理新课程的改革,地理教科书的编写要求也在不断提高,新教材的内容不再是直接揭示结果、规律,而是让学生在教师的指导下,通过自主探究、合作学习等方式,分析问题,得出结论,在课堂上体验科学家的研究过程。

一些地理教师会觉得用这样的新教材进行课堂教学难度很大,没有可以参考、效仿的教学案例,缺乏地理生活化教学的材料资源,所以对如何讲解课文内容、如何组织课堂教学感到一片茫然,不知该如何进行。这也反映出这些教师挖掘教学资源的意识比较淡薄,对地理生活化教学这一新理念的理解与认识还不够深刻。

综上所述,能够直接提供给地理教师的生活化教学资源比较缺乏,再加上地理教师本身创造、发现、挖掘生活化的教学资源的意识比较薄弱,不能完成新课程的开发。由于这些资源的匮乏,使得地理生活化教学的实施受到影响。

(三)地理教师对地理生活化教学的实践经验不足

在这个科学技术迅猛发展的年代,信息的传播速度飞快,每天都有大量的实时信息扑面而来。这就要求地理教师要准确筛选、认真提炼、尽力升华这些来自生活中的有用素材,然后将其运用到地理教学当中,激发学生的学习兴趣,提高学习的积极性。但是,由于部分地理教师刚刚接触《地理课程标准》,对新教材的把握不到位,对教学材料的选取有难度,对教学活动的设计有疑惑,对生活化教学的实践经验不足。所以,在实施地理生活化教学时,绝对不能敷衍了事,要从大量、繁杂的生活实事中选取素材,并注意其中所蕴含的意义和价值。

三、学生方面

(一)学生对地理生活化教学的体验活动少

传统的地理教学只注重将人类已经创造、积累起来的文化知识传递给学生,所以教师一般都是"灌输式""填鸭式"的教学,课堂气氛沉闷,教学内容枯燥,学生无精打采。教师的教学内容很少联系学生的生活实际,使学生觉得地理离自己很遥远,地理知识与自己的生活毫不相关,没有学习地理的动力。教师一味地讲述、灌输地理知识,没有生活化的教学内容,学生缺少对地理生活化教学的体验活动,学习积极性不高,影响地理教学的效率。

(二)学生对地理生活化教学的参与机会少

地理教师受传统地理教学的影响,在教学的各个环节上都缺乏生活化,尤其是教学方式单调、重复、缺少变化;教学过程机械、死板,始终如一。学生在这种传统的课堂上,没有实际参与地理生活的机会,动手实践的能力得不到培养,不能将课上所学运用到实际生活当中。在多年的传统教学影响下,学生已经习惯了"教师讲、学生听"这种教学模式,主动探索、积极参与、动手实践和创新意识都被忽略,甚至被磨灭,因此学生参与地理生活化教学的机会在师生双方的共同影响下,变得少之又少。

第四节　针对高中地理生活化教学存在问题的成因分析

一、地理教师思想观念上存在偏差

地理生活化教学是在新课程理念的指导下产生的。通过调查可知，很多教师和学生都对地理生活化教学的提出给予了充分的肯定，也承认把生活化教学理念应用到教学中，给课堂带来了实质性的变化。这是一种将地理知识与现实生活紧密联系的教学方法，深受学生欢迎，同时也能保证学生积极参与课堂教学。

首先，部分教师仍然没有研读过《地理课程标准》，在对新理念内容的理解上一知半解甚至模糊不清。试问在这种情况下，面对新课程的开发任务时又怎么能够很好地完成呢？其次，一些教师的研究意识欠缺，不善于通过反思、讨论、联系理论等方法解决在教学过程中遇到的种种问题，仅仅依据原有经验，导致指导学生的学习方法与《地理课程标准》存在偏差。最后，部分高中地理教师非科班出身，理论基础薄弱，对于专门、系统性的培训缺乏应有的重视，认为此类培训是走过场，所以收获不大。因此，有些教师虽然在主观上也想教好地理这门课程，但由于缺乏足够的知识和相应的经验，难免会感到力不从心。这种认识上的偏差在很大程度上影响了地理课程的开设效果，对生活化地理教学实施的影响更大。

二、地理教师对生活化教学资源的开发力度不够

《地理课程标准》的颁布,对地理教科书的编写提出了新的要求,其中一条为:"教学内容的组织要为教学提供必要的空间。""为教学提供必要的空间"充分说明了新教材更加注重对地理问题的探究和满足不同学生的学习需要,课本不再直接提供问题的结论,而是让学生在教师的指导下自主探究,得出结论,体验科学家的科研过程。由于编写方式的变化,许多教师抱怨教材编写简单,缺少逻辑联系,对课堂教学内容的讲解和教学形式的组织感到茫然。这反映了教师的课程开发意识淡薄,不能深刻理解生活地理教学理念,也就更谈不上课程开发了。由此可见,地理教师创造、挖掘生活中的地理资源,帮助学生以生活的眼睛来寻找地理就成为一大难题。

三、教师对地理生活化教学资源的筛选及分析把握不准

(一)地理生活化教学资源筛选难度大

课程资源丰富,资料众多,致使信息量过大,导致学生只是在分析教师提供的资料,从而加重了学生的学习负担。所以,在目前信息过量的情况下,教师去筛选对学生最有用的、贴近生活的地理资料成了有效进行地理生活化教学的难题。在这个知识信息大爆炸的时代,大量的信息扑面而来,所以在高中实施地理生活化教学时,一定要筛选、提炼和升华来自生活中的素材,绝对不能不分优劣,敷衍了事,更应注意所选材料中所蕴含的内在价值和深刻意义。在发掘材料时,教师应充分考虑其是否便于学生接受知识及对学生思想的引导等方面,还应依据教学的需要对所选材料的内容进行整理、加工和提炼,去其糟粕,取其精华,使学生能将丰富的生活体验与所学知识联系起来,在知识的获取、情感的激发、方法的掌握、能

力的提高、思想的升华及品性的陶冶方面得到全面的提升。

(二)地理生活化教学资源分析不到位

笔者在参观高中地理教师成果汇报展示活动中,发现讲课教师在"小试牛刀"这一环节中提供的材料都来源于生活。在处理这些材料的过程中,主要是教师提供材料,学生进行原因的分析,学生分析的原因有很多,而且回答得有理有据,教师不断鼓励学生畅所欲言,而忽略了自己最后的总结,总结总是一语带过,导致泛泛而说,具体分析不到位。例如,提供大棚的材料时,学生说明是为了改变温度和湿度,教师总结这是改变了植物生长的环境。师生回答固然正确,但是再深层次地挖掘,温室大棚改变的是植物生长气候状态,教师总结时可先说明其目前的天然条件及人为条件,再分析其限制因素,找出主导因素。又如,在"实践应用"这一环节竞租土地时,教师提供了相关材料及可竞租的土地,于是学生从各方面分析自己所竞租土地的优势,但是一直并未知道自己进行土地竞标的目的是什么,只是知道这块地儿好,是否适合自己,学生不清楚。

第五节　针对高中地理生活化教学存在问题的解决策略

一、学校方面

(一)研发生活化的校本教材,提供实际教学条件

由于各类学校实际教学条件参差不齐, 地理教学生活化的实现情况就大不相同。学校应该立足于地理教学面向生活的实际特点,完善地理教学所需要的投影仪、计算机、电子白板等多媒体设备,训练地理教师对多媒体设备的使用技能,提高多媒体设备的使用效率,选择适合本校学生的地理教科书,并尽力研发贴近生活的校本教材,合理转变抽象的理论知识为实际的生活情境,营造有利的学习氛围,全面调动学生积极主动地学习地理。

《地理课程标准》明确要求:"要重视地理问题的探究,倡导自主学习、合作学习和探究学习,开展地理观测、地理考察、地理实验、地理调查和地理专题等实践活动。"根据上述要求,在研发校本教材时,要基于学生家乡的地理资源,结合学生熟悉的地理状况和时事热点,立足生活题材,注重地理教学方式的转变,重视学生的兴趣,设计学生合作探究活动。开发校本教材的目标是培养学生形成科学的发展观,提高环境意识和人文素养;培养学生热爱家乡、热爱大自然的情怀;提高学生的创新精神,培养学生

的实践能力；培养学生人际交往的能力。

(二)运用多种成绩评价机制,充分展现学生个性

美国著名教育家斯塔弗尔比姆曾说过:"评价最主要的意图不是为了证明,而是为了改进。"传统的以分数作为评价的唯一标准的成绩评价机制不符合以人为本和因材施教的教育原则,因此成绩评价机制的改革势在必行。首先,削减书面成绩在评价中所占的比例,增加平时对学生综合素质的考查。其次,可以建立学分系统,学生可以通过单科成绩进步、单科排名第一、总名次进步、本学期参加的各类比赛的获奖情况、本学期做过的特殊贡献等为自己赢得学分,鼓励学生德、智、体、美、劳全面发展,充分展现学生的个性光彩,弥补学生基础薄弱的不足。最后,可以由班内同学、任课教师、班主任、校领导,以及家长共同评价学生的各个方面,充分调动学校、家庭和社会参与评价的积极性,使得对学生的评价更全面、客观,更有利于培养学生健康向上的学习情感,有利于学生形成正确的人生观、价值观。

对学生的综合评价不能简单地考核学生的智力水平或是课程水平,而是要促进学生全面、能动地发展,包括对人际交往和思想品德方面的评价;应该体现多元化的评价趋势,充分尊重不同学生之间的个体差异;还应该注重过程性,评价学生在学习、生活中的全部情况。对学生的评价应该尽量做到客观而全面。

二、教师方面

(一)应具有回归生活化的教育观念

观念是行动的灵魂,是行动的先导。而教育观念就是教学活动的先导,即教育观念指导和统率教学活动。当新的教育观念生发出来时,就意

味着教学改革开始了。然而,受到旧的教育观念的影响和束缚,教学改革困难重重。所谓的教学改革,其实就是新旧教育观念互相争斗的过程。所以,要想实现地理教学的生活化,首先要做的就是地理教师要彻底地更新教育观念,并且结合地理学科的实际特点,有目的、有计划地引导学生从生活中走进地理课程,由地理教材走向生活世界,真正树立起"以人为本"的教育观念,形成教学回归生活化的教育观念。但是,目前很多中学的地理教学并没有摆脱应试教育的束缚,仍然坚持以实用主义为指导思想,以传递知识为教学目的,以考试成绩为教学结果,让学生机械地记忆地理名称、地理概念、地理事物、地理分布、景观类型,概括地理规律,揭示地理现象,分析成因、结果等。学生单纯地掌握呆板的地理知识,却不能运用到实际生活当中。地理教师的这种传统观念必须得到改变。

《地理课程标准》要求地理教育不能拘泥于书本,而是要去关注身边的生活实际。树立回归生活化的教育理念,不仅能使呆板枯燥的书本知识变得生动活泼,还能开阔师生的视野,使我们不断地从日常生活中提取地理知识。在回归生活化的教育观念影响下,地理教师在备课讲课的过程中就不能仅仅局限于教材本身,而是要把教材中指出的重点作为教学的框架,适当地将生活中的各种材料作为教学材料。

例如,可以将"水污染、水危机、沙尘暴、土地荒漠化"等这些环境方面恶化的材料呈现出来,使学生明白我们的生存与发展在一定程度上是以资源的减少和环境的破坏为代价的,引导学生形成保护环境、合理利用资源、开发新能源和可持续发展的观念。也可以收集"假奶粉、地沟油、假烟、假酒、假药、瘦肉精猪肉"等生活材料,让学生讨论应该怎么治理,如何预防,并展开以"诚信"为中心的讨论。

(二)应创设生活化的教学情境

杜威的"教育即生活"理念，强调了教育要联系生活，课程应以现存的社会生活情境为主要内容。地理教师应该巧妙地处理教学材料，将教材内容活化为生活实际，以现实的生活情境作为教学背景，让学生在生活中学习地理、学习生活中的地理，是激发学生地理学习兴趣、培养学生地理学习积极性的重要途径之一。

将生活化的情景引入地理课堂教学中，学生更加容易理解与接受，可以增加学生的学习兴趣，提高学习效率。

例如，教师在讲人教版高中《地理》必修1中的"常见的天气系统"这节内容时，可以现场播报几则天气预报，如"受冷风天气系统影响，未来两天我国大部分地区将出现降温、大风等天气""受高压系统影响，我国大部分地区将出现'秋高气爽'的好天气"……播放不同地区、不同职业的不同人员在寒潮来临之时，所面临的各种困难，以及各种应对措施的视频及报纸资料等。通过这种生活化的教学情境，将枯燥的地理知识与身边的生活实际巧妙地联系起来，使学生觉得地理就在我们身边，从而关注身边的地理，体会学习地理的乐趣。学生觉得学习地理对自己的生活是很有用的，就会积极主动地学习地理，课堂气氛也会变得轻松、活跃。

(三)应力求生活化的教学语言

地理教师的教学语言除了要准确、清晰、流利，还应该力求生活化，这样能够将抽象的地理知识表述得更加直观、形象，可以使学生积极地学习地理、主动地接受知识。地理教师要善于灵活运用生活中常见的诗词、谚语、故事及一些经典歌词，带领学生进入丰富多彩的地理情境当中，让学生在不知不觉中感受地理情境、学好地理知识。教师的教学语言还应该通俗易懂,最好能带点幽默性,这样既能拉近与学生之间的距离,又能活跃课堂气氛,还能帮助学生理解记忆,寓教于乐,激发学生的学习兴趣。

例如,在学习人教版高中《地理》必修 1 中的"地球的运动"内容时,地理教师就可以通过一首耳熟能详的儿歌切入主题:"太阳大,地球小,地球绕着太阳跑。"然后指出这首儿歌当中体现的地理事物和地理规律:在太阳系中,地球是太阳系大家庭中的成员之一,太阳的体积大,吸引力大,而地球的体积小;太阳是中心天体,吸引着地球围绕太阳转。从中总结出:"围绕中心天体所做的圆周运动就是天体的公转。"然后指出地球公转的定义:"地球围绕太阳运行就叫地球的公转。"还要指出地球在围绕太阳进行公转的同时,还在不断地进行着自转,逐步地对比学习地球自转与公转的方向、周期、速度和地理意义。以学生熟知的儿歌作为一节课的开始,可以引起学生的共鸣,让他们觉得这节课学习的并不是枯燥乏味的"天文"知识,而是简单易懂的生活"常识",让他们觉得原来学习是一件轻松、愉悦的事情,从而激发他们的学习热情,使他们主动学习、热爱学习。

(四)应加强生活化的习题训练

传统的地理作业的布置方式是教师根据本节课的教学内容,从教材、教学参考书上或者是相应的练习册上选择一些有针对性的习题,这样的习题训练方式虽然有积极的意义,但同时也制约着学生学习地理的积极性。学生在做作业时仅仅是简单地抄写、背诵或推理演绎地理知识。做这种枯燥乏味的地理作业,学生很难体验到地理知识除考试之外的其他价值。如果地理教师能够结合学生的实际情况布置一些与学生生活密切相关的习题训练,不但可以增加习题的趣味性,还能让学生感受到地理知识除考试之外的价值,激发学生学习学习地理的热情。

例如，在学习了人教版高中《地理》必修 1 中的"地面辐射"之后，教师可以给学生布置这样的作业："我们学习了太阳高度后，应该清楚每天的中午 12 时，太阳高度最大，地面可以获得的太阳辐射最多。但是经验告诉我们，一天当中气温最高的时刻大约是 14 时，这是为什么呢？"学生结合地面辐射的知识，可以得出："太阳辐射出来的能量到达地面，地面吸收太阳辐射，再将这些能量辐射出来，这个过程不是瞬间完成的，是需要时间的。所以每天近地面温度最高的时刻不是正午，而是午后，也就是 14 时左右。"

学生在做这种从生活中提取材料并解决实际问题的地理作业时，感受到的"不再是枯燥的地理概念、深奥的地理规律、难懂的地理原理"，而是生动有趣的生活实际。这样，学生就会积极主动地完成地理作业，学习地理知识，并在愉快的心境中体验成功，学会学习。

三、学生方面

(一)每日进行新闻播报，适当开阔视野

地理学是紧密联系时代形势的一门学科，每天发生的与生活息息相关的事件就是地理教学的"活教材"，教师和学生要注重将这些事件与地理知识巧妙地结合起来。学生应该关注每天发生的时事材料，并从中找出自己感兴趣的事件，在课前进行新闻播报，然后共同分析事件发生的原理、带来的影响、解决问题的方法等，尽可能地联系并回忆相关知识，同时也能适当地开阔学生的视野。

例如，课前一同学播报了这样一则新闻："今天早晨，我省部分地区地面上出现了雪白的霜冻，有些地区的农作物受灾严重。在未来的几天内，我省将持续低温，望有关人士做好防冻措施，注意保暖，减轻冻害。"通过

这则新闻,学生知道了霜冻的危害,接下来就探讨霜冻发生的原理、条件,联系并回忆之前学过的大气逆辐射的相关知识,认识到霜冻对农业、经济及其他方面的危害,提出简单可行的防治措施。通过这则新闻的播报与处理,使学生体会到地理就在我们身边,地理知识与我们的生活联系密切。这不仅能够透过生活现象看到事件的本质,还能在一定程度上开阔眼界,使学生在快乐中学习地理,在生活中巩固地理。

(二)关注发生在身边的事件,进行研究性学习

在我们身边发生的众多事件当中总有一些是学生比较感兴趣的,也是与我们的地理知识密切相关的。学生只有在实际生活中体验、总结出来的地理知识才更加容易接受,记忆才会更加长久。理论知识与生活实际相互结合,才能真正地激发起学生的学习热情和探索欲望。

例如,当 2010 年青海玉树发生地震后,教师可引导学生联系 2008 年的汶川地震及之前发生过的唐山大地震、日本大地震、印尼的海啸……启发学生思考这些地方为什么会发生地震?地震发生后会给我们带来哪些灾难(失去家园、亲人;身体负伤、心里产生阴影;失去生命、财产……)?向学生传授一些震中逃生的技巧,引导学生注意观察地震发生之前种种奇怪的征兆,地震中发生的各种感人事件(母爱、父爱、师爱、社会各界的关爱……),以及地震发生后的各种救助和赈灾(捐钱、捐物、心理辅导、安排就业、灾区重建……)。

用现实生活解读地理知识,学生通过联系自己或周围的生活实际,学习抽象的地理概念时就会更加轻松,容易接受,同时又可将抽象难以理解的地理难点轻松突破,真正达到了化难为易的效果,容易让学生产生探究的兴趣。

第三章　高中地理教学内容生活化

第一节　高中地理教学内容生活化的必要性与可行性

一、高中地理教学内容生活化的必要性分析

(一)地理科学的学科性质

地理学科是研究地理环境及人类活动与地理环境相互关系的科学。不论是自然地理、人文地理、区域地理都与我们的生活息息相关。脱离了生活的地理知识与技能、过程与方法、情感态度与价值观的地理教学是没有意义的。

(二)素质教育的呼唤

全面推进素质教育要求从学生的全面发展和终身学习出发，构建体现现代教育理念、反映地理科学发展、适应社会生产生活需要的高中地理课程。引导学生关注全球问题及我国改革开放和现代化建设中的重大地理问题，弘扬科学精神和人文精神，培养创新意识和实践能力，增强社会责任感，强化人口、资源、环境、社会相互协调的可持续发展理念。这是时代赋予高中地理教育的使命，要完成这一使命就要求地理教学与生活紧密结合起来。

(三)《地理课程标准》的要求

新课改背景下《地理课程标准》要求地理教学要注重培养学生公民必备的地理素养。李家清认为，未来公民必备的地理素养在知识与技能方面包括地理知识、地理技能的素养；在过程与方法方面包括获取地理信息、

探究地理问题、学会生存、学会学习与合作的素养；在情感、态度与价值观方面包括关爱乡土、关爱祖国、关爱全球、可持续发展的素养。

（四）现行高考体制形成的对高中地理教学的轻视

近几年来，随着全国部分省市相继把地理确定为高考的非必考科目之后，在突然失去升学"指挥棒"驱动力的情况下，高中地理教育的地位迅速下滑。在不少地区，产生了学生偏科讨厌地理、家长冷眼看地理、领导不重地理的现象，从而不利于素质教育的顺利实施，不利于党的教育方针的全面贯彻和教育质量的全面提高。

（五）多数地理教师缺乏生活化教学的理念

地理教学"生活化"应包括以下三方面的含义：一是加强与日常生活的联系，课堂上学，生活里用；二是关注学生课堂上的现实生活；三是关注学生将来的可能生活。目前，许多教师仍把传授知识、进行技能训练当作教学的基本宗旨，忽视地理思维训练与地理科学素养的培养，忽视地理知识与生活的紧密联系，同时在教学中主要研究教材，注重教学的程式化而不注意研究地理知识与生活的联系；不注重学生的心理需要、兴趣爱好、情感变化和意志倾向，生活化教学的理念还未树立起来。

（六）现行地理教材内容缺乏生活化

虽然新课程地理教材内容丰富、页面生动，但学生还是会在一定程度上感觉书本上的内容离自己很遥远，难以真正地内化，使他们的学习效率降低。

二、高中地理教学内容生活化的可行性分析

（一）中学生的心理特征

中学生心理正处在迅速发展趋于成熟但又尚未成熟的阶段，心理活动表现出既丰富又矛盾的特征，具体表现在以下三方面：一是不平衡性；

二是不稳定性;三是不协调性;四是自我意识、自我实现的观念与认识水平的差异性。这些心理特征都决定了教师要对中学生加以引导和培养,而源于生活、用于生活的地理教学能锻炼他们的心理素质,提高他们的是非观念。

(二)中学生的思维特征

中学生思维的发展是在身心发展的基础上,在学校教育、教学和社会影响下,通过个人主观努力而实现的。因此,中学生思维发展主要有以下两个特点:其一,形式逻辑思维逐渐发展并趋向成熟,同时辩证逻辑思维出现、形成和较快发展且逐渐占优势;其二,创造性思维同再生思维同步发展。由于中学生心理、思维的特点是具体、形象、感性的成分居多,学生的注意往往取决于教学的直观现象,所以"生活情境"中的形象能直接激发学生的学习兴趣,唤起学生的情境联想,并留下深刻的印象。

(三)中学生已具备一定的生活经验

地理空间能力是人的基本能力之一,学生在生活中去商店、学校、工厂、田地、旅游等,都需要确定方向和位置,确定路线,选择交通工具。因此,学生在学习地理课程之前,就通过自己的生活实践,具备了一定的空间判断能力,能够确定其所处的空间和时间方位,掌握如街区、地区、城市、国家、地球、古代、现代等空间和时间概念。

(四)地理学科的特性

地理学是一门旨在解释地区特征及人类和事物在地球上出现、发展和分布情况的科学。地理学所关注的是人与环境在特定地点和位置的相互作用。它的特点是学习范围广阔、研究方法多样、对自然和人文各学科内容的综合,以及对将来如何处理人与环境关系的重视。可以看出地理学与生活关系紧密，而地理教学内容是紧紧依托地理学科知识的，因此从地理学科的特性来说地理教学内容生活化有其实现的可能性。

第二节　生活体验教学的应用

一、高中地理体验式教学概述

(一)体验式教学的概念

体验式教学是一种以人的生命发展为归依的教学理念，它尊重生命、关怀生命、拓展生命、提升生命,同时也蕴含着高度的生命价值与意义。体验式教学所关心的不仅是人可以经由教学而获得多少知识、认识多少事物,更在于人的生命意义可以经由教学而获得彰显和扩展。体验式教学作为教学方式是指教师积极创设教学情境,引导学生由被动到主动、由依赖到自主、由接受性到创造性地对教育情境进行体验,并在体验中学会避免、战胜及转化消极的情感和错误认识,发展、享受和利用积极的情感与正确的认识,使学生充分感受蕴藏于这种教学活动中的欢乐与愉悦,从而达到促进学生自主发展的目的。体验式教学在课堂中表现为师生通过各种情境的体验活动来实施课堂教学活动,以"情境"作为媒介,以"体验活动"为手段,区别于"教师讲解"来传情达意,有异于靠"学生聆听"来获取各种新知。

(二)体验式教学特征

1.亲历性

亲历性是体验式教学最基本的特征，体验式教学的其他特征都是由它派生而来。亲身经历包括以下两个层面:一是实践层面的亲历,即主体通过实际行动亲身经历某件事。例如,学生在课堂中绘制地理图表,亲身体验活动过程。二是心理层面的亲历，即主体在心理上虚拟地"亲身经历"某件事，包括对文字资料的阅读、对别人的移情性理解（角色扮演）及对自身的回顾和反思。体验式教学主张学生是教学活动中主动的知识接受者和活动参与者，学生能够从行为和感情上直接参与到各种教学活动中，通过自身的体验和经历来建构知识。

2.差异性

各个学生间存在种种差异，如他们的水平不同、兴趣爱好各异、对事物的理解有差异，因此其体验也各不相同。即便是对于同一事物，不同的主体也有可能用完全不同的方式去亲历，得到各不相同的认识，并且在不同的经历中产生自己的情感。因此，体验式教学具有差异性的特征。

3.局限性

不仅不同学生的体验有差异，而且学生的个人的体验也是有限的。每个学生的认知结构、情感结构、价值取向、人生经历都有一定的局限性。因此，即使面对同一个教学活动，形成的体验也不可能是完整完全的。

4.缄默性

体验是学生的亲历，他们能够从中获得丰富的内心感受，从而获得更多经验。但是，对不在现场的学生来说，有些内容是可以用语言或者肢体表达，有些情况却只能意会、不可言传，这就是"缄默性知识"。例如，审美的体验就是这种情形，虽然感触非常多，却无法表达和交流，这些感觉只属于当事人自己。

（三）体验式教学的意义

1.体验式教学符合学习的本质

在社会中，每个人都有自己独特的经验与体验，就是这些不同的经验与体验导致每个人对人生都拥有自己的看法，从而选择自身看待世界的独特视角。教育的作用就在于帮助人以合适的方式、方法把自己的观点表达出来，接受实践的检验，同时帮助人们通过学习来丰富自身的体验，从而进一步拓宽自身对世界的认识。人们对世界的认识越是符合客观规律，就越会增强他们探索客观世界规律的自信，就越敢于表达自己，并能进一步促进自身的发展，使自身获得越来越多的解放。教育者以自身的体验为核心引导学生接受同学生自身的体验相一致的知识，同时鼓励学生以自身的体验为核心来形成自己的观点，表达自己的观点。

2.体验式教学是个体知识建构的基础

任何知识的学习都应该以个人独特的体验作为基础，新的知识有利于个体的体验更加丰富，更加丰富的个体体验会促进个体对新知识的学习，以此形成良性循环。学生是一个正在发展中的人，他的发展并不是他对外界知识接受多少，而是他能够在多大程度上形成自身独特的观点与思想，如果到处充满着僵化的观点和思想，就永远也不会有创新和创造。只有不断丰富自身的人生体验，不断地思考形成自身独特的观点，进而再以自身的观点为核心，不断地学习与体验，才能最终建构自身的知识理论体系。在体验式教学中，学生的知识建构所强调的是这种知识建构必须以学生的体验为核心，以学生的体验所获得的外界的知识，来形成对外部世界的认识。通过由体验得到的观点与由外界得到观点的融合与碰撞，形成自身独特的、不断发展的新观点。

3.体验式教学有助于个体品德形成与心理健康

在体验式教学中，"教育者"应成为"引导者"与学生发展的"促进者"，而"受教育者"应成为"学习者"或"体验者"。因此，体验式教学是一种尊重体验者体验的教学，让体验者以自身的体验为核心来学习外在的知识，通过自身的体验对外在知识的过滤来不断建构自身头脑中的知识体系。这样可避免灌输式学习对人精神的压抑，使人在获得精神解放的同时，加深对自身、社会、自然和他人的了解。同时体验式教学使体验者把自己内心的思想观点、感受体验不受限制地通过自身的言行和作品表达出来，让体验者真正感受到自身的价值，使其以更大的热情发展自己、创造财富、奉献社会。

二、高中生学习的心理特征

(一)高中生的人格发展特点

高中生处于14~18周岁的年龄段，他们的人格发展特点是变幻躁动的，具有不稳定性；身心失衡，具有不平衡性；渴望独立，具有自主性；充满朝气，具有进取性；文饰内隐，具有闭锁性；逐渐成熟，具有社会性。其中，高中生渴望独立、充满朝气、逐渐成熟等这些特征能够有力地推动他们去感受各种现象、思考各种问题、领悟规律和特征、巩固知识和技能及深化情感态度和价值观。

(二)高中生的自我意识特征

相对于初中阶段，高中生自我意识较强，自我认识的客观性和正确性逐步完善，不仅能从外部评价自己，还能分析自己的内心活动，并且能做到较客观、公正、全面地分析，他们也能独立地评价自己的内心品质、行为。与此同时，高中生的自我独立意识增强，他们希望自己能够独立完成各种事，包括学习、交际、家庭生活等。这些特征有助于他们对体验活动进行反思和领悟。

(三)高中生的思维特征

高中生的思维更加成熟,基本上完成了由形象思维向理论思维的转化。这时,抽象逻辑思维占据优势地位,辩证思维和创造思维也有了很大的发展,认知活动的自觉性在不断增强,观察力、识记能力和想象能力开始迅速发展,思维的目的性、方向性变得更明确,认知系统的自我评价和自我控制能力显著增强。这样的思维特征有利于对体验式学习的总结归纳和应用,有利于高中地理体验式教学的实施,也决定了针对高中生的体验式教学的可行性。

三、高中地理体验式教学的意义

(一)高中地理学科有利于体验式教学情境的创设

高中地理课程是人文与社会教育的课程。地理课程的人文性决定了地理知识与社会实践的联系较为密切;另外,在当前地理学的研究和教学中有一个趋向,即以人地关系中的问题为中心,分析有关的自然条件和社会经济活动因素,找出合理的解决措施,以有利于人类更合理地进行建设。这些都有利于将各种真实的、与生活实际紧密联系的情境引入地理课堂;同时地理课程还具有科学性,这一特点避免了直接生活情境杂乱无章的弊端,教学情境可以得到一定的规范,有利于体验式教学情境的创设。

(二)体验式教学有助于高中地理教学难点的突破

地理学是探索地球与人类社会之间的关系的科学。地理学主要的研究内容之一是研究地球上人与地球环境的关系。在地理教学中,师生主要解决下列问题:"什么是地点?""它是怎样的?""它为什么在那里?""它会在哪里及会是什么样的?"这些问题的答案说明和解释的是世界上各地方和区域的地理位置、处境,各地方、区域内部及其之间的相互作用。解答当前处境的成因要联系到历史和现状,从现象中显示出某些规律和特征。因此,高中地理教学必须以帮助学生建立地理空间概念为先导,然而复杂的空间变换过程是学生难以接受和理解的地方,体验式教学对解决这一难题有很大的帮助。在高中体验式地理教学中,学生通过对教学情境的体验,去认知、理解地理现象,并且因为发现事物与自我的关联而产生情感反应,并由此生发出丰富的联想和深刻的领悟,从而找出地理规律和特征,并把地理规律和特征运用于实践生活中。

(三)体验式教学有助于高中地理教学目标的达成

体验是学生在学习过程中知识与技能、过程与方法、情感态度与价值观的亲身经历和感悟,是内在经验的升华,是自得自悟的全部活动状态。因此在高中地理教学中,体验式教学能更好地达到三维目标。在体验式教学过程中学生在各种情境中,亲身经历各个环节,从外界和内心都获得某种感知,这种感知有可能是某个地理知识或者地理技能,也有可能是引起的情感上的波动等。因此在这个过程中,一些初步的教学目标已经达成,学生获得感知之后,进一步地思考和总结。在这个过程中,学生也会总结出一些地理特征与规律,学会地理学习的方法等,这时给学生带来的总是难以忘怀的生命张扬,自信心、成就感油然而生。而在情感上的体验更为深刻,对生活、生命更为本质性的内容产生感悟,从而促进教学目标进一步达成。因此,体验式教学有利于在地理教学过程中师生情感的融入和态度、意义的生成,也有利于激发学生学习的主动性和自觉性,从而有利于问题的解答和地理教学目标的达成。

四、高中地理体验式教学策略

体验式教学不仅仅是一种教学方法,也不仅仅是一种教学模式,它是一种高度关注学生的教学思想。在教学中,对"体验"的重视,实质上是对学生的关注,关注学生的生命的完整性、丰富性、自主性、独特性,关注学生精神的成长与人格的健全。对人的关注,是体验式教学思想的核心所在。体验式教学不是反对知识的识记,而是反对知识的机械识记。在教学中,学生通过感知—理解—巩固—应用这四个阶段,才能更好地达到知识技能、过程方法和情感态度价值观的三维目标。在地理教学中,"体验"是必不可少的环节,学生去认知、理解地理现象,并且因为发现事物与自我的关联而产生情感反应,并由此生发丰富的联想和深刻的领悟,从而找出地理规律和特征,并把地理规律和特征运用于实践生活中。

所谓教学策略,是教师在教学过程中,为达到一定的教学目标而采取的相对系统的行为。教学策略是以教学目标为前提,以学习策略为基础,既包括教师对教学内容、教学手段和教学方法在教学活动中的调控,也包括对学生的学习活动与学习方法的调控;教学策略既有观念功能又有操作性功能,是将教学思想或模式转化为教学行为的桥梁。

在体验式教学实施之前,教师必须要改变自己原有的陈旧的理念,并树立正确的体验式教学态度,把体验式教学的方法运用到高中地理教学中去,使之充分地体现出体验式教学的理念。

(一)实现由知识传授者向学生学习促进者的角色转变

教师不应该是单纯传授知识的人,应该是学生学习活动的组织者和学生学习能力的引导者。在教学过程中,教师起主导作用,学生居于主体地位,是教师主导与学生主体的辩证统一。现代科学知识量多且递增速度快,教师想在短时间内把"全部知识"传授给学生是不可能的,也没有必要。学生获得知识的渠道是多种多样的,有些知识学生可能比教师还懂得多、懂得早。因此,教师应该成为学生学习的激发者、辅导者,成为各种能力和积极个性形成的引导者。教学的重心应该放在促进学生的"学"上,以实现学生的自主学习为目的。在高中地理体验式教学过程中,教师组织学生的体验活动,同时做个积极的旁观者,直接参与学生学习,但不是干涉学生学习。教师在学生的地理学习过程中发现问题并及时加以引导,给学生心理上的支持,营造良好的氛围,使学生学习地理的热情更加高涨,同时培养学生的自律能力,并成为学生人生路上的引路人,使学生的人生观、价值观、世界观受到潜移默化的影响。

(二)实现由传统教学思维向现代教学思维的转变

教师由传统教学思维向现代教学思维的转变体现在:由统一规格的教育向差异性的教育转变,由重视教师"教"向重视学生"学"转变,由重结果向重过程转变,由重单向信息输出向师生信息互动转变。教师不是机械地执行课程计划,不是教材知识的传声筒,也不是按部就班的"教书匠",更不能忽视或不允许学生有自己的想法。教师要尊重学生的思想,为学生的创新和创造提供条件。

(三)树立正确的体验式教学理念

教师是教学设计者、指导者和合作者,也是学生学习的参与者、研究者和实践者。因此,教师本身应具备正确、客观的体验式教学理念才有利于体验式教学的应用。在高中地理体验式教学中,教师必须树立起以下五方面的理念:一是培养学生正确的人生观、世界观;二是为学生的终身学习和终身发展奠定坚实的基础;三是把培养学生的创新精神和实践能力作为出发点和归宿;四是强化应用意识,把地理学科教学置身于家庭生活、社会生活、科技生活的广阔背景之中;五是鼓励学生亲身参与实践、积极体验和丰富经验,同时获得情感上的体验。

在体验式教学中,教师应该努力实现体验活动目标与学科教学目标的统一、人文素养的培养与情感的生成并重、知识技能的传授与综合素质培养的统一和学科知识与社会实践的统一。

五、重视课堂教学细节

美国心理学家库伯的体验式学习的理论认为,体验的学习要完成以下四个步骤的循环过程:首先,具体的经验和体验,去体会和感受;其次,反思这些体验和感受,逐渐脱离具体的事件而在一般抽象层次对我们所感悟到的东西进行深思熟虑的思考;再次,将我们反思的内容纳入理性的思考,推广普及,上升到理论;最后,尝试着将我们学习到的理论运用于实际,制定自己的行动方案,在有机会时,进行下一次的实践活动,开始新一轮的学习过程,并形成体验式学习循环。

这是成人完成体验学习的四个步骤,并且这些步骤不断循环。高中学生处于成年之前的阶段,没有足够的知识储备和心理准备,无法独立做到这四步,只有在教师的引导下、同学的互助中、特定的教学环境下才有可能完成这些过程。因此,教师应关注课堂教学中学生体验的各个环节和每一个细节,尽可能地处理好这些细节,使每一位学生能在课堂中充分体验,从而达成堂课的教学目标。

(一)有效提问

提问能使学生产生怀疑、困惑、焦虑、探索等心理体验,这些心理体验能促使学生积极地解决问题,并能不断激发学生再次地提出问题和解决问题。在体验式教学设计中,课堂提问设计一定要以学生为本,避免无效提问。从体验的情境出发,明确体验活动中的学生认知目标,在这个目标的指导下，先设计核心的问题，再围绕上述核心问题进行课堂问题的设置。在教学过程中，让学生在一定的问题框架中进行探究活动，教师做适当的引导和评价。例如，在人教版高中《地理》必修3"影响第三产业布局的因素"的教学设计中首先确定核心问题——"哪些因素影响金融、贸易、信息服务、科技服务等行业布局"；然后再围绕这个核心再次提问："上海有什么有利条件举办世博会？为什么边远地区不能举办大型展会？"在教师设计的大型展会这一体验情境，学生依次回答这些问题，最终就能解决核心问题。

(二)适时引导

教育最直接、最根本的职能在于启迪、促进和发展人的精神世界。教师不仅是教学目的的贯彻者、文化知识的传授者、教学过程的组织者和学生学习的引导者，而且还是学生心灵的塑造者和学习环境的创造者。因此，教师在教学过程中的引导作用是不可替代的。曹石珠在《论课堂教学的体验缺失及其矫正》中提道："教师必须要引导学生的思维深入到那些看似简单的文字符号公式背后所隐含的奇妙复杂、博大深奥的思维过程，才能学会如何发现、有所发现乃至创造性的发现。"在体验活动中，学生可能存在各种问题，如一些地理实践无从下手，或者在解决问题的过程中偏离方向等，都需要教师及时、适当地引导，在引导的过程中避免被学生牵着鼻子走。例如，在高中地理体验式教学的课堂中，学生通过对上海市中心城区的居民迁往郊区的情境体验，了解了郊区化的概念，于是教师提问"郊区化与城市化是否是相反的过程？"，很多学生的反应是比较茫然，心里也是比较矛盾的，觉得似是而非。这时就需要教师的引导，如教师引导他们去思考一下郊区化的实质是什么，郊区化的过程中城市用地有没有增加、非农业人口有没有增加,学生根据教师的引导就能找出郊区化的实质,并发现与城市化的实质是一致的。

(三)组织学生合作学习

每个学生在性别、学业能力、步调和其他品质上是不同的,具有异质性。体验是和个体生命联系在一起的,而每个人的体验都是独特的,是不可替代、不可重复的,即使面对同样一件事情,不同的人也会形成不同的体验。合作体现了现代教学的思想,是课堂教学非常关注的一个问题。从合作学习的主要类型来看,主要有师师互动型合作学习、生生互动型合作学习、师生互动型合作学习、全员互动型合作学习四种。其中,生生互动型合作学习是指学生为了完成共同的任务,有明确的责任分工的互助性学习。合作学习鼓励学生为集体的利益和个人的利益而一起工作,在完成共同任务的过程中实现自己的理想。在体验式教学中,合作学习不仅能张扬学生个性和满足学生的需要,而且能在体验过程中相互砥砺,扬长补短。与此同时,合作学习的本身也是学生体验的一个重要情境,学生从合作学习中可得到合作精神、竞争态度、团队精神和人际交往技能的培养,避免了个人体验的狭隘性。在高中地理体验式教学中,教师在组织学生的合作学习的过程中需要注意以下四个问题:首先,教师要科学、合理地设计合作学习的目标和任务,如明确这次的合作学习要完成某一个地理知识点,学会某一项地理技能等;其次,提出合作要求,每个学生都要有确定的任务,如明确某位学生是组长,某位学生是记录员,某位学生是发言者等;再次,教师是合作学习的保证者和组织者,因此教师要控制学生合作学习的时间长短和噪音,防止地理课堂失控,浪费教学时间;最后,教师要及时对小组活动进行反馈,如在学生争持不下或思维受阻不能深入时,教师必须要及时点拨，排除学生的思维障碍。

(四)组织学生及时交流

体验并不是固定不变的，有时可能是薄弱、片面、易逝的，随时都可能消逝，而交流是主体意识形成的重要条件。教师应引导学生，让他们及时地把自己的体验表达出来，这样可以使学生对自己的感受更清楚、明确，会加深学生对内容的理解，以此强化他们的这种体验，以便达到更好的教学效果。同时，交流是体验的延伸与发展，也是一个再次体验的过程。交换体验实质是交换信息的过程，是用别人的体验不断地完善自己的经验过程。因此，在高中体验式教学过程中，设置"交流讨论"这一环节是非常有必要的。

在高中地理体验式教学中，本着学生是学习的主体，在课堂上开展学生之间、师生之间名副其实的交流，包括有关地理知识、经验的交流，解决问题心得的交流，使学生自己的体验得到强化，同时能感受到学生和教师的思维方法和思维过程，以改变他们自己认知方式上的缺陷。另外，通过向他人表达自己的见解，有助于对自己的认知方式的反思与完善，在交流中加深自己对知识的理解。

(五)关注学生体验

在教学过程中师生、学生之间的信息交流既包括地理需要、地理兴趣、地理知识、地理情感态度和价值观方面，还包括生活经验、行为规范等方面。通过这种广泛的信息交往实现师生互动，在"沟通"与"对话"中实现师生共同发展。我们的教学对象是有差异的学生，我们的教学目标是最大限度地发挥每个学生的潜能。因此，在体验式教学的过程中，教师要善于洞察学生对问题解决的反映情况，注意收集学生的学习信息、作业情况。在收集学生内隐性的体验时，需要注意学习者的情绪、情感反应，以及他们在学习中、活动中的行为表现，然后根据反馈的结果，适时调整课堂教学，最后再引导拓展。

在具体的高中地理体验式教学活动中，教师应关注学生对情境的情绪反应和参与程度、对问题的理解程度和学生的讨论结果、发言情况等，一旦发现问题就要及时解决。例如，有些学生沉迷于某些视频图像；或者有些学生思维比较发散，从一种地理事物发散到其他事物；或者学生讨论激烈，争执不下；等等。教师要根据各种情况，引导和提醒学生，从而控制好课堂节奏，并尽可能地发挥体验式教学的有效性。

（六）及时评价

评价在教学中起着激励、导向和诊断的作用，评价也能激活学生的思维，决定学生体验的方向和价值，是体验过程中阶段性的"结果"。因此，评价应贯穿于整个体验的过程，要注重对学习者体验过程的评价，根据学生的学习实际情况，选择适当时机，或个别评价，或组织交流评议，引导学生将感受进行归纳，印证并提升自己的感悟和经验。在体验式教学过程中，评价主要分成三大类，即教师评价、学生自评、师生共评。以这些方式对学生实施积极的和适度的评价，从实际出发，因人施评，鼓励各个水平的学生在原有的基础上取得更快、更好的进步。这样的评价有助于使学生认识到自己的不足，看到他人的长处，起到互相促进的作用。

例如，在高中地理课堂中，以上海中心城区居民向郊区迁移为例，要求学生分析郊区化的原因，学生根据实际情况会提出很多可能性，有的说是因为市中心房价太高，有的认为是居民对居住环境要求的提高，还有的认为市中心环境太差居民不得不搬迁等。在学生的发言过程中，为了调动学生继续学习的积极性，教师应给予鼓励性的评价，但同时也要提醒学生,有些因素可能只局限于上海或者类似地区,我们需要在这么多的因素当中找出最主要也是最普遍的因素,才能放之四海而皆准。这时,很多学生再次陷入思考,从而获得具有普遍性的答案。在这个过程中,不仅使学生获得和巩固所学知识,而且也提高了自身的能力。

(七)及时总结和巩固

在体验式教学过程中,学生在经过对事物的亲身体验、总结后已对该事物形成了自己特有的认识,但是这种认识也许是肤浅的,因此需要教师、学生或者师生及时进行一定的总结,使之逐渐脱离具体事件并上升到一定的理论高度。这时还有必要将形成的新概念付诸实践来检验,教师创设必要的条件让学生投身实践,检验概念的合理性,从而对概念的正确性与合理性做出判断。正确的概念经过检验能加深学生对此概念的认识,错误的概念经过检验后予以抛弃,然后学生用正确的概念和认识来解决实际问题。对于知识的应用,在高中地理体验式教学中我们可以采取课堂练习、课后练习等方式,或者在具体的某个实际生活场景中,把刚刚获得的知识运用其中。这不仅给学生提供了获得成就感的机会,也真正地巩固了学生的体验,成为学生自身知识体系的一部分。但是由于高中生能力有限,在运用过程中会或多或少地存在一些问题,所以在这个过程中需要教师的引导和学生的合作才能完成任务,做好巩固知识的一步。

由于地理教学的内容、对象是具体的,而且不是固定不变的。而本书所探讨的地理体验式教学策略仅仅是一些基本思路,在具体应用时,教师还要结合自身情况,根据自身素质、教学内容、教学对象等方面的特点进行教学。

六、生活体验在课堂上的应用

课程更注重课堂内容的预设与生成,强调教师的引导与启发,然而事实上教师经常会处于比较尴尬的境地。其实,这往往是由于学生已有的生活体验和学过的旧知识还未和所学习的新知识建立联系。所以教师与其苦恼,还不如沉下心来考虑如何帮助学生将旧知识和已有的体验与新知识建立联系,将知识的"硬水"软化为可以饮用的"软水"。

熟悉的生活体验更有利于学生知识的建构与内化。将师生已有的体验引入课堂,既包括生活体验,也包括其学习体验,并且不仅局限于地理学科。

(一)生活体验

学生对在生活中观察到的日月星辰东升西落、夏雨冬雪、昼夜长短变化等现象早已习以为常,却不知道这正和地球的运动状况有关。

例如,联系学过的中国交通运输知识,笔者拿出在南京读在职研究生期间先后从东台到南京学习,以及从南京去上海旅游时的往返火车票,其中既有老式绿皮车的票,也有空调车、动车及高铁的车票。让学生看票时,笔者把自己坐不同火车的感受介绍给学生,让他们明白学习交通运输知识有助于他们现在和将来选择适宜的出行方式,将地理知识与生活应用紧密联系到了一起。

(二)各学科的学习体验

语文学科中有不少诗歌名句都饱含丰富的地理知识。"一山有四季,十里不同天"反映了地形对天气的影响,同时也体现出天气的多变。《晏子使楚》中"橘生淮南则为橘,生于淮北则为枳,叶徒相似,其实味不同水土异也",可以让学生深刻体会南北方差异,两侧气候的差异导致植被等景观的显著差异。

数学学科中有不少统计图表，而地理学科中图表也占了相当大的比例。在地理教学中指导学生学会读图是重中之重，因此在数学课中所学的图表知识可以迁移到地理学习中来，同样，地理学阅读图表的能力也可以迁移到数学学习中去。数学几何的学习有利于学生地理空间思维的发展，两者可以互相促进。

英语学科中就有"Geography（地理；地形，地势）"这个单词，而地理中关于经纬网知识的学习，如东西经、南北纬所用的简写字母分别为东、西、南、北四个英文字母的首字母，这样可以让学生记牢。

不少地理事物及现象的形成蕴含丰富的物理知识，如云、雨、雪、霜、雾凇等的形成。淮河附近成为河流有无结冰期的分界是什么原因呢？物理上物态变化中 $0℃$ 为冰水混合物的临界温度，学生立马就会联想到"一月份 $0℃$ 等温线"也在附近。

生物学科中有介绍到煤炭的形成，这与自然资源这部分知识联系密切，学生能更深刻地体会到非可再生资源的特征。学科知识间的相互渗透，能激发学生的学习兴趣，降低学习的难度，也有助于学生知识体系的均衡构建。

第三节　乡土地理教学的应用

一、乡土地理教学的目的与意义

乡土是一个人出生或长期居住和生活的地方及其自然（如乡土的地形、地质、气候、水文、动植物、土壤等）、人文与社会（如人类在其乡土上各种有形的建筑、交通、经济，无形的文化风俗、语言等）环境的综合体，是一个人们深受其影响，对其具有深厚的感情，并负有维护责任的地方。"乡土"一词在《辞海》中的解释是指"家乡、故土"，"亦泛指地方"，由此可以看出"乡土"是一个边界比较模糊的概念。

"乡土地理"作为区域地理学中一个特定的科学概念，因其是从"乡土"一词延伸发展而来，其所指的区域范围就有不同的解释。例如，在《辞海》中乡土地理的教学范围是指"省区以下较小地区"，而在《地理学词典》中则是这样规定的："可以一省、市或地区为单位，也可以一个县、区和乡为单位。"

（一）乡土地理教学的目的

《地理课程标准》将"乡土地理"作为义务教育阶段地理课程的必修内容，其目的就是"帮助学生认识学校所在地区的生活环境，引导学生学以致用，培养学生实践能力，树立可持续发展的观念，增强爱国、爱家乡的情感"。具体来讲包括以下四个方面。

1.帮助学生认识学校所在地区的生活环境

虽然乡土地理讲的是学生家乡的自然环境和社会环境，也许是学生熟识的，但是这并不等于学生已认识和理解了家乡的地理环境，这中间还有一个将感知提升为理性认识的过程。乡土地理教学的目标之一，就是要帮助学生以实践和综合学习为主要学习途径，认识家乡的地理环境。

2.增强爱国、爱家乡的情感

爱国主义情感往往是从热爱家乡开始的。对学生而言，"祖国"是扩大了的家乡，本乡本土则是他们看得见的祖国。只有教育学生热爱家乡，才能进一步激发学生的爱国热情。在此方面，乡土地理具有独到的教育性和思想性，应充分发挥本课程的乡土特色，加强对学生进行爱国主义教育。乡土地理教学就是要通过对学生所在家乡的自然环境和人文景观等地理要素的客观实际的描述，通过归纳、演绎、综合等辩证分析，再上升到理论高度，使学生增强对家乡的认识和了解，找出扬长避短、因地制宜、合理开发本地资源和利用、保护环境的正确途径，激励他们为建设家乡、报效祖国而学习。

3.引导学生学以致用，培养学生实践能力

乡土地理课程具有很强的实践性，而且拥有丰富的开展学生实践活动的社会资源，在培养学生的实践能力方面的功能不言而喻。《地理课程标准》提倡："把乡土地理作为综合性学习的载体。学生可以通过收集身边的资料，运用掌握地理知识和技能，进行以环境与发展问题为中心的探究性实践活动。"因此，教师应充分利用这种有利条件，将乡土地理的课堂扩展到广阔的社会天地中，指导学生走出课堂，开展参观、调查、考察、旅行等活动，在实践中学会观察地理现象、获取地理信息、发现地理问题，以文字或图片形式记录所得、所感、所想，开阔学生的地理视野。学生在开展各类实习、考察活动时,有利于激发学生探究地理问题的兴趣,理论联系实际,学以致用,同时培养学生的社会实践能力。

4.树立可持续发展的观念

可持续发展是一项全球性的全民战略,它的实现必须依靠全民参与。所以,对未来的国家建设者,即目前的中学生进行可持续发展教育是十分必要的。地理学本来就是研究地理环境及人类活动与地理环境相互关系的一门科学,它涉及的自然、人文等各个领域几乎都跟可持续发展战略紧密相连。可以说,在基础教育所有的学科之中,地理课程是最适宜进行可持续发展教育的学科。《中国 21 世纪议程》特别强调了中学地理课程要在加强对受教育者的可持续发展思想的灌输方面发挥作用,这也是中学地理学科相对于基础教育其他学科在素质教育中的独特作用。参与可持续发展,必须以地域为依托,而乡土地理教学,更要结合本地区的实际,在具体的地域范围内,对环境与经济、社会的发展综合考虑,协调解决,让学生运用地理基础知识和原理,分析、解决区域地理问题。所以,乡土地理教学内容能更深刻地揭示人地关系,为地理应用提供广阔的领域。从区域条件、问题,区域发展方向、策略这一新的视角重建教学内容结构模式,培养学生成人后参加地区持续发展所需要的基本工作方法和能力。

(二)乡土地理教学的意义

1.乡土地理教学对学生情感态度和价值观的养成有积极意义

情感态度和价值观是人在先天生理的基础上受后天环境、教育的影响,通过个体自身的认识和社会实践而养成的比较稳定的身心发展品质。高中乡土地理教学通过具有实践特色的教学过程,让学生认识家乡的自然和人文地理的主要特点,了解家乡人民如何利用自然、改造自然,初步懂得如何协调好家乡的人地关系，以及家乡经济建设的战略方向和美好前景，从而培养学生热爱家乡、热爱祖国的深厚感情和树立建设家乡、建设祖国的雄心壮志，在学习的过程中养成严谨、求实的科学态度和不断追求的进取精神。通过社会实践和调查研究，学会关心国家和社会的进步，学会关注人类与环境的和谐发展，形成积极的人生态度。

2.乡土地理教学可以激发学生学习地理的兴趣

布鲁纳曾说过："学习的最好刺激是对学习材料的兴趣。"而乡土地理材料就在学生周围，既为学生所熟知，又为学生所喜爱。所以，乡土地理材料具有易懂、亲切、富有生命力和感染力的特点，容易激发学生学习的兴趣，调动学生学习的积极性。另外，乡土地理教学给学生以全新的感观刺激，吸引学生；能克服传统教学的单调乏味感，采用多种多样的形式，使内容丰富多彩，有形、有声、有物，增强趣味性，发展能力；寓智于趣，寓学于乐，使学生在宽松、愉快活泼的气氛中开展活动，获得新知识。对于高中生来说，年龄特点使他们更容易在乡土地理学习中形成学习兴趣，这种兴趣反过来又使乡土地理教学能够达到比较好的效果，从而促进了以后学习的进行。

3.乡土地理教学有利于培养学生的各种能力

中学乡土地理教学是地理教学中发展学生各项能力的最为有效的途径，因为地理学科内容既涉及自然科学，也涉及社会科学，综合性很强。而乡土地理的教学，在综合性的基础上，更强调了实践性，因而课外活动内容十分丰富，从而为提高各种能力提供了可能性。在这些以小组或集体的形式进行的活动中，培养了他们的人际交往能力、语言表达能力、搜集和处理信息资料的能力、动手操作能力等。

4.乡土地理教学有利于培养学生的创新意识和创新能力

当前的教育倡导培养学生的创新意识和创新能力。学生的创新意识和创新能力的培养是以学生"自身"为标准的,是在学生已有基础上的创新。"新"的问题,不论是显性问题还是隐性问题,总之要对已有的"存在"提出质疑。乡土地理教学因为涉及面广,学习环节相对复杂,"意外事件"出现的可能性比较大,这在客观上为学生创新意识和创新能力的培养创造了条件。

5.乡土地理教学可为当地的经济建设服务

加强中学地理学科素质教育,是为当地经济建设和社会发展输送合格人才的需要。当前,基础教育中有以下两个事实不容忽视:一是中学毕业生中仅有一小部分能够升学,大部分则要回当地参加当地的经济建设。二是回到当地的毕业生普遍不适应当地的经济建设和社会发展的需要。他们缺乏对家乡的了解,缺乏热爱家乡的深厚感情,缺乏建设家乡的责任感,更缺乏建设家乡的实际本领。这就要求乡土地理教育密切结合当地的自然地理环境、当地人类与环境的重大问题,渗透现代地理科学思想方法,向学生传授较为实用的地理知识,加强地理应用能力的培养。

二、乡土地理教学的概述

(一)《地理课程标准》下乡土地理教学的内容

根据《地理课程标准》,以下主要从乡土地理知识与技能、过程与方法、情感态度和价值观三方面来概括中学乡土地理教学应达到的基本内容和要求。

1.乡土地理知识与技能

乡土地理知识包括地理位置和行政规划;乡土自然地理知识包括了

解乡土地形、气候、水体、动植物、土壤等自然地理事物与现象的组成、特征及其相互联系；乡土人文地理知识具有有关乡土农业、工业、交通、商贸、人口等知识。了解其运作特点及其相互联系，了解当地文化、宗教、民族等知识，了解乡土地理环境中所面临的人口、资源、环境等重大问题，如人口增长、水土流失、土地沙化、自然灾害、土地利用、气候变化、环境污染等，要了解这些问题的产生机制、原因，以及解决这些问题的方法与途径。

地理能力包括乡土地理信息的搜集与诠释能力，要求学生具有通过文字、图表、表格、图解、地图等搜集信息；能够处理、分析、评估和表达这些信息；进行乡土地理观测、实地考察、调查、访问等实践能力。要求会使用一些地理测试仪器，如气温表、气压表、风向风力仪、雨量器、经纬仪、地质罗盘、流速仪、泥沙采样器等进行气象、地质、水文观测，能够对土壤剖面状态进行观测与描述，对植物群落进行样地调查，如水井、泉水调查、社会调查等。具有一定的乡土地理评估、预测能力，如对当地农业生产的条件进行分析与评价，运用地理知识对市场动态、资源的开发利用前景及投入产出进行简单分析、预测等。

2.过程与方法

尝试从学习和生活中发现地理问题，提出探究思路，搜集相关信息，运用有关知识和方法，提出看法或解决问题的设想，运用适当的方法和手段表达自己学习的体会、看法和成果，并与别人交流。

3.情感态度和价值观

情感态度和价值观包括对家乡、祖国的深厚感情，协调人地关系的观点，树立可持续发展的理念。

对于乡土地理教学内容,笔者认为其有以下两种功能:一是作为学习对象;二是作为学习工具。作为学习对象,可概括为"学某某地方地理",其主要目的除了《地理课程标准》所列出的,更重要的是帮助学习者认同区域文化作为学习工具,可概括为"在某某地方学地理",这是一个沟通学生生活世界和书本世界的桥梁,这个"桥梁"对于调动学生的生活经验,理解自然地理规律、人文地理原理,欣赏丰富多样的区域地理特色,感受地理信息技术之魅力,都是有益的。而且这种学习最终导向的是每个地理学习者形成"我的地理"的意识。同时,从地理课程的教育价值来看,作为综合学习,这个"桥梁"还有利于地理课程工具价值、文化空间意义价值及生命体验价值三个层次的教育价值的统一、融合。

(二)《地理课程标准》下乡土地理教学的特点

乡土地理作为区域地理的重要组成部分,其教学特点与中国地理、世界地理的教学既有共性,也有个性。就乡土地理的个性而言,教学内容具有地方性特点,教学途径具有实践性特点,教学方法具有多样性特点,教学过程具有探究性特点,乡土地理教学具有服务性特点。

1.乡土地理教学内容具有地方性特点

乡土地理教材即根据本乡本土的自然资源、地理环境状况及当地的社会经济和文化科技发展而编写的,能鲜明突出本地独特的自然、人文地理的材料,具有浓郁的地方特色。这决定着乡土地理教学内容的不一致性,具有地方性的特点。各个不同地区的乡土地理教学必然各有侧重。例如,城市乡土地理教学应突出自己城市的性质、功能、城市建设和发展的特点,并从城市的建设和发展角度来分析和认识自然环境,通过城市的建设和发展来阐述社会经济环境的特点和结构,其他的各种自然地理要素则可以简略地加以介绍。农村地区的乡土地理教学,应侧重分析当地特有的自然地理环境,分析自然地理环境对当地经济发展的影响,评价农、林、牧、渔业生产对自然环境的利用状况和存在的问题,而对当地影响较小的社会经济环境因素则做简略介绍。

2.乡土地理教学途径具有实践性特点

在《地理课程标准》和《地理课程标准》中,安排了很多实践性很强的教学活动,通过这些活动来帮助学生认识学校所在地区的生活环境,引导学生学以致用,培养学生的实践能力。而且乡土地理教学内容密切联系当地的自然环境和社会环境的实际,更加贴近学生的生活,有利于学生的参与,便于学生开展野外考察和社会调查等地理实践活动,并能很好地加强课本知识与实践活动的联系。

3.乡土地理教学方法具有多样性特点

乡土地理的教学必须通过必要的实践活动,通过亲身的感知,使学生真切地了解家乡、认识家乡,应把家乡的社会和大自然视为乡土地理教学的真正课堂。因此,乡土地理的课内外教学方法应是丰富多样的,尤其以学生为主体的社会调查、访问和野外考察,应成为重要的教学手段。在教学内容上, 由于乡土地理广泛地联系了当地社会和自然环境的一些现实问题,可以很生动地引导学生对家乡的发展进行探究性的学习讨论,如怎样合理开发利用与保护家乡的自然资源、怎样因地制宜地发展家乡经济建设、怎样构画家乡美好的远景等。

4.乡土地理教学过程具有探究性特点

地理新课程的基本理念之一是"重视对地理问题的探究"。乡土地理教学在引导学生认识家乡地理环境特点的基础上, 对如何合理地开发利用家乡自然条件和社会经济条件建设好家乡、如何正确协调好家乡的人地关系、如何保护和治理好家乡的环境与合理地利用当地的自然资源等一系列的现实问题,开展探究性教学,这十分有利于学生发挥他们的聪明才智,培养他们理论联系实际的能力,树立建设家乡的主人翁意识。

5.乡土地理教学具有服务性特点

《地理课程标准》中要求乡土地理教学要结合所在地区的自然、经济、社会发展实际。因此,乡土地理教学最能反映当地的社会与经济、人口与资源、环境与生态等人们普遍关注的重大问题,容易引起政府相关部门的注意。在乡土地理教学过程中,一些研究课题的科学结论和合理的建议可为当地的经济建设服务,从而被当地政府采纳。另外,大多数中学生毕业后直接走向为当地经济建设服务的岗位,通过乡土地理教学,使他们认识和了解了家乡的地理环境和自然资源,能很好地为家乡的经济建设出力献策,发挥地理知识服务于经济建设的功能。

三、乡土地理教学形式与学习方式

(一)乡土地理教学的形式

在我国中学乡土地理的教学过程中出现了多种教学形式,概括起来主要有在教学安排上集中与分散相结合、在教学方式上课内与课外相结合、在教学对象上整体与个别相结合等多种教学形式。新课程背景下提倡改革乡土地理教学,探索新的教学形式,笔者认为以下两种教学形式可供大家借鉴。

第一,新课程背景下的中学乡土地理教学除单独开设乡土地理外,还可采取与相关学科综合,设立乡土综合实践课程。地理学科的综合性特点,不仅表现在本学科的内部,还体现在地理与历史、政治、文学、艺术、生物、经济、社会各门学科的横向联系。实际上,乡土教育是各门学科的共同任务。地理学科的乡土教育如能恰当地联系各学科的内容,则会产生更好的效益。例如,南京市为适应新课程改革的要求,大胆尝试地方课程的建设,将原来的"南京地理""南京历史"整合为综合课程"可爱的南京"。从内容上看,它从自然与环境维度、历史与文化维度、艺术与民俗维度、当代社会与生活维度展现南京的过去、现在和未来,涉及地理、历史、社会、经济等诸多方面,因而在内容上具有较强的综合性。乡土综合实践课程的设立,可集中有限的教学课时和各自为政的教师,优化课外活动的组织形式,体现精简、高效的原则,提高教与学的综合效益。但在实施的过程中要解决好与相关学科的整合、综合实践基地建设和学生小课题研究指导等问题。

第二,基于现代信息技术的飞速发展和网络技术的普遍应用,乡土地理教学要努力实现现代信息技术与乡土地理课程的有效整合。学校和教师要努力创造条件并充分利用网络乡土地理课程资源为乡土地理教学服务,同时也要积极参与网络乡土地理课程资源的开发与建设。要立足于本地,建设本地区具有地方特色的乡土地理教学网站和相关教学资源库。教师要善于通过网络包括影视资源获取乡土地理有效信息,借助乡土地理网站进行教学反思与交流研讨,从而不断丰富网络乡土地理课程资源。要指导学生合理选择和有效利用网络资源,改进学习方式。在网上开展乡土地理教学的整个教学过程中,教师起到组织者、指导者、帮助者和促进者的作用,充分体现了以学生为中心,利用网络进行乡土地理教学,学生可发挥主动性、积极性和创造性,与传统乡土地理教学形成强烈反差,使学生的学习兴趣得到提高。

(二)乡土地理的学习方式

新课程改革强调学习方式的转变,注重自主、合作、探究的学习方式。《地理课程标准》中明确规定,乡土地理为必学内容,而且课程标准的导向是将乡土地理作为实践基地,以乡土地理作为综合性学习的载体,学生可以通过搜集身边的资料,运用掌握的地理知识和技能,开展以环境与发展为中心的探究性活动,因此综合性学习是乡土地理学习的重要方式。综合性学习方式至少包括探究学习、体验学习、交往学习、媒体学习,这些学习方式是基于"直接经验"的认识活动方式,在学习内容、学习时间、学习环境、学习组织等方面,分别通过不同的路径去实现学习的综合性。

1.乡土地理的探究学习方式

"探究学习"是指在教师的指导下,学生以类似科学研究的方式进行学习,自主获得知识的过程,探究学习的重要路径是以问题解决来进行学习。"问题选择—问题设计—要素分析—问题解决"是基于学生生活及身边问题的探究式学习方式的主线。乡土地理探究性学习方式包括问题性、实践性、合作性和综合性。问题性强调对乡土地理教材和相关学科及现实中的自然现象、社会生活的观察;实践性强调在过程中的动手和主动参与;合作性强调在学习过程中和同伴、教师对问题、观点、结果的沟通、交流、分享;综合性强调在过程中情感、认知、能力的和谐发展。

2.乡土地理的体验学习方式

"体验学习"是向实践学习。"体验"指通过亲身经历以认识周围的事物。教育学界大多认为,体验是以亲身经历、实践活动为基础,又是对经历、实践和感受、认知和经验的升华。体验学习的重要途径是实践感悟学习。《地理课程标准》最突出的特点之一就是提出了"过程与方法"的课程目标,这一目标变"追求学习的结果"为"强调学习的过程",注重学生学习过程的积极体验。乡土地理课程具有很强的实践性,乡土地理的教学必须通过必要的实践活动,把家乡的社会和大自然视为乡土地理教学的真正课堂,通过亲身的感知,使学生真切地了解家乡、认识家乡。所以,体验学习应成为乡土地理学习的主要方式。

3.乡土地理的交往学习方式

"交往学习"是向人学习,它通过人与人之间相互作用和影响,实现人与人之间的相互理解、接纳、认同、欣赏,进而实现对客观世界的认识和理解。乡土地理教学把教学过程视为一种交往合作的过程,是师生在社会这一广阔天地中进行的多边、多向、多方面的人际交往和相互作用的过程,因此交往学习成为《地理课程标准》下乡土地理学习的方式之一。另外,学科课程教学中的学习主体主要是教师与学生,而乡土地理交往学习中的主体则可以放大到社会、家长和社会相关人员。

4.乡土地理的媒体学习方式

"媒体学习"通过大众传媒(如音像、期刊、网络)实现认识世界的过程。学生在乡土地理的学习过程中,可以从报纸杂志、电视广播和电脑网络中筛选乡土地理学习内容,可以说,通过媒体学习,学习无处不在,无时不有。

四、乡土地理在教学中渗透的重要性及渗透原则

(一)乡土地理在教学中渗透的重要性

1.增强学生对世界的认知

乡土地理渗入课堂的目的是让学生学习地理知识的同时更好地认识外部世界,乡土地理是沟通课堂与外部世界的桥梁,乡土地理课程资源挖

掘的是学生身边的地理，是学生从小生活的地方，学生对它既熟悉又亲切,学起来自然充满了兴趣与乐趣。并且通过野外考察、实地调研、小组合作等实践活动,学生的认知能力必然得到提高,乡土地理素材在中学地理教学中的渗入为学生认识世界打开了一扇窗。

例如,笔者在讲授有关气温的地理知识时,展示两幅图片:一幅是烟台海水浴场夏季游人如织,海边的饭店门庭若市的场景;第二幅是冬季的海边,海水浴场冷冷清清的景象。作为在海边生活的学生对这样的场景想必是非常熟悉的,然后提问学生为什么会出现这样的场景,作为十几岁的高中生想当然地回答:"因为冬天冷,夏天热呗。"紧接着笔者又展示了海南岛一年四季海边郁郁葱葱,游人众多的场景,问学生:"那为什么海南一年四季树木常绿,水不会结冰呢?"然后让学生以小组为单位进行讨论,总结出是由它们纬度不同,所获得的太阳热量不同造成的。进而学生也明白了为什么哈尔滨的三月有冰雕,而广州的三月却可以赏花了。学生在这个学习过程中不仅懂得了纬度因素是如何影响气温的, 而且领略了祖国的南北风光,看到了祖国的地大物博,开阔了视野,增强了对世界的认知。

2.转变教师的教学模式

乡土地理课程资源在为教师提供丰富的教学素材的同时也在转变着传统的教学模式,由传统的教师教转变为学生参与师生互动。学生在这个过程中切实地体会到了地理事物的发展变化过程, 在激发学生兴趣的同时更培养了地理学科的思维方式。教师在这个过程中也会思考用怎样的教学模式才能让学生更好地接受,从而根据不同的教学内容采用如讨论式、探究式、合作学习、角色扮演等多种教学模式,只要是有利于让学生生动活泼地进行学习,都可以在课堂中渗透和运用,从而使自己的教学素养不断提升。

例如,沿海地区的教师可以开展趣味性教学,在课堂上组织学生进行角色扮演,探索地球奥秘。天圆地方—太阳和月亮—麦哲伦环球航行—地球卫星照片这四个过程,一般的教学方法是教师提问、讲解、启发、学生思考、回答等。这样的教学方法,学生习以为常之后,学习主动性较强的学生会较好地配合教师完成互动任务。通过图片展和设问等,学生虽然有兴趣,但印象不深刻,容易遗忘。但如果在这个过程中引入乡土地理素材,让一部分同学来进行表演的话,效果会迥然不同。例如,烟台渔业发达,学生肯定见过海边的渔民渔船,准备一些简单的道具(望远镜、大地球仪、渔网等),让两位同学来扮演,两位同学都面向大地球仪,其中一位同学扮演海边看渔船的渔民,另一位同学推着一艘纸叠的有桅杆的渔船慢慢驶向渔民,然后两名同学进行对话,同学们进行讨论。在其他的环节如"天圆地方"可以让一位同学头戴草帽,留着长胡子,手拿锄头扮演成锄地的古人,在旷野里劳作然后感叹"这大地真平啊,这天空又大又圆"等,通过这样的角色扮演把认识地球的每一个过程都活灵活现地展示在了学生面前,学生犹如亲身经历了这个探索历程,极大地调动和牵引着学生的好奇心,同时也加深了学生对这一抽象事物的理解。

3.培养学生实践创新能力

创新就像种子,需要一定的环境,适宜的气候、土壤,人们科学而耐心地灌溉、施肥、培养,种子才能发芽、生根、开花、结果。教师就是要去营造这样一种氛围和环境,一种培养学生创新能力的环境。教师可以在教学中创设有利于学生创新能力培养的环境,如利用乡土地理开展课外考察活动,在自由探讨的氛围中,使学生的发散思维、创新思维得以迸发。

例如,在课堂上进行发散性思维的练习,讲讲不同地方的特色民居,笔者考虑到所任教学校的学生可能很多不是本地的,所以开展了"说说家乡的房子"的讨论活动。然后学生们你一言我一语地讨论了起来,家在平原的学生说"我们老家是土坯平房",家住山区的学生说"我们那的房子大都由石块砌成",南方的学生说"我们那一般一楼不住人,大多住二楼,好多小竹楼"。在学生讨论自己家乡住房特点时,笔者引导学生思考各地特色房屋产生的原因,然后进行了"小小建筑师"的活动,让小建筑师们为家住西双版纳的同学和家住西亚的同学盖房子。在这个活动中,学生创新的热情被极大地激发了起来。在这个飞速发展的时代,教师不是拿一桶水倒给学生一杯水,而是用自己的一桶水引发学生的涓涓细流,直至奔腾不息的大河。从乡土地理出发探索地理的世界,在教师的引导下创造性地进行学习,只有如此,学生才能成为有创造性、不惧未来挑战的健康发展的人。

(二)乡土地理在教学中渗透遵循的原则

1.乡土性——因地制宜原则

乡土地理最突出的特色就是植根于本土性、乡土性。中国地大物博,自然奇观数不胜数,上下五千年更是孕育了灿烂的文明,"乡土性"就是一个地方区别于其他地方的特色。例如,西安——要突出其六朝古都的人文地理特征, 深圳——要突出其改革开放前沿阵地的区位地理特色,扬州——可以突出京杭大运河的兴衰与城市的繁荣与衰败,昆明——可以探寻其四季如春自然地理特征的成因。在山东省内,泉城济南——可以突出省会城市历史悠久、名人众多的特色;泰安——可以考察泰山的地质地貌,探寻泰山摩崖石刻、石敢当等人文地理特色;淄博——可以突出其纺织印染工业的发达。教师在教学中渗透乡土地理素材时,抓住其所在地乡土特色，因地制宜地进行选择，并且可以进行地区之间的对比。例如，烟台、青岛都是温带季风气候，但是青岛的气候海洋性较强，年温差较小，而烟台偏大陆性，年温差较大，然后教师可以引导学生从地理位置、海陆位置方面探寻原因。因地制宜地选择乡土地理素材并渗透进教学中，在增强教学效果的同时，也让学生认识、了解了家乡，为自己的家乡感到自豪。

2.适度性——难易恰当原则

中学阶段乡土地理课程的开发、建设与在教学中的渗透应与学生的认知水平相称，保持适当的深度和广度。乡土地理的内容极其广博丰富，体系也是十分繁复，所以乡土地理素材的选择应以增加学生学习地理的兴趣，吸引学生的注意力为主要选择依据。高中生相比初中生虽然认识能力有了很大的提高，但由于地理课时有限，加之学生的课业负担较重，因此必须精心选择那些与课程内容密切相关、有探究价值、富有教育意义的乡土地理课程资源作为教学素材。

3.互动性——共同参与原则

师生互动、生生互动强调学生的参与性。在传统的地理教学中，面对浩瀚的地理知识，教师处于"先知先觉"和"权威"的地位，所以在教学中时常发生师生以不同的人格进行交往的现象。而在乡土地理实践活动中，师生成为一个共同的群体，常常共同探寻乡土地理问题。在这个信息化的时代里，学生从各种渠道获取信息，有的时候学生的所知所能，以及对社会的看法会比教师更丰富，甚至会超出教师的想象。

互动性的另一个方面是"生生互动"。同学之间由于年龄相仿、经历相似，又朝夕相处，在良好的交流互动中，更能增进乡土地理学习的效果，所以教师在乡土地理野外考察、探究活动等实践活动中要有意识地组织学生间的讨论、争论、合作、互评,使学生自身逐步积累地理学习的经验、方法,最终学会自己学习。互动性的原则也是乡土地理野外考察活动、实践学习、探究问题方案设计中所遵循的主要原则。

五、乡土地理在高中地理教学中的应用价值

(一)乡土地理资源开发和利用的意义

乡土地理的开发和利用,一方面可以超越狭隘的教育内容,让师生的生活和经验进入教学过程,从而使教学"活"起来;另一方面可以改变学生在教学中的地位,从被动的知识接受者转变成为知识的共同构建者,从而激发学生的学习积极性和主动性。因此,充分开发、合理利用地理课程资源,对于丰富地理课程内容、增强地理教学活力具有重要意义。

1.地理学科教学实践的需要

地理科学研究范围广泛,包括岩石圈、大气圈、水圈和生物圈,还与人类的可持续发展密切相关。乡土地理在高中地理教学中的应用,通过学生可感知的地理现象进行教学活动,提高学生学习地理知识的积极性,提高学生对地理理论的理解,提高学生的应试能力,同时也对提高地理教师的全面素质具有重要的意义。

2.落实地理新课程目标的需要

地理课程目标是乡土地理在高中地理教学中的应用,为新课程改革服务,主要的目的首先是让学生能够通过现象掌握地理知识和基本技能,其次是通过地理理论的应用,提高学生分析、解决地理问题的能力,增强热爱家乡的情感,树立区域可持续发展的地理观念。同时,开发乡土地理资源也是为了实现国家所规定的地理课程目标,为地理教师提供各种教学素材、案例、条件和手段,为学生提供更广泛的学习空间,不断开阔学生的知识视野,拓展学科知识的深度和广度。

(二)乡土地理在高中地理教学中对学生学习的积极作用

1.有利于学生认知身边的地理环境

学生对于身边的地理环境有一定的了解,但往往只是停留在表面现象,不能上升到理论的高度,不会用地理学的知识进行地理现象的分析。而通过乡土地理资源和课程资源的有效整合,让学生能够对地理知识有一个理性的认知过程,使学生能够将知识应用于实践,真正地了解身边的地理环境和地理现象的本质。

2.理论联系实际,锻炼学生的地理技能

乡土地理资源的获取,教师可以结合课程资源设定相应的实践活动任务,让学生通过访谈、测量、问卷调查、资料查询等形式自主获得。通过这一过程,使学生地理知识的获取不仅仅停留在课本上,还能够直观地感受到真实的地理环境。并且在这一过程中,学生能够将所学的地理知识应用到地理信息的获取、分析、总结上,达到理论联系实际的结果,不仅加深了学生对地理知识的理解,同时也锻炼了学生的地理技能。

3.树立可持续发展的理念

可持续发展是一项全球性的全民战略,它的实现必须依靠全民参与。所以,对未来的国家建设者,即目前的中学生进行可持续发展教育是十分必要的。在基础教育所有的学科之中,地理课程是最适宜进行可持续发展理念灌输的学科。可持续发展理念的培养,必须以区域为主要的载体。乡土地理就是结合本地区域自然环境和社会环境在地理教学中进行应用,解释区域发展中的人地关系。通过对所学地理知识的分析,确定本区域的发展方向,制定解决发展过程中存在的问题的治理措施,以达到树立学生关于区域发展过程中的生态环境、社会环境及经济发展的全面可持续发展的理念。

（三）乡土地理资源在高中地理教学中的作用

1.乡土地理教学可以激发学生对地理学科的兴趣

美国心理学家布鲁纳曾说过："学习的最好刺激源是对学习材料的兴趣。"乡土地理资源是学生身边能够直接感受到的地理现象，所以乡土地理材料具有直观、亲切、易懂和富有感染力的特点，能够激发学生学习的积极性，培养学生对地理学科的兴趣。另外，乡土地理资源能够使抽象乏味的地理理论给学生更直观的刺激，更能吸引学生的注意力，对于学生的学习过程更有启发性。寓智于趣，寓学于乐，使学生在宽松、愉快活泼的气氛中开展活动，获得新知识。特别是对于高中生来说，年龄特点使他们更容易在乡土地理的学习中形成学习兴趣，这种兴趣反过来又能够使乡土地理教学达到比较好的效果，从而促进以后学习的进行。

2.有利于学生情感态度和价值观的培养

情感态度和价值观是人在先天生理的基础上，受后天环境、教育的影响，通过个体自身的认识和社会实践而养成的比较稳定的身心发展品质。中学乡土地理教学具有较强的实践特色，能够让学生认识故乡地理环境的概况，树立合理开发、改造地理环境的理念，培养学生热爱故乡、热爱祖国的情感。在学习的过程中，养成严谨、求实的科学态度和不断追求的进取精神，并积极寻求构建伙伴式人地关系的发展模式。

3.乡土地理教学有利于培养学生的各种能力

乡土地理教学是地理教学中发展学生各项能力最为有效的途径。乡土地理和课程资源的有效整合，既能体现地理学科的自然科学和社会科学的综合性，又能提高学习过程的实践性，从而丰富了课堂教学内容，为提高学生的各种能力提供了可能性。采用以小组或集体的形式进行活动，培养了学生的人际交往能力、语言表达能力、搜集和处理信息、资料的能力、动手操作能力等。

4.乡土地理教学有利于培养学生的创新意识和创新能力

当前的教育倡导培养学生的创新意识和创新能力。学生的创新意识和创新能力的培养是以学生"自身"为标准的，是在学生已有知识基础上的创新。"新"的问题，不论是显性问题还是隐性问题，总之要对已有的"存在"提出质疑。乡土地理教学因为涉及面广，学习环节相对复杂，"意外事件"出现的可能性比较大，这在客观上为学生创新意识和创新能力的培养创造了条件。

六、乡土地理与课程资源整合的方式探索

（一）地理课程资源的整合的概念

所谓乡土地理和地理课程资源的整合，即在日常教学活动中，围绕某一教学目标，选取自然、社会、生活中各方面有价值的乡土地理教学资源，通过知识体系的内在联系，将其与课本资源有机地结合起来，并有效地融合到地理教学过程中，从而营造一种理想的教学情境，以培养学习者创造性也自主发现和自主探索的教学思想和模式。

（二）乡土地理和课程资源整合的意义

1.培养学生实践精神和创新能力的需要

当前新课改正在深刻地、全面地影响着高中地理教学，单纯地传递知识已经不能为广大学生所接受。新课程改革下的地理教学强调案例教学，

直接对知识进行陈述的篇幅过少，教材中有些内容对学生来说不一定适合，学生已不能像以往那样把教材作为预习、学习和复习的主要依靠。教师可以通过对乡土地理和课程资源整合教学，来扩大学生的知识面，提高课堂教学的生动性，提高学生分析问题和解决问题的能力，达到培养学生创新精神和探索精神的目的。

2.实现新课程改革理念的方式

地理新课程的基本理念是学习公民必备的地理。建立具有时代性和基础性的高中地理课程，提供未来公民必备的地理知识，增强学生的地理学习能力和生存能力。在高中地理教学的过程中，通过倡导学生的自主探究和合作探究，让学生在学习地理知识的同时，提高地理学习的能力。

（三）乡土地理资源开发利用中存在的问题

乡土地理资源和课程资源的整合在教学中的应用能更好地实现课程标准的教学目标，能够有效地提高教学效率，但乡土地理资源的开发和利用现状还不尽如人意，主要表现在以下五个方面。

1.乡土地理资源选用的随意性

在乡土地理资源的选取时没有依据课程标准的要求，材料本身不能够很好地为课程资源服务，起不到启发学生学习、提高学习效率的目的。

2.乡土地理资源开发手段单一，信息的展示形式呆板

教师在获取乡土地理资料时主要的手段是通过互联网，往往是单一的图片或视频信息，虽然信息直观生动，但由于缺少文字和数字统计等信息的结合，以及实践活动的设计，使信息很难让学生有深层次的理性认识，并不能很好地起到辅助课程资源以达到提高教学效果的目的。

3.乡土地理资源在教学中的应用手段单一

乡土地理资源的引入，除了通过身边实例启发学生对地理知识的理解，还应通过预先设计的实践活动，让学生能够参与到乡土地理资源的获取过程中，并在这一过程中锻炼学生地理学习的能力。而很多教师都有意或无意地避开这一环节，使乡土地理资料在与课程资源整合应用中的效果大打折扣。

4.乡土地理资源的开发利用过程中应强调教师的指导作用

教师应进行合理的教学情境设置，加强与学生之间及学生互相之间的互动。课堂中的乡土地理资源只是教师进行陈述或直观展示，帮助学生学习的工具。通过与课程资源相似的乡土地理实例的选取和展示，并不能达到帮助学生理解地理规律的目的。实际上，无论是课程资源还是乡土地理资源，只有让学生真正地参与到问题的探究过程中，才能理解事物的发展过程和本质，而乡土地理能更直观地让学生展现自身思维上的亮点。

5.乡土地理与课程资源整合的方式单一，难以达到预期的教学效果

教师在教学过程中往往不研究乡土地理资源与课程资源的整合方式，课堂上不能在适合的时机展示乡土地理资源，使乡土资源孤立在课程资源之外；不能很好地提高教学效率，降低了应有的教学效果；不能够实现教学效益、效益和效率的统一，从而失去了乡土地理在高中地理教学中启发、引导的作用。

(四)在整合有效教学资源过程中应遵循的原则

1.以学生为本的原则

生活中可以利用的教学资源有很多，但并不是所有的资源都可以运用到地理教学之中，需要做出筛选。因此，以学生为主体，以促进学生充分

发展作为取舍标准,要着力发掘能够开发学生头脑和便于动手实践、能够激发学生探索和创意的素材。同时,依据教学需要,对各种教学资源进行优化组合,明确哪些应该优先,哪些是对学生更具有适应性的。

2.因地制宜的原则

各地区蕴藏的自然资源和人文资源各不相同,依据当地的社会、经济发展的具体状况,结合本校的传统和优势,从不同角度去发现学校和周围已经存在或蕴含的资源,采集具有地理性、个性化的地理教学资源,形成具有个性特色的校本地理教学实用资源库,以丰富和活化地理教学。

(五)乡土地理与课程资源整合的具体方式

乡土地理资源在现实教学中有助于实现教学目标,提高教学效率,提高学生挖掘地理现象本质的好奇心,以培养学生应用地理知识分析和解决地理问题的能力。在地理课程资源中,其普遍的规律性很难涉及不同地区的乡土地理。高中地理课程的内容多时间紧,很多教师只能选取教材中的实例进行讲解,学生很难从本质上理解抽象的地理知识,在考试中的应用也会大打折扣。所以,乡土地理和课程资源的教学过程中采用什么样的方式进行有效整合,是乡土地理在地理教学中发挥最大效用的关键。在乡土地理资源选取和应用的过程中,笔者总结了以下四种集中整合的方式。

1.任务设置式整合

以各种各样的主题任务进行驱动,有意识地引入相应的乡土地理资源与课程资源进行整合。任务形式可以是实地考察、问卷调查、问题访谈等,将乡土地理资源的获取过程展示给学生,让学生依据课程资源和教师的指导,自主进行乡土地理资源的选择和开发,通过这一过程能让学生发现地理课程中存在的问题,通过探索的过程分析问题的发展趋势和方向,了解地理事物发展的基本规律,结合所学知识探寻解决地理问题的方式、方法。在任务驱动的学习过程中能够充分了解地理现象的本质,并学会探索、归纳、表达,这样可以使教学目标得到升华。

2.合作式整合

首先,教师根据教学目标对教材进行分析和处理,选取适合的乡土地理资源来呈现教学内容,并针对教学案例设计好课堂问题。学生在接受乡土地理资源后通过自主的思考,以小组合作探究的形式,将各自不全面的地理信息进行重新分析、整合,然后和教师一起进行规律性的总结和相关策略的制定,最终得到知识和能力的双重提高。而且在这一过程中体现出学生是学习的主体,教师是学习过程中的指导者,也强化了生生互动、师生互动,使课堂教学生动、活泼,更能激发学生学习地理知识的积极性,提高学生学习地理的兴趣。

3.探究式整合

这个过程在研究性学习中可以得到充分的体现,地理学科是最容易开展研究性学习的学科,在课上和课下我们都可以方便地将乡土地理和课程资源进行联系,使学生的学习过程不仅仅局限在课堂这样一个在时间和空间都有限制的学习氛围里,能更好地扩大学生的知识面,拓展学生的思维。例如,在学习人教版高中《地理》必修 1 中的"大气圈与天气、气候"内容时,笔者向学生列出研究性学习课题——"气候与人类"。引导学生从烟台市的气候与人类生活,尤其是气候与房屋建筑、气候与饮食的角度去探究。这样一来,关于气候的教学内容丰富了许多,同时拓宽了学生学习地理的空间,扩大了地理学习的外延。

4.资源式整合

教师是对课程资源有效整合的核心力量。教师在注意提高自身素质的同时,还要充分挖掘同事、备课组、教研组的人力资源潜力,集体备课,智慧共享,同时也应充分发挥学生的自主性,通过多种途径获取乡土地理资源。通过教师整理,将这些资源与课程资源进行整合,并在教学中应用,做学生利用课程资源的引导者与合作者。

七、《地理课程标准》下中学乡土地理教学的实施

(一)《地理课程标准》下乡土地理教学对地理教师的要求

《地理课程标准》下乡土地理的课程实施,由于理论与实践联系得更为密切,教师独立组织实践性、研究性教学和处理教学过程中出现的各类问题的机会更多,它在地理教学理念、地理教学内容、地理教学方式方法、地理教学评价等各方面都提出了新的要求。这不仅给地理教师提供了个人发展的机遇,同时也对地理教师提出了更高的要求。

1.具有较高的政治思想觉悟和强烈的事业心

乡土地理教学要求地理教师具有较高的政治思想觉悟,要有强烈的事业心和热爱乡土的深厚感情,对家乡或从事工作地区以及祖国有一种强烈的爱与高度的责任感,能积极地投身到乡土地理教学中去,自觉地研究乡土地理问题,主动为当地社会、经济和文化建设服务。地理教师要搞好乡土地理教学,教师应该把对当地地理环境的研究作为自己的一项研究课题,经常利用节假日对学校所在的地理环境做实地考察,在教学实践过程中长期积累地理资料和工作经验,才可能取得优异的教学成绩。

2.熟悉家乡的地理

熟悉家乡的地理,是教师能按课程标准要求高质量地完成乡土地理教学的必备基础条件。很难想象，对自己家乡的地理都不熟悉的教师，能教好乡土地理。当然，作为一个地方的地理教师，很可能是外乡人，那么要想教好当地的乡土地理，就必须尽快地熟悉当地的地理环境，将自己融入当地的社会中去。要熟悉家乡的地理，应尽可能地收集有关家乡各方面的资料，如地方志，特别是近期的有关家乡建设的新闻报道，甚至包括乡土文学、乡土历史方面的资料，开阔自己的视野，加深自己对家乡的认识。这时，一说到家乡，教师便可如数家珍地娓娓道来。这样就可能以教师对家乡的深情感染学生，激发学生深入了解家乡的积极主动性。

3.乡土地理研究工作能力

实践性是乡土地理教学中最显著的特点，因此教师对乡土地理课程的实施，必须具备乡土地理研究工作的能力，包括对学生研究性课题的具体指导；具备绘制乡土地图的能力，收集整理乡土地理各种信息的能力，其中包括数据的统计分析能力（如气候统计数据、人口数据、经济建设方面的数据等）和绘制统计图表的能力；具备野外考察能力，包括绘制地形草图，进行气象、河流水文等的测量，矿物、岩石的识别等社会调查能力。例如，在实地考察或讲授学校附近乡土地理的时候，首先遇到的是该地的地形地貌。教师要有能力说清楚该地地形的基本特征，构成这种地形的地质基础，影响本地地形形成的主要地理因素，当地生产对地形改变现状的利害分析等。如果教师缺乏上述能力，对学生身边的地理事物及其发生、发展规律说不出一定的道理，就会影响教师在学生心目中的地位和形象，间接地影响学生对地理知识的学习兴趣，从而影响地理教学的效果。

4.乡土地理教学的组织能力

乡土地理的教学效果很大程度上取决于教师对教学的组织能力。乡土地理的课堂教学同非乡土地理教学过程一样，只是更密切地联系当地的地理实践。一旦进行研究性的或实地考察式的地理教学活动，教师需要做精心准备和周密计划。教师要绝对明确将研究的课题是什么，可能涉及哪些方面的地理知识，需要准备哪些仪器和工具，需要预先收集、编写、印发哪些地理资料，教师需要预先向学生进行哪些地理知识的介绍等。最好先同学生进行民主商讨，把学生按一定的要求分成若干小组，每个小组集中开展一方面工作，同时教师把与该小组工作有关的地理资料和研究要求发给他们。教师再同各个小组协商，根据小组的工作性质进行更细致的分工，让小组每个成员都负责一项工作，各司其职。这样才可能广泛地调动每一个学生的积极性，学生才能有针对性地去开展学习和研究，才可以最大限度地控制、分散学生注意的意外因素，使学生在规定时间内完成自己的工作。工作完成后，每个学生都要完成一份考察报告或者研究报告，使每个学生都充分享受成功后的喜悦，同时也会激起学生更大的乡土地理学习兴趣。

5.了解学生

根据素质教育的要求，乡土地理教学也必须重视培养学生的探究能力。要培养学生的探究能力，必须从学生的认知能力、学生的学习兴趣出发。因此，作为教师，必须了解自己的学生，包括他们的兴趣点，他们的认知水平，还要善于捕捉学生的思想火花。这样才能在指导学生开展野外考察、社会调查中，帮助学生自己选择、确立课程标准所要求的，同时是学生感兴趣的、适合学生认知水平的考察或调查的课题。

(二)《地理课程标准》下乡土地理教学资源的建设

现代教育理论认为，课程资源是指一切具有教育意义、有利于课程实施或达到课程标准的教育资源。乡土地理教学资源的建设是以乡土地理为载体开展乡土地理教学实践与乡土地理研究活动的重要保障。乡土地理教学资源要有现实性、高度的综合性，还要具有一定的探究性。

1.网络化课堂资源的建设

现代社会是信息社会，教育的成败在很大程度上取决于我们对信息拥有量的大小。以计算机网络为代表的信息资源具有信息量大、智能化、虚拟化、网络化的特点，起着延伸感官、扩大教育规模和提高教学效果的作用，是其他课程资源所无法替代的。随着教育现代化进程的不断推进，信息化课程资源的开发势在必行，它将是最富有开发和利用前景的资源类型。地理教学中最具个性化的乡土地理教学也出现网络化趋势，具体表现在网络化的教学方法、网络课堂、网络资源共享。基于网络的课堂，需要大容量、开放式，充分体现交互合作，符合学生认知规律，并适合网络发展的网络化资源的支撑。

目前我国教育信息化的瓶颈之一就是资源问题，特别是缺乏丰富的学习资源。这类学习资源的建设一方面需要国家各行各业专业机构将其可以共享的资源开放，各类企业建设相应的资源型网站；另一方面，每个人都可以成为信息资源的积极建设者，我们不可能等到所有的资源具备了再开始我们的实践。对于乡土地理来说，就是立足于本地，建设本地区具有地方特色的乡土地理教学网站和相关教学资源库。乡土地理教学网站是将乡土地理的教学内容以网页的形式制作成可供师生通过区域网进行乡土地理学习的教学资源库，乡土地理教学网站应具有以下三个特点。

（1）特定性

网站内容涉及的对象不是整个地理学科，而是特定的乡土区域。例如,南京乡土地理教学资源库应包括教学案例、视频资料、图片资料、文本资料,其中图片资料又包括地图和遥感资料、人文地理、自然地理,文本资料除人文地理、自然地理外,还包括乡土地理相关教学理论,涉及乡土地理调查的各个内容以及南京地区历史沿革、政区划分、民俗风情、人口、文学艺术、政治、工农业生产、文化教育、名胜古迹、民族、宗教等方面,可满足地理教师多方面、不同侧面、不同形式的选择要求。

(2)研究性

网站提供的资料不仅是有关乡土地理的事实材料,还要有可供师生共同学习和探究的区域发展问题。例如,可把发生在自己身边的、与家乡可持续发展相协调或相悖的案例放在网站上,供师生一起研讨。

(3)互动性

网站不但要为师生提供教学资源,还要吸纳师生提供的教学资源及学习成果。例如,各校教师可将自己在乡土教学方面的论文、经验总结、学生实践活动中应注意的问题等方面文章放在网站上进行交流,达到互通有无、成果共享的目的。

要建设、运用乡土地理教学网,把现代教育技术与优秀的教学资源有机结合,对乡土地理教学的观念、内容和体系、教学方法和手段及学生的学习方式等进行全方位的深刻改革。需要指出的是,乡土地理教学资源库并不是各种资料和信息的无序拼凑,它所承载的内容都经过了认真的选择,在研究和整理加工之后,进行科学合理的分类,各部分内容之间既相互区分又有内在的逻辑联系,整合为一个立体化、系统化的教与学的新体系。另外,还要不断地进行资料更新,这就需要教师和学生不断地为网站提供最新的教学资源,如教师信息的交流、学生成果的展示,更重要的是地理事实、数据变化及当地待解决的新问题。

2.校本化乡土地理教材的开发与建设

素材性乡土地理课程资源的开发和利用具有更大的灵活性和创造空间,教师本身就是重要的课程资源,他们决定着课程资源的鉴别、开发、积累和利用,还是校本教材的主要开发者。除了必要的基本素材,教师要充当重要的指导者,主要起方向引导、方法指导和解决疑难的协助作用,学生则应成为主要的资源提供者、开发者、使用者和受益者。教师应该教会学生如何关心社会、获取信息,包括从报纸杂志、电视广播和电脑网络中筛选学习内容,也包括从社会现实中发现问题,引导学生探究。教材应成为探究性学习的平台。知识经济时代,学生在课堂以外从多种媒体中接受的信息量极大,辨析、判别信息的有效性和吸收信息的价值趋向成为培养学生能力的重要方面。乡土地理教学不应该重视知识的传授,而应重视学生的学习和探究过程,即是否具有获取和筛选信息的能力,是否具有关心社会、发现问题的敏感性,是否具有探究的积极性,是否掌握了一定的科学研究方法,是否具有一定的科学态度、社会责任心等。乡土地理教材应以课程建设为目标,内容以专题形式构成,通过课题研究或实践活动去帮助学生获取知识、培养能力。例如,南京乡土地理教材可有"南京面临的人口问题""南京城市扩展和土地利用问题""建筑风格与现代和古代文化交融问题""农村现代化和都市型农业问题""市内交通现状和未来发展问题""人文旅游资源和旅游业发展问题""河流治理和环境问题""工业的发展问题"等专题。

3.就地取材,充分利用地区优势和各种教育资源

乡土地理具有区域性的特点,要反映本地区的区域特色,就要充分挖

掘地区资源。要充分利用多种课程资源支撑学生的学习活动,如青少年活动中心、地理教育基地、图书馆、科技馆、气象台、天文馆、博物馆、陈列馆、展览馆和主题公园、科研单位、大专院校、政府部门、区域自然环境、人文景观、广播、电视、报刊、网络等,甚至学生家长都是可利用的课程资源。学校要加强与社会各界的沟通与联系,寻求多种支持,合理开发利用校外地理课程资源,与学校资源一起发挥互补作用,使学生的学习资源丰富多样。

4.地理实践活动场所的开辟

乡土地理是一门实践性很强的课程,教学任务多是在实践活动中完成的,要培养学生的理论联系实际的能力,就必须为学生创造和提供实践基地,因此开辟比较稳定的实践活动场所就显得尤为重要。乡土地理实践活动场所包括校内和校外,如校内的陈列室、地理园、标本室、植物角和校外的实习基地。对于校外的野外实习基地,可根据各地各校条件建设,如山区学校可以就近选择一个相对完整的观察场地,确定定期观测点;对平原地区学校,则可以选择田野及河流通过处,进行定期观测。可以通过建立课外兴趣小组,如气象观测、环保小组等在活动场所进行教学,调动学生学习的积极性。建立野外地理基地是乡土地理课程建设的实体,是锻炼与提高学生地理研究能力、印证课堂学习理论的场所,是教师区域地理研究与教学创新能力产生的源泉。建立长久性野外实习基地,可以不断积累教学经验和研究成果,使乡土地理研究走向正规和成熟,真正使学生受益,并为整个地理类课程提供实习场所。

八、《地理课程标准》下高中乡土地理教学的实施策略

《地理课程标准》中指出:"全面推进素质教育,要求从学生的全面发展和终身学习出发,构建体现现代教育理念,反映地理科学发展、适应社会生产生活需要的高中地理课程。"在课程目标中又要求学生"关心我国的基本地理国情,关注我国环境与发展的现状与趋势,增强热爱祖国、热爱家乡的情感",要求学生"认识区域差异,了解区域可持续发展面临的主要问题和解决的途径",还要求学生"学会独立或合作进行地理观测、地理实验、地理调查,掌握阅读、分析、运用地理图表和地理数据的技能"。在活动建议中又有大量的乡土地理活动内容,这进一步明确了乡土地理在高中地理教育中的地位。同时,高中生的知识基础、认识水平、生活阅历、观察理解和分析问题的能力都远远高于初中生,所以他们在乡土地理学习过程中,不仅能认识、了解家乡的地理特征和发展优势,而且能够在教师指导下独立进行乡土地理研究工作。通过调查、考察、分析研究和评价,对家乡建设中的问题提出解决的办法,为家乡建设献计献策。很显然,这是初中生难以做到的。另外,有相当一部分的高中毕业生,几年后就将成为家乡建设的直接参与者和决策者,因此对高中生进行乡土地理教育,在很大程度上就是对家乡未来决策者进行乡土意识、环境意识和未来意识的培训。高中乡土地理是更高层次、更高目标,有更深的内容,更加密切结合乡土建设的乡土地理教育。

高中地理教学中由于没有专门的乡土地理教材,也没有规定的乡土地理教学课时,因此最理想的途径就是寓乡土地理教学于高中地理教学之中。因为乡土地理可紧密联系当地自然环境、社会和经济建设的实践,从而能有力地促进课本知识与实践活动的联系。具体有以下四种做法。

(一)运用乡土地理材料创设问题情境教学

乡土区域是学生生活活动的主要空间,乡土地理材料形象直观,能给人以亲和感,能使学生对家乡产生感情、兴趣,从而吸引学生的注意力。用乡土地理材料设计问题情境,让学生"有话可说",切合学生的认知心理,容易激发学生思考的欲望。因此,利用乡土地理材料创设问题情境,在高中地理教学中有着独特的优势。以下列举三个案例进行详细说明。

1.案例一:"农业的区位选择"教学案例

在组织人教版高中《地理》必修 2 中的"农业的区位选择"这一部分教学时,笔者运用乡土地理材料创设了如下的问题情境来进行教学,先用多媒体展示下列材料:

乌江镇万亩蔬菜生产基地

乌江镇林蒲村位于南京市蒲口区,该区域土地平坦,土壤肥沃,水源充足,空气洁净,无工业污染,生态条件符合无公害蔬菜生产基地要求,基地范围涉及林蒲村、双云村、周云村。该镇交通便捷,种菜历史悠久,品种繁多,有茄果类、瓜类、豆类、叶菜类、葱蒜类等 9 大系列 30 多个品种,成为全区上规模种植蔬菜的主要生产基地,为进一步提升本镇蔬菜品牌档次,提高市场占有份额和知名度,目前已注册商标"乌江"牌。

要求学生阅读上面资料,讨论乌江镇为什么发展成为南京万亩蔬菜生产基地,学生讨论后并发言,教师在此基础上引出"影响农业区位选择的主要因素"的教学。

2.案例二:"正午太阳高度"教学案例

在学习高中《地理》必修 1 中的"正午太阳高度"内容时,由于这一内容较为抽象,学生学起来感到乏味,笔者就运用正午太阳高度在实际生活中有广泛的用途,如太阳灶、太阳能热水器的安装、塑料大棚角度的选择、楼高与楼距的比例等来进行教学。

笔者先让学生学会计算二分二至日当地纬度的正午太阳高度，紧接着出示下面两道题让学生完成。

问题1：冬季为使太阳能热水器获得充足的热量，太阳能热水器的面与地面的夹角范围应为多少？

问题2：在南京市楼高与楼距应保持怎样的比例，才能使得靠北一侧楼房的底层在冬季也能得到阳光？

由于这些问题的设计贴近生活，贴近乡土，实用性强，学生学起来兴趣盎然，非常活跃。

3.案例三："城市化"教学案例

在人教版高中《地理》必修2"城市化"一节的教学中，学生没有接触过"城市化"这一专有名词，并且城市化是一个历史进程，教师可以通过当地不同历史时期市区人口和城市用地范围的变化数据及市区图，加以对照，学生就容易理解了。同时，把学生带出课堂进行实地观察、考察，然后回到课堂，用实地带回的资料、数据，根据当地城市化发展的特点，让学生讨论是什么原因使得该城市发生这么大的变化，城市的发展对周边地区会带来哪些影响，城市化过程当中给地理环境带来了哪些影响，当地政府采取哪些措施来解决城市化过程中出现的问题等。最后，师生一起在同学们讨论的基础上再加以归纳、总结，提出建议等。这样，既达到了我们的教学目的，同时又可以让学生真实地了解家乡的地理状况，激发创造意识和培养创新能力。特别是在实地考察中，提高了学生的地理观察能力，懂得了如何注意协调家乡的人地关系，并在分析和解决遇到的地理问题的过程中，提高了创造性思维能力，增强了责任感，激发了为建设家乡、建设祖国努力学习的决心。

(二)运用乡土地理材料做案例进行教学

地理案例教学是通过对一个具体的地理教学情境描述，引导学生对案例进行讨论的一种地理教学方法。在地理案例教学中,应尽量缩小案例与学生在时间、空间上的距离,以及与学生心理、情感方面的差异。因此,案例所描述的事实通常是近期发生的事情，而且尽可能选择发生在学生身边的熟悉的案例,如乡土地理案例,使案例更具直观性、生动性,有利于提高学生的兴趣,增强其主动参与的意识,使教学取得更好的效果。特别是在必修区域地理的学习中，教师在安排教学时可以把本乡本土的区域地理学习有机地安排在一起,作为拓展的案例加以学习和分析,这样既学习了乡土地理的内容,又提高了学习运用的能力。所以在教学中,教师要根据教学目标和内容,多渠道收集乡土地理案例材料,设计成典型的教学案例进行分析,揭示案例与相应的知识、原理之间的联系,讨论其发展变化规律。乡土案例在地理课堂中的应用可以帮助学生由近及远，认识遥远、抽象、生疏的地理事物。例如,进行人教版高中《地理》必修 2 中"工业地域的形成"一节的教学时,在指导学生对课本中"珠江三角洲音响生产的工业集聚"案例的分析基础上,教师可以利用学生熟悉的当地化学工业园区为例来进一步理解工业集聚和工业地域的形成。由于这些案例贴近学生的生活,具有浓厚的乡土气息和时代特点,学生很感兴趣,从情感上非常关注和投入,都积极地参与讨论,发表意见,思维活跃。

人教版高中《地理》必修 2 中的"城市的合理规划"一节的教学设计是笔者在某市高中地理研讨会上的公开课,这节课有效地利用了乡土教学资源开展地理教学。在对教材进行认真研究之后,对教材中的案例进行了适当的处理,将教材中的例子换成了学生熟悉的乡土地理案例,主要是为了把学生日常接触到的事物与教学结合起来,容易引起他们的共鸣,也为本内容的学习提供了新的学习资源。从整个教学案例来看,整节课乡土案例比比皆是,确实起到了画龙点睛的作用,从该教案中我们可以充分领略乡土案例运用的效果,如何在《地理课程标准》下将高中地理教学与乡土地理教学结合起来,如何充分体现"学习对生活有用的地理"的教学新理念,此案例为广大地理教师提供了很好的借鉴。以下进行详细介绍。

"城市的合理规划"教学设计

一、教学目标

(一)知识目标

1.了解城市规划目的和意义。

2.掌握城市的布局形式并理解城市功能区的合理布置。

3.学会对城市功能分区不同方案的比较和评价。

(二)能力目标

1.综合分析城市总体布局方案,并能选择出最佳方案。

2.调查所在城市的功能分区情况,并用所学知识解释成因。

3.运用已学知识对当地城市规划提出自己的建议。

(三)德育目标

1.用可持续的观点分析家乡城市规划的利弊,培养学生热爱家乡、建设家乡的热情。

2.运用经济观点和环境观点,合理科学地建设城市,实现城市的经济效益和社会效益的统一,造福人类。

二、教学重点

1.城市布局形式。

2.城市功能区合理布置。

3.结合实例了解合理规划城市的主要内容。

三、教学难点

综合分析城市总体布局方案,并能选择出最佳方案。

四、教学方法

读图分析法、比较法、案例分析法、分组讨论法等。

五、教学准备

1.准备某市地图,收集关于某城市规划的资料。

2.参观某市城市规划展览。

六、教学过程

课前我们收集了关于某城市规划的资料,并且参观了某城市规划展览。某城市规划展览馆就在我们学校附近。从大家的反馈中,了解到某城市规划还是令人满意的,但也存在一些问题。那么,我们今天就来结合实例了解合理规划城市的主要内容,学习城市规划的相关知识,运用已学知识对当地城市规划提出自己的建议,为家乡的发展出自己的一分力。

(一)了解城市规划

请大家看资料——《某市城市总体规划摘要》(课前印发给大家),根据资料让学生回答什么是城市规划、城市规划有什么目的。

(二)城市布局形式

城市的布局形式即城市的用地状况,有两种形式:一为集中紧凑式,二为分散疏松式(图片展示)。学生讨论这两种布局形式的城市布局用地的特点、优点和适合怎样的城市。

乡土案例在地理课堂中的应用对地理教师和学生的要求是很高

的,既要具有扎实的地理基础知识,又要具有把地理知识运用于观察乡土地理事物的能力。总之,乡土案例在地理课堂中的应用,给地理教学带来了新的活力。在进行地理案例教学时,一定要结合当地的实际,编写乡土气息浓郁的案例,进而培养学生实际分析和解决问题的能力,更能激发学生热爱家乡、热爱祖国、保护环境、建设祖国的最热烈、最真挚的情感。

(三)运用乡土地理材料进行研究性课题学习

所谓地理研究性学习,是指学生在地理教师的指导下,通过模拟地理科学研究方式去获取地理信息,应用地理知识和技能分析其因果联系,并提出解决地理问题的方法与建议。它具有重视学生的参与和合作、重视过程体验和实践能力、重视社会问题和价值观的培养、重视辩证思维与创新思维的特征,并因此适应了当今大力推广素质教育的形式。乡土地理教学与研究性学习共同强调师生间的互动,强调学生在教师的指导下进行探究式学习。乡土地理知识是学生相对熟悉的,在乡土地理教学中实施研究性学习,可使研究性学习更具有操作性和可能性,增加成功性。研究性学习以分析和解决问题为外现行为,体现了学生学习的自主性、合作性和探究性,对提高乡土地理目标的达成率有着重要的推动作用。因此,将研究性学习运用于乡土地理教学中是学科发展的需要,是时代的使命,而且对于激发学生的学习兴趣,调动学生的学习积极性,发挥学生的主体作用,培养学生的创新精神和实践能力,都有较好的促进作用。

乡土地理环境中开展研究性学习的内容十分广泛,它具有开放性、综合性、社会性、层次性和实践性的特点。所谓开放性,是指研究性课题可能是学生学习生活中的或现实生活中的，可能是自然科学类的或社会科学类的，可能是重于操作的或重于思辨的，可以是以前没有结论的或可以暂不做结论的。综合性是指研究性课题跨自然科学或跨社会科学，需要运用一定的专业知识才能获得解答。社会性是指研究性课题应关注社会现实问题，特别是关注人类生存、社会经济发展、科技发展、人的自身发展等方面的问题。层次性是指研究性课题设计要符合学生的年龄特征、知识水平，不同年级的学生研究的课题在难度上应有差异，由易到难、循序渐进、逐步提高，呈现层次性。实践性是指研究性课题的选择、方案的设计、开题、实施、总结、成果演示与答辩等，需要学生亲身参与，提高其综合实践能力。

由于受知识层次和生活阅历的限制，学生研究性学习选题的内容宜根据当地乡土的实际来进行，有利于收集资料和进行实地考察。考虑到学生年龄、时间、经济、安全等因素的影响，在本地收集资料和进行实地考察比较容易做到，研究成果容易被当地相关部门认可和采用。结合本地实际，提出区域发展中面临的问题，探究解决问题的途径，如工业布局、环境保护、产业结构调整与可持续发展、交通、旅游、城镇规划等方面内容，引导学生关心当地的发展，用所学的知识解决实际问题。

(四)运用乡土地理材料设计作业

传统的地理作业设计以传统的知识传授模式和应试教育为指导，注重强调对教材知识的通式检测和巩固，不利于学生创新能力、创造性思维的培养及主动学习积极性的激发，因此学生对做作业很抵触。新课改提倡创造性教育，促进个性化发展，高中地理作业系统的设置不仅应为学生掌握地理基础知识、技能提供帮助，更应成为学生主动促进其地理学习能力、地理思维能力提高和科学的情感态度与价值观形成的驱动器，成为学生内化课堂知识，实践理论知识，升华、拓展课本知识的试验田。所以，设计作业除了形式上要多样，内容上也要尽量与乡土地理材料结合起来。

九、乡土地理教学存在的问题及建议

众所周知，乡土地理作为一种国家规定开设的必修课程，随着新课程改革的不断深入，无论是从教材的开发还是课程实施的具体过程来说，都取得了一些成功的经验，但是由于计划体制下形成的课程体制和课程思想的惯性作用，以及现有的考试制度、师资力量、办学条件等因素的限制，在迎来难得发展机遇的同时，也面临着重大的挑战，遇到了一些不容忽视的问题，而这些问题使得乡土地理实施的效果不尽如人意，实施者感到迷茫、困惑、忧虑和担心，有可能成为影响乡土地理课程今后顺利实施的阻碍，因此我们无法回避这些问题。

（一）乡土地理教材建设方面的问题

随着课程改革的深入，课程结构多元化的趋势已成定局，出现了国家课程、地方课程和学校课程，地方和学校课程为乡土地理教材的开发提供了空间和可能。从课程性质上讲，其属于国家地理课程的范畴。从课程管理上讲，则主要是由地方教育部门负责开发编写。作为地方一级的地理教育工作者，有责任、有义务以新一轮课程改革为背景，开发编写好自己家乡的乡土地理教材。但就目前情况来看，一些地方在乡土地理教材开发中，面临着许许多多的困难，这些困难主要体现在以下三个方面。

第一，有些中学地理教师的课程开发能力与课程所赋予他们的开发要求还存在着差距。

第二,缺乏课程专家的指导,在一定程度上存在着盲目性和随意性。例如,有的乡土地理教材仍是以"学科中心""知识本位""体系完整"为特征的地方志式的,这就不能真正落实《地理课程标准》的理念和新一轮基础教育地理课程改革的精神。

第三,地方教育行政部门在乡土地理教材的建设中缺乏指导和服务功能。

(二)乡土地理教材建设方面的建议

有些中学地理教师的课程开发能力与课程所赋予他们的开发要求还存在着差距,造成这种差距的主要原因是中央集权课程管理体制的长期施行,导致我国中学教师对国家课程权威性、科学性的迷信与依赖,参与课程编制的积极性和自我研究开发课程的能力萎缩。大部分教师长期以来已经习惯于实施国家严格探究,就应当培养学生的问题意识,"是什么"—"为什么"—"怎么办",成功地使学生产生问题的教学才能真正调动学生学习的积极性。所以,关注问题、引发问题,围绕问题展开叙述,针对问题进行讨论,始终贯彻探究式学习的理念。教材中的每一课,其内容都被分解为"主题""问题""情境""案例"和"活动"部分,这就把探究式学习呈现在了结构设计中。总之,知识的讲述不再是从概念、原理出发,而是从学生的生活体验和问题入手,关注并充分利用学生的生活经验,与现实生活联系起来,让学生通过自己的经验来学习,使学生从自己的经验中学会认识并建构自己的认识,而不是要求他们复制知识。在叙述时,教材应尽可能避免平铺直叙,采用不同的呈现方式,如用图释来阐释地理概念、用对话来说明地理问题、用组照或组画来展示地理过程。在活动中,问题的设计方法可以有两种方式,一种是注意设问的梯度,如给出资料—让学生补充资料—分析资料—得出结论;另一种是注意设问的广度,如从多角度分析某一地理问题。

1.基于案例的思路

采用"问题—范例个案"表述方式,选用富有情节的实例或案例呈现问题,营造解决问题的情境,以促进学生在解决问题的过程中活化知识,变教条式知识为解决问题的工具。表述中减少内容的层次和难度,力求突出重点,不要面面俱到。有些知识不一定都要写进教材,教学中补充、铺垫、搭桥的工作可以留给教师、学生去进行。要摒弃面面俱到、罗列知识要点的做法,注重典型个案的讲述,而讲述个案的目的不仅仅是为了获取知识,而是希望借助个案的讲述,让学生获得分析个案的基本方法和基本技能,然后再提供一些材料或设置一些地理情境、地理问题,让学生运用这些方法和技能去分析地理事物,获得地理知识。对案例的选择,要突出其代表性、典型性、地理性和启发性。一是重视各个区域区、县级市有代表性和典型性的个案;二是重视个案的地理性,即地理问题突出的作为案例;三是要整体设计个案内容的逻辑顺序, 即 "是怎么样的—为什么是这样的—应该是怎样的"。

2.基于情境的思路

内容的呈现运用真实的情境或虚拟的情境,可以引起学生对教学内容本身的兴趣。例如,提出一个与学习新课有关的实际问题,引起学生想要探究这个实际问题的兴趣;编入让学生猜测和想象的内容,鼓励学生想象和思考, 或者设置问题情境后引导学生猜想和论证或者摆出对立的观点,让学生辨析。内容的呈现方式不拘一格,丰富多样,但应做到课文系统、图像系统和作业系统的有机统一。提倡多用图像,通过图文并茂、图文合一、图文互补呈现情境。有些内容很难用文字说清楚,而使用主题鲜明,内容精炼、科学,以及形式生动美观的图画、照片和表格来呈现,则可一目了然。教材图片资料极为丰富,如果用直观的地图、景观图片,形象的示意图和恰当的表格,甚至用彩色字或黑体字把重点内容或概念醒目地标出来,让学生感悟抽象的概念或原理,这不但有利于激发学生学习地理的兴趣,而且有利于学生养成地理空间概念、感悟知识的能力及解图、审美能力。教材的编写体例和呈现方式还应充分考虑学生的年龄特点、兴趣特长和认知水平,要符合学生的身心特点和接受能力,这样才有利于激发学生的求知欲。文字表述尽量在深入浅出、简明扼要、通俗易懂、条理清楚的同时文字流畅,尽量亲切自然、笔调生动、引人入胜,用浅显的语言、明了的图文和简要举例与对比分析等来讲清楚基本的地理事物、地理方法、地理技能等,使难以理解的地理概念、地理规律得到简单明了的说明,使学生在阅读、讨论、实践的过程中能够较为轻松地完成必要的地理学习,从而减少死记硬背的枯燥感。

3.基于活动的思路

教材的呈现方式要重视实践活动和应用环节,因为实践活动具有较强的开发性,同时还具有启发性、探究性、开放性、可参与性强的特点,因此让学生参与教学过程,组织和设计教学活动,使其在活动中学习,在参与中得到发展,在参与中领会内容,联系生活实际,用自己的语言谈个人感受,可以极大地激发学生学习地理的兴趣,有利于培养学生的发散思维,提高创新能力、综合实践能力。教师还需多设计活动,活动的设计要适合学生学习,要密切联系学生现实生活的经历和体验,难易程度适当,富于启发性和趣味性，提高学生参与活动的兴趣和积极性。教材可以通过读图、想一想、活动、材料阅读问答循序渐进，注重知识的迁移、发散，注重学生主观能动性的发挥，注重方法和技能的运用，尤其是读图和运用地图的能力，而答案常有意识地设计成多元。

十、中学乡土地理课程实施方面的问题与建议

（一）认识和管理方面的问题

华东师范大学崔允漷教授在一篇文章中很明确地告诉我们，现行地方校本课程的开发和使用有许多地方主管部门不重视，学校处于观望状态，相关管理措施跟不上，本应该是新课程改革中的一大亮点却难见其熠熠生辉。乡土地理课程也不例外，具体表现在以下三个方面。

第一，各级地方教育行政部门没有切实转变教育观念和进一步明确国家课程、地方课程和校本课程在基础教育体系中的关系和责任。因此，有的地方还没有制定课程的管理、组织、实施、保障等细则来确保学校坚定不移地实施该课程。

第二，乡土地理课程的实施对学校的办学理念、学校内部课程教学管理制度、学校的课程建设能力等方面都提出了挑战，这也许是乡土地理课程"难"之所在。我国基础教育正处在转型时期，新旧教育观念、教学形式并存，不少学校领导与教师往往习惯用原来的思维、行为方式去适应新的课程标准。因此，一些学校没有及时建立乡土地理课程实施的相关保障制度，如《教师工作量制度》《奖励考核制度》《课程建设档案制度》《教学研究制度》等。

第三，乡土地理课程独特的课程地位受到各种不利因素的冲击，其实施的难度还与社会环境、家长支持程度关系很大。目前，乡土地理课程还缺少社会、家长足够的关注,课程支持与合作指数还不高。社会、家长还不明白乡土地理课是一门什么样的课程,"常态化"课程实施的良好社会氛围还没形成,家长鼓励、支持自己的孩子参与乡土地理活动的积极性不高,甚至不配合。社会、家长的这种思想上的顾虑无疑会影响教师实施乡土地理教学的信心与热情,也必然会影响它的实施成效。

(二)建议

目前,要解决这些问题,首先各级地方教育行政部门领导必须明确办学方向,切实从学生终身发展的需要出发,理解乡土地理教学的价值和意义,严格落实国家课程计划,保证国家课程政策的严肃性;要引导学校和教师切实转变教育观念,积极创造条件,组织课程实施计划的全面落实,要指导学校合理安排课程,认真按照国家、地方、学校三级课程管理的要求,确保所有学校按规定开齐国家规定的课程,不得随意增加或减少课程门类及课时。地方教育行政部门要采取一系列措施来全面推进整个区域乡土地理教学的发展。例如,地方教育行政部门成立乡土地理课程指导小组,强化其监督、指导和服务等职能。课程指导小组应具体承担以下职责为地方课程建设提供宏观决策指导,包括为学校教师提供阶段性培训和指导服务,对学校的课程实施状况进行督导,制定和执行相关的政策、法规等。通过政策的进一步明确,推动乡土地理课程的规范发展,激励从事乡土地理教学的教师保持热情,促进教师对课程内涵的深入理解。地方教育行政部门可在不同区域范围内设立乡土地理教学的项目学校,以课题研究的方式加快项目学校课程发展的进程。项目学校需不定期地开展区域内外学校之间的交流与研讨活动,以谋求学校和整个区域在乡土地理教学上的共同发展。

其次，需要学校，特别是校长具有正确的办学理念和教育观念。因为已有研究表明，校长所提供的支援与协助是促进课程真正发生变革的重要因素。乡土地理课程的推进与实施需要学校领导的引领和组织，没有学校领导的重视与牵头，仅仅依靠教师自发地研究和组织显然难以推进。实际上，任何一项改革在推进之初，没有领导者的引领、鼓励和政策支持，都不会取得预期的、理想的效果。

最后，应该加强向社会、家长的宣传。利用有关媒体、家长学校、家长会，广泛宣传乡土地理教学的重要性、必要性和特殊性，以及学校开设这门课程的有关计划及安排。引导社会和家长了解乡土地理教学，不但不会影响学生对学科课程的学习，反而会因为活动增强学生的探究创新意识，学会科学研究方法，发展综合运用知识的能力，从而有益于学科课程的学习。

1.安全方面的问题和建议

乡土地理教学强调"开放性""实践性"，要求学生走出校园，接触大自然、大社会，在亲历的实践过程中获得发展。相比传统课堂教学活动，它更多地遭遇着安全问题的严峻考验。安全问题正成为乡土地理教学中校长、教师和家长最担心的问题。他们都害怕在开展活动过程中出现安全事故，不准学生集体深入到社区、农村进行一些社会调查和课题的研究，校方怕"引火烧身"，教师怕给自己带来永远抹不去的"处分"，所以就在一定程度上把乡土地理教学束缚住了"手脚"。有的县市教育局还特别下文件要求所有学校不允许学生集体外出，确有需要者，必须上报市教育局活动方案、行程、时间等，还要求指导教师承担一切外出活动的安全责任，很多教师就只好放弃计划好的实践活动安排。针对这种情况笔者认为可以采取以下四个方面的措施。

（1）学校加大安全教育力度

学生自身的安全意识和安全能力，对学生活动的安全起着很重要的作用。对此，学校应加大安全教育力度。例如，培养学生团结合作、互相帮助的意识和能力，共同维护安全，将安全问题的发现和解决纳入活动设计范畴，利用设计活动培养学生学会发现安全问题、自我保护，锻炼学生承受挫折的能力和心理素质，改变传统的安全教育方法，从过分重视安全知识教育转向安全体验教育。需要特别指出的是，安全教育不仅是学校的事，家庭教育要将安全教育放到至关重要的位置。家庭应当同学校一样，针对学生安全意识、能力等方面的现实状况，制定安全教育目标、内容和方法，检测安全教育效果，不断改进相关措施，对孩子进行安全素质教育。

（2）活动情境安全规划至关重要

乡土地理教学强调"开放性""实践性"，注重活动与社会、自然的联系，必然使活动情境产生更多的复杂性和不确定性，成为活动安全问题生成的主要源头。为此，学校和教师需要在最大限度内充分控制这些复杂性和不确定性。对学生调查、观察、操作、交往活动发生的地理环境、自然条件、人际环境等做预先细致的考察，研究可能发生的安全问题及其对策，将活动进程中的时间、空间、内容控制在学生精力、能力和时间许可的范围内，减少因为超负荷活动而发生的事故；一切活动应在指导教师的参与下进行，并且还要尽可能吸收与活动场所、活动内容相关的社会人士做指导教师，减少事故的发生。

（3）借助保险

上海市通过立法确立了学校安全事故的保险责任赔偿机制，即由保险公司负责对学生伤害进行赔偿。这种通过引入"第三者"解决冲突和纠纷的市场模式有着一定的积极意义。

（4）设立"学校安全事故风险基金"

学校与学生之间是一种教育、管理和保护的关系，学校负有对学生进行安全教育、管理和保护的职责。设立学校安全事故风险基金，明确学校在学生安全事故中的过错责任，有利于学校、学生的双向保护。如果是由于学校过错造成的安全事故，学校应承担全部责任，即使非学校过错，学校也要负责组织抢救、向有关部门报告和进行事故调查，并承担部分责任。

2.教学时间方面的问题和建议

目前，大多数学校的乡土地理教学还非常稚嫩，部分学校不能按照国家课程设置的规定课时安排课时，乡土地理课时被学科课程挤占或挪用现象严重，国家课程计划的严肃性没有得到保证。造成这种现象的主要原因有以下两个方面：其一，课程改革的目的是要达到"少课时、轻负担、高质量"，减少国家课程所占比例，给学校一定的课程自主权，开发地方课程，办出学校特色，培养学生个性特长，使学生得到全面发展。但是，新课程改革方案并没有从根本上把要求与内容降下来，"少课时、轻负担、高质量"在一定程度上成了一种过于理想化的追求。国家课程减不下来，地方课程处于起步阶段，其开发的滞后和开发条件的不成熟，也就注定它抵挡不住国家课程的"冲击"，被挤占挪用。其二，统一考试制度的存在影响着课程改革。由于统一考试的存在，学校迫于升学压力，课程计划在具体执行中往往被扭曲，学校开设的各种课程不可避免地要在某种程度上受考试目标的影响。学校为了提高统考学科的成绩,无疑会排挤、占用地方课程的时间。

要解决学校乡土地理课程被学科课程挤占或挪用这一问题,首先要从根本上把国家课程的要求与内容降下来。其次要积极推进评价制度的改革,尽可能缩小升学考试与课程改革方案的距离,在选拔性评价中体现地方课程开发的成效,从而给地方课程的实施创造一个宽松和谐的发展空间。

3.评价方面的问题和建议

评价改革是这次"课改"中一个带有极大难度和挑战性的问题,是涉及新课程实验成功与否的一个重要方面,对教师的教学活动和学生的学习活动起着重要的导向和调控作用。因此,乡土地理课程的评价问题直接影响着这一课程的开发与实施。当前的基础教育面临着社会普遍关注的升学问题,乡土地理课程的实施在学校、教师、学生评价等方面尚未有实质性的突破。具体表现在以下三个方面:一是学校没有形成乡土地理课程教学考核计划和方案。二是任课教师因为缺乏评价参照标准,在教学中较少对学生进行相应考核。即使有考核,由于没有统一的考核评价标准,不同学校之间甚至同一学校的不同任课教师之间对同一课程都有着不尽相同的评价标准。有的教师在乡土地理课程的日常教学中,根本不对学生进行考核,甚至有的任课教师从未对他们进行过任何形式的考核。三是评价一所学校、一位教师的教学或学生的学习时,都是只注重学习结果而不考虑处于主体地位的学生的学习过程,从来不管在这个过程中学生的学习态度如何,采用什么方法学习,获得了哪些体验,而且评价标准和方式都非常单一,仍然以知识为本位,过分看重学生在活动中获得了多少知识,得出了什么结论，忽略了对活动的过程和方法的指导，以及对情感、态度和价值观的影响，只以学生的考试分数论优差。这在一定程度上制约了乡土地理教学的进一步实施。

针对上述问题笔者对乡土地理教学的评价提出以下四个方面的建议。

第一，各级教育行政部门要加强对乡土地理课程实施的督导和评价，督促学校切实开好乡土地理课程。要把乡土地理课程的实施纳入学校办学质量的综合评估指标之中，将地方课程的教学、教研任务计入教师工作量，并纳入教师考核、评聘和晋级的内容，要根据中学课程评价和考试制度改革的指导思想，探索和制定乡土地理程评价标准和评价方案，对学校的学生评价、教师评价和课程实施评价的管理提出原则性的要求和基本方法。各级教育行政部门要完善课程评价的检查、指导、协调、反馈、改进机制，要指导学校根据国家课程、地方课程和学校课程的特点进行课程评价。

第二，从客观上看，由于乡土地理课程与高校招生不匹配，决定能否考入大学的因素只有考试分数，家庭、社会等各方面对高升学率的期待日趋强烈，学校、教师面临着巨大的压力，在这样的情况下，乡土地理教学不易摆到新课程规定的应有位置。从主观上看，有的学校偏重现实功利，高考不考的知识就不教，或不认真教，这也是一个重要的方面。我们期望抓住高考改革的契机来推进乡土地理课程的实施，因此笔者认为乡土地理课程应作为合格高中毕业生的基本条件，有条件的地方要将乡土地理课程的基本指导思想有机地融合在高考命题中，加强与社会实际和生活实际的联系，要注重乡土地理与地理原理、规律的有机融合，以乡土地理内容为载体，考查学生分析问题、解决问题的能力，避免就乡土考乡土的现象。在选材上要力求就地取材,紧密联系当地自然、经济和社会发展所采取的重大举措和成就,创设情境、设计问题,引导学生关心家乡建设、关注家乡发展。

第三,要重视乡土地理课程实施的过程评价。首先,学校应有乡土地理课程实施的总体方案、学年教学计划、教学过程的详细记录,建立相应的教学档案。学生每学年必须修满一定的学时,并有相应结果,才能获得相应学分。各级教育行政部门应加强对乡土地理课程开发、实施的检查、监督和评估。其次,评价要关注学生学习研究的过程和方法,关注学生的情感态度和价值观,关注学生的成长过程、个体差异和自我反思。一般不宜采用考试的方法,防止过于注重纸笔测验、过于偏重对知识与技能掌握的评价的倾向,评价时必须做到在重视结果的同时又重视过程。例如,学习"乡土地理"环境方面的知识时,教师可以安排一次当地环境状况的调查,由教师和学生共同参与。在评价该调查时,不能只看调查结果是否达到预期的目的,更应关注学生是否通过这次调查,掌握了调查的一般方法,做到学以致用,懂得并学会与他人合作,学习地理的态度有所转变,比以往更关注我们的生存环境,立志为环保事业做贡献,这些都可作为评价的依据。又如,对学生进行地理实践活动评价,评价学生地理实践活动情况,可以使用学生地理实践活动评价表进行检验。

要注重收集和分析学生活动过程和结果的资料和数据,要求学生注意收集和积累研究过程动态的、真实的和完整的记录,这些记录包括研究方案、调查材料、小型设计、实验观察数据、读书笔记、学习总结、心得体会等。这些记录是乡土地理学习评价不可缺少的重要素材,也是学生自我评价和反思的重要依据。

第四，要重视评价内容和方式的多样性。要注重对学生综合应用知识解决实际问题能力的评价，要注重对学生基础知识及对本土文化的认识和理解等素养的评价。地方课程的考试可采用论文、调研报告等多种形式，切实保证教育教学质量，防止单纯以纸笔考试成绩为依据评价学生和教师。要引导、组织学校和教师进行评价方法的改革，评价方法要多样化，评价方式要灵活多样，可采取考试、考察、演讲、演示、竞赛、成果展示、总结等多种多样的评价方式。

第四节　时事新闻地理教学的应用

一、选题的必要性

(一)地理学科特性的需要

在教学实践过程中，我们通常认为时事热点应常被应用于思想政治教学中,在政治教学中表现出极大的积极性。针对地理学科的特性,时事热点同样可以被应用到地理课堂当中，并赋予地理学科以强大的实用价值。在地理教学中,利用时事热点资源反馈的地理背景信息与所学的地理理论知识相结合对地理现象进行分析，使学生获得对地理知识更高层次的理解能力，这一分析过程将地理学科的特性充分体现到了地理教学过程中。与地理课程相关的时事热点资源的开发与应用,能够极大地丰富地理课程资源,推进中学地理课程教学改革,让地理课堂真正做到理论联系实际,地理课将教得更加生动、有效。与鲜活的社会变革、发展的事件紧密结合起来,结合适当的时事热点案例解释学生在地理生活中遇到的种种困惑,协助学生运用基本的理论、基本的观点、基本的方法去分析这些地理现象。然而在教学活动中,部分教师对地理学科的这些特性没有较好的认识,地理课堂脱离实际生活,课程开发也未涉及鲜活的地理时事,导致书本知识脱离社会生活,学生对重大地理事件发生时的地理背景认识不足,地理课堂变得呆板无趣,学生的学习积极性也必然受挫。

（二）课程理念的需要

在信息化高速发展的今天,课本与社会发展状况相去甚远,地理教材上的一些内容显得时效性较差,这时就需要及时补充适当的时事热点来满足教学的需要。提供未来公民需要的地理知识,培养未来公民必备的地理素养,就要求课程的建设者能够设计具有时代性和基础性的高中地理课程内容,增强学生的地理学习能力和生存能力。引导学生关注人口、资源、环境、区域发展等问题,帮助学生正确认识人地关系,形成可持续的发展理念,珍爱地球,善待环境。开发时事热点资源并应用到地理教学中,既能丰富课程资源,还有利于构建开放式的地理课程。时事热点资源的开发过程中,地理教师的课程角色发生了转变,这有利于教师的课程观念由单一、封闭、静止趋向于多元化与动态建构。

（三）学生发展层次的需要

心理学研究表明,从心理发展过程中的认识结构来看,步入高中阶段后,学生在学习动机和学习兴趣上与初中生有很大的差异,同时高中阶段学生的观察表现出目的性和稳定性的特征,洞悉事物的能力变得准确而深刻,而且思维具有更高的抽象概括性,能够逐步摆脱直观形象和直接经验的限制,借助概念进行合乎逻辑的判断推理,辩证逻辑思维能力也开始初步形成。把能体现课本地理原理的时事热点资源以案例的形式展现给学生并指导他们进行探究,可以提升学生的逻辑推理能力、辩证思维能力。除此之外,还有利于拓展学生的知识面,建构学生"智力背景"。所谓"智力背景",是指学生的智力发展不能局限于抓好课堂学习,而要扩大他们的智力活动范围,扩大知识面,使学生的学习有一个稳固的"大后方"。适当地开发时事热点还可以提升学生的学习兴趣。

（四）教师专业化发展的需要

增强教师的课程参与意识，是新一轮课程改革的重点，同时还倡议教师要改变现有的课堂教学模式，其目的在于通过这种课程参与来提升教师的课程意识，掌握课程开发的技巧，促进教师的专业发展。

按照新课程改革的教材观，在教学中要做到"用教材教"，而不是"教教材"。教学内容不等于教学内容，至少不是全部的教学内容。教材是学生学习的媒介，教师必须对教材内容进行必要的更新、补充和重组。然而，不少地理教师仍在"教教材"的怪圈里，没有开发、更新教材内容的意识，或者对拟开发课程资源选择、运用不当。教师应通过理论学习与教学实践反思，善于对教材给予适当的拓展补充，把社会生活的热点、焦点问题和学科发展的新成果渗透到教学内容之中，突出地理学科的应用性。将生活中的时事热点资源应用到高中地理课堂之中，需要教师不断丰富自身的理论储备，争做课改先锋。首先，地理教师应当对新课程的课程观与教材观有明确的认知，在教材内容陈旧、呆板无趣的情况下适时搜集生活中与地理课程相关的时事热点材料；其次，在长期的实践中反思、摸索适合自身教学风格与学情的时事热点课程资源的开发与利用方法，从而提高地理教师的课程资源开发水平。

二、选题的意义

（一）选题的理论意义

我国社会经济大发展为教育改革提供了强大的后劲，新课程改革在不断地推进实施，地理学作为一门综合性极强的学科，地理课堂教学理应顺应时代的潮流，满足信息时代的要求，引入时事热点资源来保持地理教学素材的新鲜度。将时事热点资源应用于高中地理课堂中，可以帮助学生了解社会的发展、全球的大事件，从而培养学生形成正确的世界观、资源和环境观，全方位地实现《地理课程标准》中要求的情感、态度和价值观的教学目标。把时事热点资源与课本理论知识有机结合，能激发学生的学习兴趣，帮助学生重建学习自信心。此外，时事热点资源能够丰富课堂内容，将书本中枯燥、单调的原理与规律转化为分析地理现象与社会生活的工具，有利于培养学生用地理的视角发现、观察与分析身边的地理现象，形成固化的地理思维。

对于地理教师和新课改而言，对高中地理教学时事热点资源开发与应用进行理论思考，不仅能帮助地理教师转变课程角色，重构对地理课程的认知，还能增强地理教师开发与应用其他课程资源的能力，为素质教育的发展提供持续更新的教材资源。

(二)选题的实践意义

新课改倡导一种课程共建文化，教师需要对自己的角色重新定位，教师再也不是有专家编写的教科书的忠实执行者，而是与专家、学生、家长、社会人士等一起构建新课程的合作者。开发时事热点资源作为教科书的补充，将有利于提升地理教师的课程开发水平。其一，能提高地理教师对时事热点资源的搜集、整理和分析能力；其二，有助于地理教师学习新的课程理念，开阔教学视野，实现地理课程的多样化和动态化建构。

教师有计划、有目的地将时事热点资源引入地理教学中，在学生的课堂探究过程中，适时与学生对话互动，增强对学生的了解，有助于构建良性的师生互动关系，对教师个人而言，不仅能提高教师的课程开发能力，还能提高教师的教学业务水平，从而促进教师自身的专业发展。

在教师的引导和培养下，学生对那些发生在现实生活中的时事热点会自觉主动地运用所学知识进行思考,解释其成因,总结其特点,发现其规律,甚至提出解决对策。这个过程是学生由被动学习向自主学习转变的过程。

三、国内外研究现状

(一)国外研究现状

1.国外对于地理教育的定位

赫尔巴特在他的《普通教育学》中阐述了地理学科的重要性:"没有地理教学,一切就会动摇。历史事件将缺少发生的地点和空间,天然物产将缺少产地,通俗天文学将缺少整个支撑,几何想象缺少了一种最重要的动力。"这说明地理教育引起了近代教育学者的重视,而真正意义的地理教育正式形成是在《大教学论》发表后。

20世纪末,世界几个教育大国在地理教育方面取得了令人瞩目的成就。以美国为例,美国地理教育复兴运动深入开展,1994年美国出版的《国家地理标准》中提道:"地理研究的是空间范围内的人、地点和环境之间的关系所体现的地理信息。"《美国2000年教育战略》将地理作为学校的核心课程,提高了地理学科的地位,并在此基础上强调其实用意义。美国的《国家地理标准》把培养地理上见多识广、知识渊博的人作为重要的课程目标之一,能够从地理视角理解人类区域、环境之间的关系,了解我们所居住的地球上不同领域之间的区别与联系。国际教育组织联合会颁布的《地理教育国际宪章》指出,"地理教育应为现代和未来的世界培养创造性和有责任感的公民""地理问题的探索可能会涉及其他学科知识,如政治、经济、地质、水文、生物、历史、社会等"。

2.国外关于时事新闻在教学中应用的研究

Cain Lee C（李凯恩）在 *Toward an Effective Secondary Program in Current Affairs*（《热点事件的有效组织程序》）一文中指出："围绕社会热点开展教学是当下中学课程教学面临的最大问题之一，从事社会研究的教师为解决这一问题在其教学设计中必须围绕社会热点有效地集中规划和组织,实现热点资源为课程教学服务。"这说明了国外已经开始重视社会热点资源在中学教学中的意义，并开始围绕热点资源开展课程研究。Elliott Lorraine（埃利奥特·洛林）在 *Getting at the truth in news reports*（《在新闻报道中获得真理》）提出了一套利用新闻事件展开教学的操作流程：预设对应的课程目标、知识与技能目标,依据互联网等媒体手段挖掘新闻资源,开展教学活动,如何进行评价及后续行动。说明新闻资源不仅可以在教学活动中被发掘并应用，而且还提出了一系列较完整的可操作开发应用方案。Palmer Laura K.(帕默·劳拉 K)在其文章 *Teaching the Scientific Method Using Current News Articles* （《运用当前新闻教学的科学方法》)中说道:"我们在课堂上可以采用如《科学日报》中的新闻资源来教会学生在生物课学习中如何运用科学的思维方法。"国外教育家已经提出了科学地利用新闻开展生物教学的方法,那么我们地理学科也可以进行模仿。

在以上国外学者的文章中，有对热点、新闻应用到小学、中学教学中的研究，但时事新闻资源在高中地理教学中的开发与应用这方面的专业性研究论述总的来说仍比较少。少数关于教学中开发与应用时事新闻资源的文章主要是国外教育工作者结合教学实践总结出的对时事新闻资源融入课堂的方式、原则、意义等方面的心得。既然是源于一线教师利用时事新闻开展课堂教学的反思,直观经验性较强,对教学和今后的研究具有借鉴意义,但就目前的研究现状来说,仍缺乏一定的整体性与科学的理论支撑。

(二)国内研究现状

北京市地理特级教师王树声老前辈在《中学地理教学的理论与实践》中提出:"地理教师是向学生介绍世界形象和各国自然与人文情况的人,使学生'放眼世界',帮助他们树立全球观念和国际意识,这在国际交往频繁、全球性问题增多的今天尤为重要。"因此,将时事新闻作为课程资源开发的一个重要方向是时代的迫切需要,更是全球化背景下对教师提出的要求。陈亚颦编写的《现代地理教学论》中提出:"地理学科是与实际生活最密切的学科,人类生活的自然环境与人文环境本身就是一部鲜活的地理教科书,在地理教学中开发实际生活课程资源成为地理教学的重要部分。"刁传芳老前辈认为中学地理教学过程必须联系时事政策,他在《中学地理教材教法》一书中提出:"在地理教材内容中很多涉及我国国情、世界政治及经济形势方面的地理知识,这些知识对学生了解与分析国内外时事,正确理解国家政策发挥着积极作用。因此,地理课堂联系时事政策不仅是地理教学联系实际的重要内容,而且也是学生进行国情教育、政策教育及认识国际形势的重要途径。"以上这些观点充分地说明了地理学科教学面向现实生活,成为了解社会的桥梁。

自20世纪90年代以来,关于时事新闻资源在地理教学中的应用方面的研究逐渐增多,期刊、报纸、学位论文上都可以搜索到相关研究。与此课题相关的研究成果,如谢征在文章中对"地理时事新闻"是这样定义的:"过去和现在发生的国际、国内或发生在我们周围的事实消息,这样的事实消息涉及自然地理环境、人类活动、人与土地之间的关系(尤其是针对环境问题和环境保护的事实资料）。它包括文字信息、图片信息及视频信息等。"笔者认为，谢征给出的定义过于复杂，还不够准确。另外，发表在地理刊物上的文章有杨波的《新闻联播中的"地理课堂"》、王刚的《香港与内地时事地理教学差异》等，他们分别对时事新闻资源与地理教学的关联性做出了解释，并阐述了时事新闻资源在地理教学中的重要性。说明时事新闻资源作为校外课程资源的重要组成在地理教学中得到了一线地理教师和地理教学研究者的认可。由杨新教授主持编写的《新编地理教学论》确立了利用时事新闻开展地理教学的两项基本原则，即时事新闻资源与地理基本原理相结合的原则、激发地理学习兴趣的原则，为后来的研究者提供了标杆。时代化、现代化是今后地理教育发展的必然趋势，将来地理教学定会采用现代化、智能化的手段，时事新闻资源的开发与应用正是地理教育与时俱进和信息化的必然产物。例如，某高中地理组的微信公众号中就把时事地理作为课堂资源共享给大家，说明时事新闻是完全能被开发为地理课程资源的。

综上所述，时事新闻资源近年来越来越多地被开发与应用到教学当中，也越来越受到人们的重视，但关于高中地理教学开发与应用时事新闻资源的研究性文章仍然较少，出现此状况的原因，笔者认为有以下三点：一是新课程理念与传统教学观念有较大冲突，目前已经彻底转变观念的教师不多，积极投入研究的教师更少；二是受制于应试教育模式，教育的功利性太强；三是部分教师的工作强度较大，开发课程资源精力有限。笔者认为，随着课程改革的进一步推进，未来的高中地理课堂教师对时事新闻的开发与应用的案例将会越来越多，其中不乏一些经典案例，为今后的研究者提供更多的研究样本。

四、时事新闻的概念及研究的目的和意义

(一)时事新闻的概念界定

1.时事新闻的内涵

时事新闻主要是指时事热点,解释"时事热点",无外乎理解"时事""热点"的含义。关于名词"时事",这个词在生活中司空见惯,我们经常会听到"时事政治",简称为"时政"。那么,何为"时事"呢? 根据《现代汉语词典》释义,"时事"是指"最近期间的国内外大事"。关于"热点",有"新闻热点"这种说法,每天通过各种媒体(如网络、电视、报纸)浏览当日热点,会有一览天下的感觉。官方对"热点"的解释是"受关注度较高的新闻或信息,且有较为广泛的群众基础",或者是"在某个期间公众有目共睹的话题或地方",如经济热点新闻、社会热点新闻等。

那么,如何定义"时事热点"呢? 大多数学者认为:"时事热点是指通过网络、电视、报纸、杂志等大众媒体传播的,能够反映国内外各种领域信息的单纯性事实消息。"根据这个定义可发现,时事热点必须是事实性的信息, 因此它是单纯事实消息的一个部分。时事热点可涉及多个领域的内容,包括政治、经济、文化、地理、历史等。在此,笔者认为时事热点的时间界定范围不局限于"最近期间",近几年的时事热点也可被当作素材应用于教学中,只要求是单纯的事实信息即可,当然最理想的状况当属近期的时事热点信息。

本书着重研究时事热点新闻在高中地理教学中的应用,本质是要选取适用于地理课堂的时事热点资源或者案例,可以是图文资料、视频资料乃至实物资料等。那么,哪些时事热点适合融入地理课堂呢? 大多数地理教师认为,选取的时事热点应当是近期热度较高的、反映国内外自然、人

文、经济及区域等地理环境的重大热点信息。倘若时事热点能够反映与社会实践紧密联系的各种地理现象，我们就需要从表象的热点信息中挖掘深层的与该事件相关的地理位置、自然环境、社会经济环境及某一事物的成因等本质信息，这是探究此论题要解决的终极目标，因此最好的解决方式是地理与时事热点信息整合并实践于地理课堂。

2.时事新闻的特点

时事热点作为校外课程资源通过纸质传媒、电视媒体、互联网等大众传媒传播，具有覆盖面广、时代气息浓、信息量大、实践性强的特点。地理时事热点作为热点新闻又必须具备新闻的特点，如新闻的真实性、公开性、针对性、时效性、重要性等；地理教师在开发地理时事热点的过程中应遵循事件真、内容新、时效强、跨度广等特点，搜寻适用于教学的课程资源。笔者认为，时效性、重要性、全球化可作为地理时事热点的三个重要特性。

(二)研究的目的和意义

1.研究目的

(1)在新课改背景下，转变教师对课程资源的认识，增强开发校外课程资源的意识。

(2)让学生学习对生活有用的地理，学会用地理的视角观察、分析问题。

(3)促进学生分析问题、解决问题能力的提高。

(4)探索时事热点材料与地理教学之间的关系，发现时事热点材料对地理教学的价值。

(5)调查并分析高中地理教学中时事热点材料的应用现状，找出存在的问题并分析其原因,提出解决措施。

(6)结合自身教学实践,提出时事热点材料在高中地理教学中的应用策略。

2.研究意义

(1)理论意义

为了尽快适应新课程背景下高中地理学科的教育教学工作,课程资源的开发利用无疑将为高中地理新课程的课堂教学提供基础保障,进一步促进新课程的顺利开展。时事热点材料属于通过大众传媒获得的校外课程资源,将其恰当地引入地理教学有利于帮助学生用所学知识解决实际问题,符合《地理新课程标准》"学习对生活有用的地理""培养现代公民必备的地理素养""重视对地理问题的探究"等基本理念。深化对时事热点材料在地理教学中应用的理论探讨,不仅转变了教师对课程资源的认识,增强了开发校外课程资源的意识,还可更新教育理念,对现阶段地理教育理论做有效补充,为素质教育发展奠定坚实的理论基础。

(2)实践意义

①促进地理教师的角色转变和专业化发展

新课程倡导教师要成为课程的开发者、建构者,甚至是决策者,而不仅仅是课程消极的接受者、执行者。教师在教学中不应像以往那样仅局限于教材和教参等校内课程资源,而是应该发挥聪明才智,开发利用校外课程资源。教师根据自己的教学实际,有目的、有计划地选取恰当的时事热点材料引入地理教学,就是在对课程资源进行开发与利用,促进了教师角色的转变,符合新课改的要求。

在教师角色转变的同时也会促进教师自身的专业化发展。教师科学合理地将时事热点材料应用于高中地理教学，有助于提高对地理信息的搜集、整理、分析并运用于地理教学的能力，有助于学习教育新理念，开阔地理教学视野，实现地理课程的多元化、多样化。在组织学生进行实践活动中，教师要加强对学生的了解和沟通，构建良好的师生合作关系，提高教育教学的技能，从而促进自身的专业化发展。

②让学生学习对生活有用的地理，激发学习兴趣，培养综合素质和能力

教师将时事新闻材料引入地理教学，实际上就是将现实生活与地理知识联系起来，拉近教材与生活的距离，从而实现理论联系实际，让学生学习对生活有用的地理，学会用地理的视角观察、分析问题。与此同时，地理教师若能恰当选取充满时代气息的时事热点材料充实教学，便能贴近学生生活，满足学生成为一个发现者、探究者的心理需求，激发其学习地理的浓厚兴趣。

此外，在教师的引导和培养下，对于那些发生在现实生活中，学生熟知、感兴趣的社会热点、焦点问题，学生自觉主动地用所学知识去分析、讨论、研究，解释成因甚至找出解决办法。这个过程是学生由接受性学习向自我获得性学习转变的过程，不仅培养了学生的公民意识、创新精神、实践能力、学以致用等综合素质，还锻炼了他们自主学习的能力、分析解决问题的能力、知识迁移的能力及地理思维能力。

五、时事新闻资源在高中地理教学中的开发

(一)高中地理教学时事新闻资源的开发原则

1.相关性原则

相关性原则是高中地理时事新闻资源的开发必须遵循的首要原则，因为地理课堂时事新闻的随意使用，必定会使学生的课堂注意力下降，授

课效果可想而知。那么,这里所说的"相关"可以是时事新闻发生的空间位置与地理教学内容相关,可以是时事新闻发生的时间与地理教学内容相关,还可以是时事新闻中的某个现象与地理教学存在关联。时事新闻涉猎多方面内容,如经济规划、基础设施建设、地缘政治、国家战略等,因此时事新闻与地理教学是密切相关的。

例如,在讲授人教版高中《地理》选修 5"自然灾害与防治"中"地质灾害"这部分内容时,由于历史上河南省省内发生地质灾害的次数较少,学生对于地震、滑坡、泥石流等地质灾害缺乏感性认识,于是笔者选取了新西兰 7.8 级地震为背景材料,附上相关图片进行教学,获得了不错的教学效果。具体案例如下。

从新西兰地震学习如何抗震

新西兰是电影《霍比特人》三部曲和《指环王》的拍摄所在地,自然风光优美宜人,被称为最适合人类居住的地方。就在当地时间 2016 年 11 月 14 日凌晨,新西兰南岛中部地区发生 7.8 级大地震,震源深度约为 10km,震后还引发较大海啸。据新西兰电视台报道,粗略估计损失数百万美元,仅有 2 人遇难。新西兰属于多震国家,每年有记录的地震大大小小达一万多起。那么,新西兰到底为何会如此频繁地发生地震? 最主要的是新西兰处于印度洋板块和太平洋板块的交界地带, 此次地震震源位于环太平洋火山地震带,处于板块碰撞挤压的地带。一般来说,在板块交界地带,岩层往往受挤压或张力后易破碎,加之地震带上地壳活跃,更容易释放地球内部的能量,因此较其他地方更易发生强震。

然而就在这个地震频发的国家, 地震造成的人员伤亡却不大。自从 1840 年以来,共有 450 多人在新西兰大地震中遇难,这主要得益于新西兰的公共教育和严格的建筑规则。新西兰地震委员会（EQC）在新西兰经常开展与地震相关的公共教育和宣传工作，他们会定期向民众提供有关地震灾害的新闻报道，以及预防和减轻地震灾害损失的方法等。此外，EQC还在新西兰主要新闻媒体上进行公益广告宣传，详细介绍地震对新西兰的威胁，并为公众确立了房屋抗震等级的建筑质量标准。

上述材料充分表现了时事新闻与地理的相关性，首先我们可以从地理的角度来解释为什么"新西兰被称为最适合人类居住的地方"，可以从新西兰的气候、海陆位置、地形等地理要素分析。其次，依据地震时新西兰当地时间推算其他地区的地方时、区时等都可以作为延伸点。透过此次地震，教师还可以与地震的类型、成因及相关概念（震源、震级烈度、震中、地震波）等地理知识串联起来。最后，学习借鉴新西兰的抗震经验，提高学生在灾害面前的自救能力和防灾减灾意识。

2.及时性原则

社会发展日新月异，每天都会发生很多新鲜事儿。"时事新闻"是社会生活中人们最关切的、议论最多的，地理教师要将时事新闻融洽地应用于当前的地理教学中，让地理课堂与社会联系起来。选取的时事新闻资源恰好与要讲的地理课堂教学知识具有关联性则再好不过。及时运用当下发生的时事新闻能极大地提高学生学习地理的热情，获得地理课堂的最佳效果。例如，每年高一新生入学两个月前后，往往刚好讲到人教版高中《地理》必修1中"锋与天气"这部分内容，亚洲高压逐步形成，北方冷气团势力逐渐增强向南方逼近，导致南方气温陡然下降，这就形成了我们常说的寒潮气象灾害。借此时机，教师可以将最近发生的寒潮灾害材料引入地理课堂中，让学生结合寒潮降温的切身体会展开讨论，在课堂上一定能取得不错的教学效果。

3.准确性原则

时事新闻资源的准确性指的是时事新闻事件内容准确可信并非捏造。在时事新闻资源的开发过程中要摒弃那些存有争议的或错误的观点。互联网上的"时事新闻"材料有些是转载自非权威的媒体,甚至有些是作者出于某种目的的炒作。身为教师,应该利用自己的专业知识和价值判断对时事材料的准确度加以甄别。选择时事新闻材料时,权威的网站与刊物是确保时事新闻准确性、专业性的"法宝"。对于尚存在争议的地理现象,可深入研究做出专业性的回答,也可以引导学生讨论研究。例如,笔者在选取与所罗门群岛地震相关的时事新闻时搜集了如下资料

媒体 1:2016 年 12 月 09 日,据中国地震台网自动测定在所罗门群岛附近(南纬 11.15 度,东经 161.58 度)发生 6.8 级左右地震。

媒体 2:中国地震台网正式测定,2016 年 12 月 09 日 5 时 56 分在所罗门群岛(南纬 10.81 度,东经 161.35 度)发生 6.0 级地震,震源深度 30 千米。

在搜集 2016 年 12 月的所罗门群岛地震事件时,对于这一事件两家媒体在震源和震级的数据上都存在巨大差异。于是笔者登录了中国地震台网,在历史查询一栏搜索到了此次地震的准确数据,避免了用错误数据进行地理教学的尴尬。同时笔者也从中受到启发,地理教学必须用事实说话的理念从此扎根。

4.趣味性原则

"兴趣"好似求学路上的一盏明灯,而教师就是要帮助学生点燃心中的明灯。笔者在教学实践中经常会遇到有厌学情绪的学生,而教学效果在一定程度上取决于学生的学习欲望。若想改变这类学生的厌学情绪,最好

的做法就是激发他们的学习兴趣，培养他们的学习动机。兴趣是学习伊始到学有所成之间的"引擎"，时事新闻层出不穷，热点问题能够吸引学生的关注。如果地理教学中能利用时事新闻资源给地理课堂带来的趣味，激发学生的求知欲，使其勤于思考、乐于探究，则必定能取得良好的教学效果，也能点亮学生未来发展方向的明灯。

例如，在讲解完人教版高中《地理》必修3中的"能源资源的开发"一节后，为了推陈出新，激起学生的头脑风暴，笔者引用了以下材料：

脑洞大开，智利拟在沙漠建水电站

阿塔卡马沙漠西接太平洋，向东安第斯山脉贯穿全境。由于独特的地理位置，使它成为世界上除撒哈拉沙漠外最干燥的沙漠，据观测其常年平均降水量只有15毫米。但近日英国《每日邮报》、美国爱科学新闻网等多家媒体援引消息人士的话称："智利瓦尔哈拉公司（能源巨头）将耗资约25亿人民币建造一座装机容量30万千瓦的水电站，令人称奇的是该水电站项目居然选址在阿塔卡马沙漠。"在该项目的水电站工程师看来，首先利用太阳能提供的能量把来自太平洋的海水输送到位于安第斯山顶峰的两座水库中，水库蓄满海水后利用地形落差自流经水电站发电。而这一切正是水电工程师利用了阿塔卡马沙漠独特的地理特征。据悉，阿塔卡马沙漠水电站项目已于近期成功通过智利环保部的评估，目前瓦尔哈拉公司正在寻找合作伙伴，该项目计划于2016年下半年开始动工，并于2020年建成这座奇特的沙漠水电站。据专家介绍，由于日照时长、风力强度等因素不可控制，因此太阳能和风力发电的稳定性难以保障。安第斯山脉上的这两座蓄水库海拔高度都在6千米以上，利用地形落差带来的水势能便可确保稳定发电。故而该水电站项目能完全克服太阳能、风能等在发电过程中由不可控因素带来的不稳定性。

——摘自 2015–12–13,浙江日报

呈现上述材料时,刚开始学生对"在沙漠建水电站"一事感到难以置信,读完材料后却又感到"柳暗花明又一村"。随后,在笔者的引导下,学生针对这一事实展开了激烈的讨论。教材中本节课是以山西的煤炭资源开发为例,由于案例较老,因此学生学起来比较枯燥乏味。上述材料就正好打破了沉闷的课堂氛围,也有利于化解部分学生的思维定式。

5.易接受性

时事新闻资源对大多数具有多年教学经验的一线教师而言可以说是信手拈来,但是如何便于让学生在地理课堂上接受已发生的新闻事件,笔者总结了以下两个方面。

第一,选取的时事新闻资源要与学生已有的生活经验相结合。高中地理教学面对的教育对象多是 16~18 岁的青少年,他们的身心还未发育成熟,处于世界观、人生观和价值观形成的关键时期。因此,教师在选取新闻材料时应当注意与学生已有的生活经验相匹配,贴近学生的认知水平。

第二,还要尽可能地选择与本地区息息相关的时事新闻事件。例如,某时某地自西向东出现冰雹大风短时强降水,雹粒不大,但比较密集,冰雹过后,小麦受灾,油菜、柑橘等经济作物减产。在学习气象灾害相关内容时,可以用上述气象新闻作为新课引入,或以活动的形式探究气象灾害对于人类的影响。

6.前瞻性原则

人类社会是发展的,自然科学和社会科学亦在进步之中。地理学科作为一门综合型课程,新时期的学生必须具备放眼全球、图谋发展的意识,

因此地理课堂上的时事新闻资源还应该具有前瞻性。所谓前瞻性原则，是指对社会发展或事态的变化有预见能力，能准确判断未来的形势或即将发生的事件，并给出相应的科学对策。

例如，依据我国目前公民的年龄结构、性别差异，预测"全面二孩政策"落地后一段时间，我国人口老龄化程度、男女比例差异度等方面将发生怎样的变化。思考2015年中共第十八届五中全会公报上提出的"全面二孩政策"的合理性，及其对未来我国人口的综合影响。笔者认为，前瞻性时事新闻事件与地理课堂相结合可以帮助学生加深对当今社会的认识和对社会发展趋势的科学认知，增强学生的生存技能。另外，特别需要注意的是，在向学生呈现相关材料后，需要设置相应问题，引导学生深入思考，依据所学知识对将要发生的地理现象做出一定的预测。

(二)时事新闻资源库的建设

由于笔者个人对时事新闻一直以来都有浓厚的兴趣，在近几年的教育实训实习中特别注重将时事新闻与地理课堂相结合，已有相关时事新闻专题课件十余个，配套教案与教学反思一应俱全，已初步形成具有极高实用价值和易操作性的"高中地理时事新闻素材库"。笔者已经养成了发现时事新闻资源、应用时事新闻资源、反思课堂教学效果的习惯和思路。将时事新闻资源融入高中地理课堂，改善了枯燥的课堂氛围，教学效果显著提高，形成了教师爱教、学生好学的良好局面。

1.建设时事新闻资源库基本思路

建设时事新闻资源库就是将搜集整理来的时事新闻材料通过筛选整理，选取与地理知识、地理教学密切相关的时事新闻，通过科学分类，利用计算机软件设置目录，制成网页链接。条件允许的情况下，可建成一个具备检索查询功能的"地理时事新闻资源库"。

　　建设时事新闻资源库,教师务必注重平时备课、生活中的点滴积累,使资源库得以不断完善和更新。同时还要明确资源库的建设用途是服务于高中地理教学,因此时事新闻资源库的建设必须依托《地理课程标准》中的课程内容。

　　2.建设时事新闻资源库

　　(1)时事新闻材料的整理与加工

　　自教育实训实习以来,笔者就从多方面、多途径积累时事新闻素材。时事新闻素材类型主要包括文字、图片、视频和声音等多种形式。通过各种途径搜集而来的时事新闻材料往往是杂乱无序的,要想将时事新闻材料与高中地理教学相结合,必须对搜集来的大量材料进行整理加工。例如,某些图片需要进行图片的裁剪和编辑,以突出关键地理信息;还有一些视频文件需要利用视频剪辑软件进行格式的转换、剪接和编辑等;另外还有一些视频需要自己配音制作微型课。最后将整理好的时事新闻材料按照分类加入时事新闻资源库。

　　(2)时事新闻资源的分类处理

　　对已获取的与地理教学密切相关的时事新闻资源展开分类是资源库建设的关键一环。时事新闻材料因其时间尺度大、空间范围广,可按时间先后顺序分类,也可按照区域范围分类,如国内和国际两大方面;还可以依据教材顺序分类、按照专题进行分类等。按照专题进行归类的分类方法相比其他分类方法而言比较科学且易于操作。例如,按重大自然灾害、极端天气、环境保护、科考探索和旅游地理等专题分类。这种分类方法既结合教材内容,又可体现时间顺序。这种方法的优点还在于它不必拘泥于教材版本,便于时事新闻资源的查找和更新。

①重大自然灾害

重大自然灾害是社会关注的热门话题,也是近年来考试考查的热点方向。2016版地理考试大纲对上述部分的考察要求主要有:自然灾害的主要类型、特点、分布,自然灾害发生的主要原因、危害及预防,我国主要自然灾害的区域分布。地理课堂可结合近期发生的自然灾害事件,探寻自然灾害的成因、影响与对策,还可以"国家防灾减灾日"为契机举办专题讨论、板报宣传等活动。

重大自然灾害案例主要涵盖了自然灾害的两大类型,即地质灾害(地震、火山和滑坡等)和气象气候灾害(台风、强对流天气、旱灾和全球气候变化)。上述自然灾害的特征有很多,如周期性与不重复性、广泛性与区域性、规律性与不确定性、突发性与永恒性、损失严重性及自然灾害与其他地理事物的关联性等,特别是关联性需要学生深刻理解。部分自然灾害的发生是有规律可循的,它们在地球表面呈较明显的带状分布特征,如智利发生的地震,主要是因为智利处在环太平洋环山地震带上;再如,气象灾害都发生在我国的东南沿海一带。此外,在地球表面特定的带状区域,各种自然灾害频频发生。例如,北纬30°~北纬60°之间,气候气象灾害、地质灾害等就较其他区域更加严重。

一般而言,自然灾害的诱因多是自然方面的,但在有些特殊情况下,我们也要考虑人类活动对自然灾害的发生起到的诱发作用,对灾害强度起到的加剧作用。我们可以以此为出发点,培养学生正确的环境观和生态观,树立防灾减灾的意识。自然灾害的危害同样值得关注。研究发现,同级别的自然灾害,如果发生在经济欠发达、地广人稀的地区,造成的经济损失和人员伤亡就少;反之,在经济发展水平越高的地区或人口密度较大的地区,所造成的人员伤亡和经济损失自然就大。政府在同等条件下,一般更加重视对经济发达、人口稠密地区的防灾、减灾工作。

我们发现,我国几乎拥有世界上所有的灾害类型,是世界上自然灾害类型最多、灾害最频繁的国家。所有自然灾害类型当中对我国影响最为严重的是地震灾害和旱涝灾害。谈到自然灾害的"分布",就必须涉及"时间""空间"两大要素。就我国自然灾害的空间分布来看,山前灾害带、沿海灾害带和沿江灾害带是我国灾害频发的三大自然灾害带,我国的自然灾害时间分布也极不均衡。另外,同一类自然灾害,发生的时间、地点不同,造成的危害也不同。例如,同是旱灾,雨季来临前华北平原多发生春旱,而夏季的伏旱主要发生在秦岭、淮河以南到广东、广西北部的广大地区。这就提示我们防灾、减灾也要做到因地而异。

近几年,自然灾害方面的高考题特别注重时效性,以最新的自然灾害事件为背景考查学生对地理知识、地理原理的掌握,以及联系实际解决问题的能力。以重大自然灾害为案例,理顺地理事件之间相互影响、相互制约的因果关系,疏通主要地理现象之间的联系,才能更好地培养学生地理学科素养。尽管自然灾害类型多样、原因各异,但"万变不离其宗",思考地理问题的落脚点还是在教材中原生态的地理原理、规律。因此,要着重加强对学生思维模型的训练和培养。例如,自然灾害的成因通常从"自然因素"和"人文因素"两个思维角度展开分析,其中自然因素主要包括气候、水文、地形、地质地貌、植被等要素,人文因素则指人类活动,人类活动又分为合理的人类活动和违背自然规律的人类活动。最后在情感、态度和价值观方面,应加强学生防灾减灾意识,训练学生在灾害面前的自救能力。

②国际重大赛事

时事新闻资源特别注重对时间点和区域的描述，而对相关事件描述较少。那么教师在地理教学中可以以此类时事新闻资源作为新课导入，应用到自然地理、区域地理和环境保护等地理课程当中。深入研究不难发现，上述每一事件都隐含了大量的地理信息和规律。众所周知，冬季举办的运动会多发生在中高纬度的冬半年，以某一地点为切入点我们也可以深入挖掘地理信息。例如，第十一届冬季残奥会举办城市索契的经纬度约为北纬43°、东经39°，在地理位置上与加拿大的多伦多、法国的尼斯、中国的吉林大致处于同一纬度上，位于俄罗斯的黑海东岸。虽然索契的地理位置与中国吉林省处于同一纬度，但却可以用"截然不同"来形容两地的温度差异，吉林的冬天是"林海雪原"，而索契常年的最低温度不会低于5℃。索契是俄罗斯冬季最温暖的地方，依山傍水，也是地球上亚热带气候分布的最北端。因其南部的黑海在盛行风的吹拂下带来温暖的海风，北部高大的山脉挡住了西伯利亚的冷气团，正是由于独特的地理位置才形成了索契温暖的气候。单从自然地理的角度就能找到如此多的地理信息，我们还可以从其他视角进一步分析索契的地理信息。

③自然资源与新能源

在地理教学中，可以运用的我国资源跨区域调配的两个实例，即"西气东输"和"南水北调"，由实例延伸到资源的跨区域调配的产生，主要是由自然资源的分布不均衡与经济发展水平的地域差异造成的。

《地理课程标准》考点"资源问题与资源的利用、保护"需要向学生明确以下四点：一是目前主要的资源问题及其产生的原因。资源问题突出表现在两大方面，即资源总量和人均占有量。而造成资源短缺的问题主要是以下三个方面,首先是资源总量的不丰富;其次是目前世界资源的平均利用率不高;最后是世界人口总量大,资源消耗量大。二是不可再生资源的日益枯竭对人类生产生活的影响及解决对策。三是资源开发过程中应采取的环保措施。例如,煤矿开采过程中对矿区扬尘的控制,水电站建设时对库区生态环境的保护。四是人类对有限的不可再生资源滥采乱用造成的恶果,以及科学合理利用自然资源的成功经验。

新时期学生必须树立正确的资源观,才能迎合社会可持续发展的潮流,所以高考出现这部分考点的频率也越来越高。例如,2014年重庆卷(选择题10)以"马尔代夫淡水资源稀少、淡水供应中断"为背景材料,考查了马尔代夫的主要降水类型。该类高考题的命题角度多样,但往往从人地关系发展的角度考查如何实现不可再生资源的可持续利用等。

④重大交通设施建设

针对这部分内容,2016版地理考试大纲给出的考点是:生产活动中地域联系的重要性和主要方式、交通运输方式与布局的变化对聚落空间形态和商业网点布局的影响。《地理课程标准》要求针对该部分教学的行为条件应是"结合实例",即地理教学中选取典型案例,营造图文并茂的教学情境,引导学生用动态的视角对待交通运输布局的变化。随着国内经济的快速发展,区域间的联系越来越紧密,对交通运输的要求越来越高,当前交通运输正朝着网络化、快速化、便捷化的方向发展。因此,选取典型交通运输方面的案例也越来越容易,其中多以铁路(高铁)交通方式为代表,以上述新闻事件作为新课导入,凸显地理教学的时代性特征。现代主要交通运输方式包括五种类型,即公路、铁路、航空、水运和管道运输,教学过程中需对每种交通运输方式进行举例解释,并使学生学会依据各交通运输方式的特点,合理选择交通运输工具。

　　交通运输布局的变化对聚落空间形态和商业网点布局的影响,是教学中的重难点。近年来,国家面向世界积极推进高铁"走出去"战略,同时在国内也大力发展以高铁为代表的基础设施建设。交通工具的每一次革命都会带来时代的巨变,石家庄在 20 世纪初还是一个面积不足 0.1 平方千米的小村,由于火车站点的设立,日渐发展成为河北省省会城市,被誉为"火车拉来"的城市。这个案例在地理教学中被许多教师奉为经典,然而随着高速铁路开工建设,我国已经进入一个新的时代,即高铁时代。谈及交通运输布局的变化对聚落空间形态的影响,我们不妨以"苏州高铁新城"为案例探究京沪高铁的建设对苏州高铁新城建设的影响。学生通过比较不同时期交通线路布局与苏州建设用地变化,分析交通运输布局与聚落空间形态变化之间的地理关联,凸显了"重视对地理问题的探究"的新课程理念。

　　⑤太空探索

　　自第一颗人造地球卫星发射成功以来,人类从未停止对宇宙空间的探索。贴合人教版高中《地理》必修 1"宇宙中的地球",2016 版考试大纲给出这部分的考查内容:"地球所处的宇宙环境,地球是太阳系中一颗既普通又特殊的行星,太阳对地球的影响,地球运动的地理意义,地球的圈层结构及各圈层的主要特点。"近些年除少部分发达省份对该部分仍有考查,其余大部分省份对该部分内容的考查逐渐弱化。

　　针对本部分的学习,笔者认为要强化学生对人类生存环境,即对地球的内外部环境的深刻认识。深刻分析地球生命存在的缘由,理解地球运动对于人类的意义,认识地球的内外部构造。

新闻材料可及时地应用到地理教学当中,除了可以满足教学需求,还可以引起学生的好奇心,培养学生的科研探索精神,增强民族自豪感等,在情感、态度和价值观方面得以升华。

⑥旅游地理

"旅游地理"作为高中地理选修模块之一,2016年地理考试大纲规定旅游地理部分的考点主要有旅游资源的类型与分布、旅游资源的综合评价、旅游规划与旅游活动的设计、旅游与区域发展。旅游地理关注人类生产生活与地理紧密相关的领域,凸显地理学科的学科特色与应用价值。将旅游业新闻与这部分的教学相结合,可以促进学生对旅游行业动态的了解,激发学生的旅游热情与愿望,进一步提高学生的人文素养。

⑦气候变化

"气候变化"内容在各版本教材中所占比例较少,然而与之相关的地理知识却不胜枚举。例如,大气环流与气候、自然地理环境的整体性、自然灾害等方面都与气候变化存在内部关联。同时,气候变化作为近年来的热门话题,考试关注度极高。气候变化是当前全人类面临的挑战,任何一国、任何一人都无法置身事外。地理教学中可以利用"气候大会"等时事热点作为课堂切入点,实例举证我国在气候变化背景下遭受其不利影响造成的惨重损失。让学生实际了解气候变化给全人类带来的影响,了解中国政府处理气候变化问题的积极态度和坚定决心。将该部分的时事新闻应用到地理教学中,除了能满足学生的学习需求,还能让学生树立忧患意识、大国责任意识。

⑧外交与国际会议

外交与国际会议虽然在新课标考纲中没有明确要求,但却与地理知识有多方面的结合点,如中国地理、世界地理、政治地理、自然地理、人文地理等,地理教学中需深挖相关时事新闻隐含的地理信息,引导学生分析其中的地理要素和地理关联。例如,令国人振奋的"也门撤侨事件",我们可以通过世界地理、自然地理的相关知识分析也门的自然地理特征,主要有以下四个方面。

第一,地理位置。绝对位置:大致位于北纬 12°~20°,东经 41°~54°。海陆位置:位于阿拉伯半岛最南端,北与沙特接壤,南临曼德海峡、亚丁湾,东邻阿曼。交通位置:其南部的曼德海峡是国际重要航道,被誉为"红海的南大门"。

第二,气候。类型:热带沙漠气候。成因:副热带高压与东北信风交替控制。自然带:热带荒漠带。

第三,地形。以山地高原为主,沿海岸线有少面积平原。

第四,资源。石油、天然气和金、银、铅、锌丰富,淡水资源极度缺乏。

近年来,我国的外交事业呈现出"新高度·新理念·新进展"的大好局面,中国以积极开放的大国姿态迈向国际舞台,建设性地参与国际事务。在地理教学中,教师可以通过呈现"外交与国际会议"事件,让学生了解中国日益提升的国际社会号召力,深入认识国情,研判当下国际时局。让学生从地理的角度看待相关事件背后的地理信息,培养学生的地理思维,从而培养出"面向世界,面向未来"的未来公民。

⑨环境污染与保护

"环境污染与保护"发生在地球的表面,几乎涉及地球所有圈层(岩石圈、大气圈、生物圈、水圈),因此与地理知识的关联度很高。近年来环境保护类试题的命题角度主要有:通过重大环境问题,考查环境问题产生的缘由、危害及对应的治理对策;结合环保部门公布的《环境质量状况》等,考查政府在环境保护、环境管理等方面的积极作用;结合某地特殊的环境问题,考查学生分析环境问题特殊性,以及采取因地制宜的环境治理办法。

对于这部分内容的教学,教师要加强对学生的环境教育,帮助学生树立正确的环境观。在地理课堂上,教师既可引用上述环境污染事例,利用反面素材呈现触目惊心的污染画面与惨重损失,深入体会环境污染的危害性;也可以利用环境保护案例,分享公民保护环境的具体做法,引导学生用实际行动善待环境,并影响他人善待环境。

⑩其他类时事新闻资源

"其他类"时事新闻涉及极地科考、人口政策、国际关系等方面,但因其涉及的时事新闻数量较少,所以在此不单独分类。可是我们不能就此忽视它的存在,今后在数量足够分类的情况下,仍有必要对其分类研究。

(三)依托时事新闻资源库,设计热点试题

时事新闻资源不仅可以作为地理教师课程资源的一部分,也可以成为试题设计的灵感依托。将与地理密切相关的时事、热点问题作为地理试题设计的切入口,巧设任务情境,考查学生迁移运用所学地理原理分析、解决实际问题的能力。例如,以"重大自然灾害""能源问题"为背景,让学生通过感性材料,提炼信息,联系地理原理,以地理知识为基础,训练学生分析、解决地理问题的能力。通过时事热点试题,还可以引导学生关注社会发展动态与地理环境变迁。

试题作为学生学业水平测试及人才选拔的测量性载体,具有较好的测评与筛选功能,通过学生对试题的分析解答,观察学生地理认知水平和与学习能力相关的行为结果。

笔者在地理教学中，结合时事新闻设计原创热点试题，现以部分试题为案例，分析试题命题意图与解析。以下是详细案例。

热点一：上海迪士尼开园

人教版高中《地理》选修3"旅游地理"原创试题：阅读下列材料，回答问题。

2016年6月16日中午12时，上海迪士尼度假区迎来首批游客入园玩耍，并举行了盛大的开幕庆典。上海迪士尼度假区是全球第6座、中国内地首座迪士尼度假区，可以用"原汁原味迪士尼，别有风味中国风"来概括它的特点，在建筑风格上专门针对中国游客打造创新元素，在园内吹起了一阵"中国风"。上海迪士尼创造了诸多第一：拥有全球迪士尼乐园中最大、最高的城堡，第一个海盗主题园区，路线最长的花车巡游，全球首发的"创极速光轮"等。

问题：分析"上海迪士尼"旅游度假区开发的有利条件。

【命题意图】

本题以"上海迪士尼乐园开园"一事为背景材料，描述了上海迪士尼乐园的"玩点"和"看点"。从旅游资源的价值分析与旅游资源的开发条件角度设置问题，有针对性地考查了学生对新材料信息的提炼能力、迁移运用旅游资源价值和开发条件分析能力。

【试题解析】

本题考查旅游资源的价值与旅游资源开发评价，依据所示材料以"上海迪士尼"这一旅游资源的特征为出发点，突出"上海迪士尼"的经济价值。结合上海的区位条件，从地理位置、交通条件、国内外客源市场、基础设施等角度选取其开发的有利条件。

热点二:"长征七号"运载火箭在海南文昌首发成功

人教版高中《地理》必修1原创试题:

中国新一代运载火箭"长征七号"于北京时间2016年6月25日夜间8点在海南文昌航天发射场(北纬19°N,东经109°)发射升空。"长征七号"的运载能力达到13.5吨,是以往火箭的1.5倍。据此回答以下问题。

1.海南文昌航天发射场较我国其他卫星发射基地,其区位优势是(　　)。

①海拔高,发射倾角最优

②纬度较低,可充分利用地球自转离心力,节约燃料

③靠近海港,运输限制少

④多面环海,安全性好

A.①②③　　　B.①②④　　　C.①③④　　　D.②③④

2."长征七号"发射升空时,6月25日占全球的(　　)。

A.1/3　　　　B.1/2　　　　C.全部　　　　D.1/6

3.火箭发射当日,郑州(　　)。

A.正午影长较长　　　　　　　B.昼长短于文昌

C.地方时6时前日出　　　　　D.日出东南方向

【命题意图】

本题以我国新型航天器发射事件为切入点,主要考查了三大知识点:航天基地的区位分析、日期变更、地球运动的地理意义等相关知识,综合考查了学生对有效信息解读和地理原理运用能力。

【试题解析】

1.D。在分析文昌航天发射场区位优势时,需结合区域地理相关内容,对文昌的自然环境特征有所了解,再结合航天发射场选址条件分析。因文

昌属于海南沿海平原,故排除①选项。

2.C。本题查考日期的范围,0时经线向东至108°经线为新一天的范围,依据材料,北京时间晚8点发射,那么此时0时经线与108°经线重合,即全球只有一天。

3.C。本题考查地球运动的地理意义,6月25日"长征七号"发射,当天太阳直射北半球,郑州日出东北且昼长>文昌>12小时,故地方时6时前日出。当日正午太阳高度较大,因此正午影长较短。

以专题性的时事新闻资源为背景,设置任务情境,考查学生知识掌握的情况,既可以培养学生的知识迁移运用能力,做到学以致用,又可以开阔学生的视野,让学习更上一个台阶。同时,依托鲜活的时事新闻资源设计热点试题、创设任务情境,试题结合图表、文字,全面检测学生读取地理信息的能力,以及探究地理现象和解决地理问题的能力,还对学生地理思维过程、地理专业术语表达、地理要素全面分析等诸多方面的能力都起到检测作用,体现新课标理念的同时彰显了地理学科的社会应用价值。

(四)时事新闻资源库的完善与更新

时事新闻资源库以地理教师和学生为服务对象,旨在为高中地理教学服务,促进高中地理教学迈向现代化、社会化、生活化。社会信息更迭频繁,时事新闻也在不断更新。考虑到地理教学中保障时事新闻资源应用的时效性,时事新闻资源库应始终保持动态的建设,笔者认为可从以下五个方面入手:一是加快建立网上共享平台,实现资源共享;二是培训资源库建设队伍,扩大开发人员规模;三是建立健全资源库管理制度,做到定时更新;四是重视与使用者的交流,鼓励师生共同参与建设;五是对重大事件做到持续跟进,并用于教学。

六、时事新闻资源在高中地理教学中的应用

人们从经验中总结出来的规律被称为"知识"。建构主义者认为,知识是以意义和结构而构造起来的模式,主张以"结构"的框架去处理大量的信息。建构主义还认为,教师在教育过程中扮演的角色应该是组织"情境",以引起学生的兴趣和动机,进而主动寻求对问题的解答。精心选用的时事新闻资源,以开放的视角、丰富的信息为学生的知识建构提供多元化的"情境",时事新闻资源的应用时机多样,为地理课堂带来了活水源泉。笔者尝试结合教学实践从导入新课、案例探究、拓展训练、第二课堂和备战高考五大方面对时事新闻资源在高中地理教学中的应用展开论述。

(一)导入新课,诱发学习动机

导课是指任课教师结合学科特点、课程内容和学生的学情等多方面因素,以一种恰当的方式,短时间内将学生引入课堂情境,是学生获得良好学习效果的开端。在地理教学过程中,导课是课堂中的基本教学环节,具有"开门见山"的效果。当代教育家魏书生说:"好的导语像磁铁,一下子把学生的注意力聚拢起来;好的导语又是思想的电光火石,能给学生以启迪,催人奋进。"精彩的导入,能抓住学生的注意力,布疑设趣,促使学生积极参与教学活动,有助于达成教学目标。因此,导入在很大程度上能影响整个教学过程,显得十分关键。

利用时事新闻资源导入地理课堂,是把与地理教学内容相关的、社会高度关注的时事新闻,以文字、图片、视频等形式呈现给学生,营造与教学目标相符的情境模式,起到创设情境、暗示教学内容、激发好奇心的作用。将时事新闻材料用于新课导入环节,有助于诱发学生的学习动机,调动学生学习的积极性,实现教学目标。在教学过程中,常用的导入方法有情境导入法、直观导入法、设问导入法、关联导入法、叙述导入法等。在地理教学中,可这样应用以下三种常用导入方法。

1.情境导入法

材料:据水利部 2016 年 7 月 8 日最新消息,7 月 8 日 21 时"尼伯特"减弱为台风级, 台风中心位于福建省东南的莆田市约 225 千米的台湾海峡附近,中心最大风力 13 级,气压 960 百帕,随后台风中心将在 1 小时内向西北方向移动,风速减小为 7.2 千米/小时,同时气压上升 5 百帕。

情境导入法是教师利用视频、音乐、图画或者充满故事性的语言,创设新颖、活泼、充满乐趣的教学情境,引导学生发挥想象力,使学生产生如见其形、身临其境的感觉,引起学生的心理共鸣,使学生情不自禁地融入新课学习情境的一种导课方式。

在讲到人教版高中《地理》选修 5 中的"气象灾害"这节课时,教师可利用上文中的台风"尼伯特"文字材料作为导入,结合"尼伯特"移动路径图,学生如置身其中感受台风的移动过程,以对台风有直观的体会。以台风"尼伯特"的文字材料和图片设置情境,导入课堂。首先向学生暗示本节课即将学习的内容,呈现的材料和图片让学生感同身受,学生在接下来的学习中仿佛还置身在台风的场景中,学习效果大大提高。

2.直观导入法

材料:2016 年 11 月,受冷空气急剧南下的影响,入冬以来最强的冷空气影响将正式开始,中央气象台自本月 21 日起为此连续发布多次寒潮预警。受强冷空气天气影响,我国中东部局部地区降温幅度可超 16℃,我国多地将在此次寒潮天气中出现今年入冬以来最低气温。21—24 日,北京、武汉、郑州、南京、上海、合肥、西安、兰州、石家庄、天津等数十个省会将陆续迎来 2016 年的第一场雪。

直观导入法分为实物导入和电教媒体导入。这种导入有"短小精悍、目标指向明确"的特点,直接指向新课内容,其形象、直观、图文并茂的特点能使学生快速进入学习状态。

在讲授"锋与天气"这节课时,笔者以上述时事新闻材料为导课内容,学生能很快明确将要学习的内容,此为电教多媒体导入;笔者通过描述冷空气移动过程,再结合本地降温过程导课,此为实物导入。通过气象新闻与切身体会,学生对冷气团过境前、中、后期分别对天气(气温、气压和阴晴)的影响、冷锋对天气的影响有了更直观的认识。

3.设问导入法

材料:据大河网消息,2016 年 1 月 1 日,我国"全面二孩政策"正式实施,到 2017 年 1 月已经满一年的时间,作为人口大省的河南,二孩出生情况如何呢?

河南省卫计委的统计结果显示,2016 年,全省新生儿为 161 万人,其中,二孩占四成,大约为 64 万。从数字上看,2016 年比 2015 年多出生二孩 11 万人。

设问导入法又称问题导入法,是指在新课导入环节,教师有意设置与教学内容相关的、有启发性的疑问抛在学生面前,激起学生的求知欲,让学生享受思疑、探疑、解疑的学习过程,从而引发学生学习自主性的一种导课方式。

《全面二孩政策在高中地理教学中的应用研究》一文阐述了二孩政策在新课导入环节的应用。当我们讲授人教版高中《地理》必修 2 中的"人口的数量变化"一节时，可将"全面二孩"新闻作为新课导入，先介绍"全面二孩"的人口政策背景，再结合当地"二孩政策"实施效果，向学生发问："国家为何改变坚持三十多年的计划生育政策为'全面二孩'政策？"和"你认为全面二孩会对我国的人口数量产生什么影响？"两个设问，紧密衔接、层层递进，牢牢抓住本节课"人口"这一主题，也抓住了学生的好奇心，一气呵成地导入了新课。

采用设问法导课应选取发生在学生身边的、符合学生认识发展水平的热门话题铺设疑问，就如单田芳先生口中的"欲知后事如何，请听下回分解"，会让学生很快进入课堂学习的角色，并始终围绕问题思考设法寻求解答。但问题的设置要以教材内容和学生实际为出发点，以培养学生的地理素养为落脚点。教师应做到有设疑、质疑、解疑，学生思疑、探疑、答疑浑然天成，切不可为疑而设疑，故弄玄虚。

(二)案例探究，理论联系实际

高中地理课程注重与实际相结合，要求学生在梳理、分析地理事实的基础上，逐步学会运用地理原理探究地理过程、地理成因及地理规律等。时事新闻与社会、与生活密切相关，将与地理相关的时事新闻作为地理课堂中的教学案例，引导学生运用已学地理原理、地理知识探究地理事件的过程、成因及规律，是符合新课程标准课程设计思路的。

地理课堂上的案例教学是向学生描述一个完整的地理教学情境，设置相应的任务来驱动学生对地理案例进行阅读、思考、探讨的教学方法。我们这里所用的案例就是经过教师整理筛选的、与地理教学相关的时事新闻，以保证案例的真实性。

以人教版高中《地理》必修 2 中的"影响农业的区位因素"一节为例，

看时事案例在地理教学中的应用。"生产活动与地域联系"是高中地理教学的重要章节,而"影响农业的区位因素"则更是重点中的重点。在这部分的教学中,学生首次接触区位分析思维,是建立学生区位思维模型的初期和关键点,也为后面学习"工业区位分析"起到引导、示范作用。那么,在教学中如何让学生学会区位因素分析的方法,建立区位分析模型成为教学的重点和难点。

如何将案例、本节课程目标、课堂的组织、学生的活动等要素融合在一个完整的知识体系中是案例教学法的关键。在教学设计中,笔者以"阿克苏冰糖心苹果'火了'"案例为主线,采用理论联系实际、案例探究和讨论法等教学方法,充分发挥学生自主性,层层剖析,最终使学生掌握农业区位因素的分析方法。

阿克苏冰糖心苹果"火了"

一、案例背景介绍

本案例的灵感来自新华网 2016 年 11 月 18 日发表的题为"阿克苏冰糖心苹果熟了,每天 14 吨苹果飞往疆外"的新闻。虽不是社会热点,但笔者注意到新闻内容与地理教学存在诸多结合点,特别是"农业区位因素"。于是笔者经过查阅资料,深入了解了阿克苏冰糖心苹果的栽种历史、生长条件等,最终整理出"阿克苏冰糖心苹果'火了'"的教学案例。

二、案例呈现

"吐鲁番的葡萄哈密的瓜,阿克苏的苹果人人夸",进入 11 月以来,南航新疆货运每天飞往全国各地的苹果达 14 吨,同比增长 40%。其中运量较大的城市为深圳、上海、杭州、成都、北京等地。

新疆阿克苏市是阿克苏冰糖心苹果的主要产地,维吾尔语里"阿克苏"译为"清澈的水"，素有"塞外江南"之美称。阿克苏市处于北半球的中纬度地带，属于暖温带大陆性气候。

因阿克苏冬季寒冷，病虫害极少发生，但成果生长期较长，另外阿克苏昼夜温差大、光热资源丰富，阿克苏苹果以无污染的冰川雪融河流——柯柯牙河为浇灌水源地，采用沙性土壤栽培，加之高海拔的低温环境，使得阿克苏苹果在较长的生长周期内果核部分糖分堆积成透明状，形成了世界上独一无二的"冰糖心"，被誉为新疆的"水果皇后"。

阿克苏苹果栽培历史可以追溯到汉唐时期，可谓栽培历史悠久。阿克苏苹果采摘时间严格控制在每年的 10 月 25 日以后，较长的生长期让阿克苏苹果更多地汲取了大自然的天地精华，形成了无与伦比的独特品位，享誉海外。

三、探究过程

学生通过阅读案例进入预设案例情境时，教师应及时设置疑问，要求学生依据所学原理剖析阿克苏苹果独特的区位条件。教师的设疑，应由浅及深，层序分明，而不是一次将所设的问题全盘抛出。在"阿克苏冰糖心苹果'火了'"教学中，笔者设计了以下三次探究。

1.自主探究

阅读材料，找出材料中描述阿克苏苹果生长条件的语句。（训练学生对感性材料的总结和归纳能力。）

2.小组合作探究

依据材料，总结出影响阿克苏苹果种植的农业区位因素。（这一问题做到了理论联系实际，感性认识升华为理性认识，有助于学生构建思维模型。）

3.全班整体探究

如果你是阿克苏人,请为阿克苏苹果畅销海外提出建议。(这一问题采用了角色扮演法,让每一位学生都充当一定的角色,促进了师生互动,提高了学生的参与度,使学生有话可说、畅所欲言。)

四、案例总结

"阿克苏冰糖心苹果'火了'"这一案例来源于新闻,应用于课堂,打破了学校与社会生活之间的"篱笆",拉近了地理知识与生活实际的距离,做到了理论联系实际。同时,也启发学生关注时事新闻,用发现的眼光看待身边的地理现象。学生通过对"阿克苏冰糖心苹果'火了'"案例的分析、探究、归纳,多数学生能够掌握影响农业区位因素的分析思路和方法,并能将这种思路和方法迁移到其他农业区位分析案例中去,最终形成固化的地理思维逻辑。

(三)拓展训练,巩固知识

教师除了采用试题训练的方式巩固新课知识,还可以借助近期发生的时事新闻设计一些巩固性试题,既可以拓宽学生的思维空间,又能加深学生对地理原理知识的理解。我们在讲解完巴西的相关知识后,随即会选择一些常规的题目来进行课后练习。以下进行详细介绍。

2016届奥运会将于8月5日至8月21日在巴西里约热内卢举行。7月18日,第三十一届奥运会中国体育代表团在北京人民大会堂成立。中国体育代表团由711人组成,其中运动员416人。

我们可以通过这则新闻,探寻其与地理知识的结合点,笔者发现可以这样设问:

(1)中国体育代表团将于近期乘包机赴巴西里约热内卢参赛,请您设计由北京至里约的最佳飞行路线,并用所学知识加以解释。

(2)简述巴西里约热内卢的气候特点,针对此气候特点,我国体育代表团在里约训练期间,为保证身体健康,需要注意哪些问题。

对比以上两种出题方式,二者的相同点是都注重对学生基础知识的考查及分析判断,并分析对比其中的不同之处。

(四)利用时事,开设地理第二课堂

地理学作为一门综合性学科,涉猎广泛。但受制于地理课程要求,常规地理课堂所讲授的内容是有限的。这时地理第二课堂作为一种特殊课堂形式,对补充学生课外知识,开展环境教育、生命教育等情感教育是极有必要的。1983年出版的《高等学校管理》,最先给出"第二课堂"的概念,它指出:"在教学计划之外,引导和组织学生开展的各种有意义的、健康的课外活动统称为第二课堂。"据此,笔者认为地理第二课堂的实施时机应是学校规定的地理课时之外,教学内容应与地理学科相关,教学场地、教学方法相对自由。

在新课改背景下,生动活泼的地理第二课堂补充和加强了常规地理课教学,在地理教学过程中发挥的作用是不容小觑的,而且其优势持续被重视。精彩纷呈的第二课堂既拓展了学生的思维,激发了学生的求知欲,也有利于学生地理素养的形成。与生活情境密切联系的地理第二课堂将理论与现实生活相结合,引导学生观察、分析生活中的地理现象并为地理问题提出解决办法。通过开展地理第二课堂让学生重新认识自己、认识家乡,把地理从课堂上学到生活中去。

2016年末,中国经历年内范围最广、持续时间最长、强度最大的雾霾天气。12月20日雾霾的影响范围已扩大至17个省市区,面积142万平方千米,也就是说,超过七分之一的国土被雾霾笼罩。河北石家庄的一些监测点,PM2.5指数竟一度突破1000,让人大为痛心。笔者认为,国家在此"阴霾"之下,身为地理教师有责任向学生进行环境教育。于是笔者在规定课时外,为高一学生开设了以"同呼吸,共命运"为主题的地理第二课堂。教学设计如下:

"同呼吸,共命运"教学设计

一、教学背景分析

(一)学情分析

高一学生思维活跃,但受制于校园寄宿制管理可获取的课外信息量很小,对雾霾问题有切身体会,特别是近期学生因感冒发烧的人数骤然上升,但却对雾霾天气缺乏理性认识。同时,南都实验中学倡导"见脏就捡,见善即为",学生在校园生活中表现出一些爱护环境的行动,同时学生的求知欲增强。因此,本课力图引导学生今后可以全面而理性地看待雾霾问题,扎根于爱护环境的实际行动中。

(二)教学目标

1.情感、态度和价值观目标

(1)通过分析和理解雾霾问题,激起学生对身边环境问题的关注,培养学生正确的环境观。

(2)通过介绍雾霾天正确的防护措施,引导学生珍爱健康、爱惜生命。

2.过程与方法目标

(1)通过对雾、霾图片的观察,学会区别雾与霾。

(2)通过分析图表,掌握读图、析图技能。

3.知识与技能目标

(1)了解空气质量指数概念与等级划分。

（2）了解霾与雾的区别。

（3）了解雾霾天气的成因、危害及其防护措施等。

（三）教学重难点

1.教学重点

雾霾天气的形成原因、危害及应对措施等。

2.教学难点

对学生环境观的培养与生命健康教育。

二、教学过程

师（导入）：这几天因感冒、发烧缺勤的同学较多，可能与近期的降温与雾霾有关。那么，我们今天来了解一下发生在窗外的雾霾。

师（引导）：上海是我国的经济、对外贸易和金融中心，我们来看一下拥有如此多光环的上海这几天是个什么样子。

展示图片："十面埋伏"下的上海滩，近在咫尺的东方明珠却只能隐约看清其轮廓。

师（提问）：上海发生了什么？

生（齐声）：上海发生了雾霾！

师（承转）：上海被"十面霾伏"，我们再来看看首都北京。

展示图片：从北京第一高楼——中国尊，看雾霾与蓝天的分界线。

师：大家观察一下，雾霾的高度大概是多少？

生1：跟中国尊差不多高，有几百米。

生2：几千米。

师：既然在中国尊上能看到雾霾与蓝天的分界线，那么说明雾霾发生的高度大概只有528米的中国尊那么高。

师(承转):我们已经了解了北京、上海的雾霾情景,我们再来说说与雾霾相关的一个名词——空气质量指数。

课件展示:空气质量指数,又称 AQI,共分为优(0~50)、良(51~100)、轻度污染(101~150)、中度污染(151~200)、重度污染(201~300)、严重污染(>300)六个级别。

师:同学们观察一下,找出空气质量等级与数值的关系。

生3:数值越高空气质量越差。

师(承转):我们已经了解了空气质量等级的概念,我们再来看看今天当地大部分城市的空气质量指数(从环保部获悉的)。

课件展示:国家大气监测中心,当地多个城市的 AQI 实时报告。

师:同学们说说今天的空气质量指数属于哪一级别? 空气首要污染物是什么?

生4:污染很严重,属于严重污染级别。

生5:空气首要污染物是 PM2.5,还有 PM10。

师(承转):我们经常听见新闻报道某地 PM2.5 爆表,那么这个 PM2.5 是什么呢? 它跟雾霾的产生有什么关系呢? 我们带着问题来看一组新闻报道的介绍。

视频播放:(略)。

师:我来请两位同学回答刚才的问题。

生6:PM2.5 是指空气中空气动力学当量直径小于或等于 2.5 微米的颗粒物。

生7:空气中 PM2.5 颗粒物含量越多,霾越严重。

师(承转):有些同学可能会心生疑问,这 PM2.5 到底是哪儿来的呢?

生8：PM2.5 来自汽车尾气。

生9：PM2.5 来自工业废气。

生10：PM2.5 来自生活燃煤。

师（总结）：还有北方的供暖燃煤、餐饮烧烤等，除人为原因外还有火山爆发、森林火灾产生的扬尘颗粒等。但是，雾霾的产生不单是 PM2.5 造成的，还要有一定的气象条件才会导致雾霾的形成。给大家 3 分钟时间分组讨论：如何区分雾和霾？雾霾的形成需要具备哪些气象条件？

生11（抢答）：（略）。

（教师对学生分组讨论的结果进行点评和归纳，补充讲解霾的空气湿度小于80%，如雾天的早晨地面是潮湿的，以及特殊地形条件、城市建筑密度对雾霾扩散的影响）

师（承转）：近些年来，我们对雾霾变得敏感了，那么霾对我们的健康会产生怎样的影响呢？

材料展示："伦敦雾都事件"。

生12：容易感冒、发烧。

生13：还容易患呼吸道疾病。

师：非常好！除此之外，这几天咱们学校的早操突然取消了，暗示我们雾霾天必须减少户外运动，但缺乏运动人体免疫力就会大大降低。

师（承转）：既然雾霾对我们的健康和生活造成这么大的危害，我们应该如何应对呢？

生14：霾天尽量不开窗。

生15：霾天减少户外活动。

生16：多喝开水，多吃水果蔬菜。

生 17:出门戴口罩。

师:看来同学们都很热爱生命,除了上述办法,我们还可以在教室里多洒水吸附空气中的细微颗粒,在严重雾霾天外出归来时及时地清洁皮肤。

师(承转):夜晚我们仰望苍穹,却被雾霾遮蔽了双眼。"同呼吸,共命运",我们能为蓝天白云做些什么呢?

生 18(抢答):(略)。

师(总结):为了重见蓝天白云,我们在生活中可以做到低碳出行,尽量选择步行或者骑行;购物时,使用可重复利用的环保购物袋;节约用水用电,减少污染物的排放,爱惜花草树木。

师(结束语):同学们,"同呼吸,共命运"。既然人类生活在同一片天空之下,那么你我都有责任用自己的低碳行为感染身边的你我他,希望同学们能用实际行动践行我们的环保理念。

三、教学反思

本节课笔者采用了课堂观察的研究方法,完整地记录了课堂过程。在课堂上通过呈现大量的图片和环保部的数据,让学生对雾霾的严重性、成因和防护有了深刻的认识,从而对自己生活的城市的大气污染问题产生危机感。这节课对每位学生来说都是一次心灵的呼唤,呼唤学生重新审视自己的行为,重新认识环境问题的严重性。总的来说,这节课是成功的。

使用时事新闻资源开设地理第二课堂必须做到趣味性原则与教育性原则的统一,在趣味性原则的基础上升华情感,改善沉闷的课堂氛围,让更多的学生参与进来,给不同层次的学生一次自我认识、自我体验的机会。引导学生关注生活环境,让他们能够清晰地认识社会环境变迁,以时事新闻为教学内容,学习生活中的地理,成为未来社会需要的人才。

（五）勤用时事，备战高考

笔者在细致研究近年高考题后，发现时事新闻材料被广泛地应用到高考题中。"以当今社会生活中的素材为背景，设置任务情境，考查学生运用地理原理分析、解决实际问题的能力，以引导学生关注自然环境和人类社会的变化与发展"是高考地理试题设计的特点之一。于是笔者重新审视时事新闻与高考题的关系，探寻高考命题规律，使地理教师重视时事新闻在地理教学中的作用。

笔者通过对 2016 年全国各地区高考题的搜集与整理，发现诸多道高考题与国内外时事新闻密切相关。笔者针对已采用新高考模式的江苏卷为例，重点分析了 2016 年江苏卷时事新闻类试题的特点，为地理教师备课、备考提出科学建议。

从 2016 年江苏卷高考题与时事新闻关联性统计表来看，自主命题的江苏卷地理高考题与时事新闻的关联度很高，并具有以下五个特点。

第一，关注社会新闻事实，体现时代旋律。与时事新闻相关的试题分数高达 55 分，约占总分的 46%。

第二，选取的时事材料新颖鲜活，凸显选材的时效性。六组试题选取的时事新闻材料都发生在 2014—2016 年，其中选择题 5、6、11、12 所用的时事都发生在 2016 年。

第三，涉及面广，我们发现 2016 年江苏卷高考题中的时事新闻材料类型包括气象灾害、气候变化、国家政策和环境保护等多类新闻背景。当然，如果从空间尺度来看的话既有国际的也有国内的，既有我国东部的也有西部的。

第四，凸显地理学的实用价值。"寒潮""迪士尼乐园开园""苏北振兴"等都是发生在学生身边的事件,将这些身边的时事应用到高考题的材料当中彰显了"学习生活中的地理"和"学习对生活有用的地理"的学科特色。

第五,直面乡土,体现江苏特色。例如,综合题第 29 题将国家苏北振兴战略与本区域铁路建设联系起来,突出了时事新闻选材的地域性特征。

针对以上五个特点,笔者提出以下三点备课、备考建议。

第一,深挖乡土时事。笔者发现,江苏卷及其他省市高考试卷都会有乡土特色的命题规律。例如,2016 年北京卷选择题(1~2)就以第 33 届国际地理学大会在北京举行作为背景,考查学生的区域自然地理特征的分析能力。因此,在平时的地理教学中,教师要注重对乡土时事新闻资源的开发与应用。

第二,重视读图能力和材料分析能力的培养。时事新闻类高考题的典型特点就是图文并茂或者图表并茂。例如,江苏卷的时事新闻类高考题都是结合图表和材料考查学生的知识迁移运用能力。因此,在高考复习备考中应加强对图表题、材料题的训练,提高学生的读图分析能力。

第三,引导学生读透时事新闻释放的地理信息,形成地理思维。正所谓"题在书外,理在书中",时事新闻可以作为命题的切入点,出题未必用时事新闻,即便是能猜到热门新闻也未必能猜到试题的考查角度。常言道"万变不离其宗",笔者认为搞好学生基础知识复习和基本技能训练才是备战高考的根本。

七、时事新闻资源在高中地理教学中的优化建议

(一)引导和鼓励学生关心时事,提升学生的地理信息素养

当今社会,传媒、信息等相关领域发展迅速,人们获取各种时事新闻的手段更为便捷、及时。这些资讯反映着与人们的日常生活紧密相关的社

会动态变化,因此会成为大家共同关注的热点、焦点话题。地理是一门综合性极强的学科,这些资讯很大一部分和地理学有着千丝万缕的联系,可以作为地理教学很好的素材来源。因此,发挥时事新闻在地理课学习中的积极作用,需要地理教师的积极认可、主动参与、悉心使用,并引导学生关注涉及生活地理的时事新闻,否则就没有任何实际意义。教师根据教学目标、学生学情等因素精心设计问题,针对某一教学内容,设置情境疑问,让学生以合作小组的形式去搜集相关资讯,进行自主探究学习,从而激发学生的学习热情,启发他们用自己的眼睛去感受世界,用自己的大脑去储存知识。在搜集、整理、探究的过程中养成学生的地理思维,用地理视角看待社会现象,用发展的眼光看待社会动态变化,在这个过程中提升学生的地理信息素养。

在标准化建设推行之下,现代信息技术教育设施配备齐全,目前大部分学校的教室里普遍配备了智能一体化多媒体。学校可以充分利用多媒体,引导和鼓励学生关心时事。学校可以根据学生的作息时间规定每天看电视新闻的具体时间,这样既能拓宽学生的知识面,也能对学生进行很好的思想教育,让学校教育与社会实际紧密结合,提升学生的地理信息素养。

(二)教师信息能力不断提升,为时事新闻在地理教学中的运用提供有力保证

社会经济的发展越来越依赖信息的通达性,而随着网络化的普及,人们可以通过多种途径获取涉及民生、经济、社会发展的时事新闻资讯。地理是一门综合性的学科,与涉及民生、经济、反映社会动态的时事新闻资讯有很密切的联系,因而时事可以作为地理教学很好的素材来源。网络上

海量的、即时的、穿越时空的地理时事新闻,是目前地理教师获取资讯的主要途径之一。首先,教师在日常生活工作中搜集积累有利用价值的时事新闻素材。其次,根据教学目标、学生学情等因素精心准备教案,准备好可以用来诠释课堂教材的时事新闻,最重要的是在课堂上将其不留痕迹地自然引入,与课本知识紧密结合,从而激发学生的学习积极性,启发他们用自己的眼睛去感受世界,用自己的大脑去储存知识。因此,教师提高信息能力,将当前的新闻应用于地理教学中更符合实际教学需要,以保证时事新闻在地理教学过程中促进教学目标的实现。

总之,人们愈发感觉到了时事新闻在地理教学中的重要意义,所以地理教学会朝着信息化、智能化发展,这也符合当今社会的发展趋势。作为新时代的地理教师,不可以故步自封、自缚手脚,而应该放远目光,将时事新闻真正地与地理教学过程相结合,为地理课程的改革和发展贡献自己的力量。教师应关注时事新闻,关注处于不断变化发展之中的社会,让地理教学能够做到与时俱进,促进学生的全面发展。

(三)教师要构建更加完备的知识结构,不断提升教学能力

教师站在讲台上进行教学,必须掌握完备的知识结构,否则只能照本宣科式地教学,难以达到理想的效果。众所周知,社会生活日新月异,就以每天的新闻联播来说,工业、农业、交通、能源利用等各个方面都在不断发展变化。在人教版高中《地理》必修 2 中讲到"工农业区位因素变化"的章节时都有所体现,在讲到"工业的区位因素变化"的时候,结合时事新闻中2017 年"两会"期间提到的工农业供给侧结构性改革讲解,学生更好地理解了科学技术和市场因素对工农业所起的作用越来越大;在讲到"交通方式和布局变化对聚落空间形态的影响"时,阐述当地地铁线路的布局和修

建对城市规划布局的影响，结合生活实际认识到交通干线是聚落的主要发展轴,学生能更好地认识到地理对生活的作用之大。时事新闻的合理利用,不仅可以提供一种新型的教学方式和学习方式,还可以提高学生的地理学习能力。这就要求教师开阔自身的视野，建构越来越宽广的知识体系,用过硬的知识储备来应对日益丰富的学术需求,努力打破自身的学科限制,多关注课本外、课堂外、其他学科、社会生活方面的事情,吸收先进理论,不断给自身充电。

(四)更新教育理念,提高开发和利用时事新闻素材的能力

新课改提出要充分发挥学生的主观能动性，教师扮演的不再是刻板的教书先生的角色，而是一个领路人、点灯者。教师的定位,不在于是否会讲述知识,而是要尽可能地发挥自身所长,帮助学生在课堂上打开视野,启发他们的创新性和对学习的兴趣,唤起学生的求知欲望,培养学生终生学习的习惯,让他们学会不断地感受世界,感受社会,感受萦绕在身边的各种现象,学会认识世界、走进世界、热爱生活。通过把新闻引入课堂的手段，教师可以由浅入深地引导学生从所学理论知识中自主探究分析,在学习过程中师生形成一个学习的共同体,最后将学生的探究结论进行总结提升。从获取知识的角度来讲,教材内容仅是学生获取某一方面知识的"桥梁",更深入的知识内涵则需要学生从更广阔的校外课程资源中获得。

这就要求教师在更高层次上拓宽学生地理学习的渠道，让学生从更多领域汲取丰富的知识。选择时事新闻素材的关键在于促进学生的学习能动性,只有那些与课本相关的时事新闻才可以体现它们的妙用,帮助实现教学目标，激发学生的积极性和学习热情。在地理教学中引入时事新

闻,充分考虑教学目标,恰当地取舍材料,利用时事新闻素材创设问题情境,拓展学生思维,激发学生的学习积极性,做到恰当、适合,结合教学内容讲解,不要将不相干的时事新闻硬扯到教学中,也不要对时事新闻本身过多地进行讲述,否则往往容易本末倒置,耽误讲授教学的主要内容,从而影响课堂教学进度。

第四章　高中地理教学方式生活化

第一节　高中地理情境式教学

一、情境式教学概述

(一)研究背景

《地理课程标准》中提出,创设学习情境有利于针对性学习,能更好地发挥情感在教学中的作用,激发学生的兴趣,让学生的学习更高效。教师在创设学习情境时,要尽最大的努力使情境创设真实、生动并具有启迪性。因此,在教学实践中实施情境教学符合新课改的要求,也是《地理课程标准》所提倡的,能有助于学生兴趣和学习主动性的培养,实现高效课堂。

情境与知识的关系,可以比作汤和盐。盐只有溶入汤,才更容易被吸收。知识也是一样的,只有当它融入情境中时,才有助于学生对知识的吸收与理解。教师作为课堂活动的引导者,对教学情境创设的有效性起着关键性的作用。教学内容完全相同,面向的也是相同的学生,让不同的教师去设计教学情境,课堂效果可能是天差地别。

在新课改的背景下,地理情境教学受到了广大地理教师的重视,并不断付诸实践。但是,地理教师在运用时遇到了诸多问题,如情境创设只集中在导入阶段,情境创设单一、走马观花、流于形式等,无法实现教学的有效性,教师创设的情境脱离学生的实际生活,无法使学生产生共鸣。而在目前的地理情境教学研究中,对高中地理课堂情境教学策略研究的文章不多。因此,本部分主要依托于高中地理内容阐述情境教学呈现的有关方法和基本途径,希望能帮助广大教师加深认识,有效地运用情境教学。

1.国外有关情境教学现状

国外有一些教育家对情境教学的研究比较早,也形成了一些文字,并在自己的教育论著和教育实践中留下了一些思考和经验。例如,古希腊教育家苏格拉底在从事教育教学时,为了适应学生的需要和促进学生更好地理解,就经常会给学生创造一定的问题情境,专业术语叫"产婆术",让学生主动思考、探求,并独自获得问题解决的方案。

在20世纪初,美国教育学家杜威提出了一个思想,叫作"问题教学思想",其心理学基础是思维理论。他认为教学的要素和思维的要素是相同的,因此提出了思维的"五步"过程,即情境—问题—假设—推断—检验,并与思维五步相对应,同时他还提出了"五步教学":困难情境(暗示)—问题—假设—验证—结论。在这之后人们对问题教学进行了各个领域和各个角度多样化的探索,从而创立了多种问题教学模式,其中最著名的问题教学模式是布鲁纳的发现学习法。发现学习法就是在发现学习理论中强调问题情境教学,研究认为学生是积极探究者,思维和好奇心是学生学习的内驱力,而教师的角色是形成一种学生能独立探究的情境的设计者。

19世纪末,为了丰富传统教学教育教学形式,美国教育家杜威就构建了活动教学的完整体系。在20世纪60年代美国就开发了《中学地理计划》,首先在地理教学中引入了游戏和模拟活动。日本把开展各种实践活动的方案都编写在中学地理教材中,把"地理活动课程"作为学校地理课程的重要组成部分,并让学生通过各种实践活动养成习惯,培养科学思考问题的能力,并努力创造一定的教学情境进行实践活动,在教学过程中以情境活动的形式提供给学生。在进行地理事物的调查、观察和实验等活动中,潜移默化地培养学生敏锐的地理思维能力和独立的见解,让学生更加深刻地认识和体会地理事物。世界上许多国家都非常重视学生通过活动获得知识,并在活动过程中培养学生的地理素养。

由此可见,国外对情境教学的研究一直处于不断的发展、深入中,也正逐步从理论研究发展为实践探究。

2.国内有关情境教学现状

我国古代的教育就十分重视环境对人的教育作用。很多古代教育家的论著中论述了环境对人的影响。墨子认为:"人性如素丝,染于苍则苍,染于黄则黄。"在重视环境教育对人的作用时,我国古代教育家还从中提炼出情境教学的范例以鉴后学,如古代《烈女传·母仪传》中孟母"三迁教子"和"断织教子"的佳话,这则故事是我国古代情境教学的典型范例。我国古代的情境教学,是我国古代教育的瑰宝,也是中国教育对世界教育做出的卓越贡献。

李吉林从课堂教学出发,创造性地构建了具有理论和实践的情境教学模式,提出情境教学具有"形真""意切""意远""理寓其中"的四个基本特点。我国著名教育家叶圣陶老先生说过:"教亦多术矣,运用在乎人,孰善孰寡,贵能验诸身。"也就是说,教学方法是多样的,教师要根据具体教学情况有选择地进行应用,到底采用什么样的教学方式效果最好,也要经过自己的教学实践去进行验证,这就是所谓的"教无定法"。针对地理学科的特点,经过多年的教学实践,在多种教学方法中,笔者对情境教学法的研究也情有独钟。

目前,国内各地也陆续开展了关于情境教学的研究,创设活动教学情境引入了课堂教学中,并且将地理学科教学与设置情境活动教学逐渐结合起来,这样就产生了课堂教学活动化。情境教学思想被引入中学地理课堂也是近几年的事,特别是新课改以来,情境教学受到了越来越多学者和教师的关注, 本部分正是希望通过此项研究了解到情境教学课堂实施中出现的问题,提出地理情境教学创设的策略,真正提高教育教学效果。

(二)研究目的和意义

在新课程背景下,为改变传统教学中的被动接受学习、死记硬背等现状,高中地理教学中出现了如何创设情境的途径和方法的研究,目的正是激发学生的学习兴趣, 增强学生的学习自信心, 提高学生的地理综合能力,同时又能促使地理教师在研究中提高自身的教学能力和专业素养。

1.新课程改革的需要

进入 21 世纪以来,随着科技的飞跃、时代的发展和社会的进步,传统的中学地理教学目标和教学观念已不适应时代和社会的要求。教学方式、教学理念等都需要进行大幅度变革才能适应时代的发展, 而地理情境教学让学生徜徉在知识海洋里的同时学会了感悟, 学会了感恩, 学会了感动,升华了师生的情感交流,培养了学生的感性思维和理性思维,迎合了时代的需要,符合新课改的精神,得到了一线教师的认可。

2.学生发展的需要

高中地理教学要让学生在有活力的教学环境中学习, 训练学生的应变思维,改变学生学习地理的方式,由"被动"变为"主动",知识由"抽象"变"直观",培养创新学习能力,合理处理好考试与实际运用的关系。本研究将为学生的自主发展、综合语言运用能力及创新意识和创新能力的提高提供更为广阔的发展空间。

3.教师发展的需要

一方面,情境式教学可以发展地理教师的专业能力,提升教学素养。在情境教学的创设过程中,地理教师需要收集素材、选择素材、编写情境,根据学生实际改编情境等。这个过程,是对教师地理专业知识的检验,教师只有具备过硬的地理专业知识,才能创设出体现地理学科特色、符合学生实际的科学的教学情境。有时,情境创设所需的素材不是地理本学科的知识,教师需要跨学科、跨专业进行素材收集,这是非常具有挑战性的,这个过程就像是小孩刚开始学习走路那样,其中的困难可想而知。另外,情境创设不能单单依靠一个或几个地理教师,它的完善需要地理教师团队的协作,就像现在非常流行的微课制作团队,情境创设也需要专门的情境创设团队。在团队合作创设情境的过程中,就需要教师之间进行沟通,这也是一个互相学习、交流、火花碰撞的过程。所以说,情境创设过程不仅仅是情境创设那么简单,它也是地理教师成长的过程。

另一方面,情境式教学可以很好地缓解教师的职业倦怠。众所周知,教师的职业倦怠是教学中的一个难题,很多学校对此束手无策。笔者认为,教师的职业倦怠是在长期的无趣教学中逐渐形成的,教师缺乏教学幸福感,长年累月的教学对教师这一职业热情的消退就容易产生职业倦怠。新入职的教师及经常研究地理教学的教师不易产生职业倦怠,新入职的教师从教时间短,对教育教学保持着高涨的热情;经常研究地理教学的教师,能够从地理教学中找到教学幸福感。在情境教学创设的过程中,教师投入极大的热情,并将产生的成果运用到自己的地理教学中,这样的课堂是有趣的、充满激情的、高效的,也容易提高教师的教学幸福指数,幸福指数高的教师很难产生职业倦怠。

二、情境式教学的概念及表征形式

(一)情境式教学的概念

刘勰在《文心雕龙》一书中首先提出了"情境"的概念,他认为"情以物兴""物以情观"是不可分割的,即认知活动与情感活动是紧密结合在一起的。《现代汉语词典》认为情境是具体场合的情形、景象或境地。从社会学角度看,情境指一个人正在进行某种行为所处的社会环境,是人们社会行为产生的条件;从心理学角度看,情境表现为多重刺激模式、时间和对象等,是对人有直接刺激作用,有一定的生物学意义和社会学意义的具体情境;从教育学角度看,《教育大辞典》中"情境"的定义是这样的,"情境是象征互动论分析人际互动过程时使用的概念";从学生角度看,情境可以理解为学生从事学习活动、产生学习行为的一种环境和背景,它提供给学生思考空间的智力背景,产生某种情感体验。建构主义认为,学习总是与一定的社会文化背景相联系的,其中的社会文化背景就是情境,如果教学和情境相联系的话,那就可以称为"情境教学"。

李吉林认为,情境教学就是从"情与境""情与辞""情与理""情与全面发展"的辩证关系出发,创设典型的场景,激起学生的热情,把情感活动和认知活动结合起来所创建的一种教学模式。对于"情境教学"概念的表述尽管不同,但都把"情境"作为情境教学的出发点和切入点。其中,李吉林的概括很有权威性和代表性,他指出情境教学以"情"为经,将被淡化的情感、意志、态度等心理要素确定为学科教学的组成部分,将学生的兴趣、特长、态度、志向、价值观等素质的重要方面摆在学科教学应有的位置上;以"境"为纬,通过各种生动具体的生活环境的创设,拉近了学科教学与学生现实生活的距离,使死的知识变成活的生活,为学生的主动参与、主动发展开辟了现实的途径。

所谓地理情境教学法就是根据情境教学理论、地理学科特点和学生学习地理的认知规律,在地理教学过程中针对具体教学的目标和内容,综合运用多种教学方法和手段,积极创设特定的教学情境,促使学生大脑综合活动,激发学生的学习兴趣和情感。情境教学法突出了地理教学的理性特性,强调了教学中要以情去激发爱,以美感染人,从而丰富了学生的精神世界,促进了他们愉快地接受知识,提高了教学效果。

(二)地理课堂情境教学的表征形式

1.真实性与虚拟性表征

在情境认知理论看来,传统的地理教学中,学生是说服自己从教学中获取知识和技能的人,而不是从自己的经验和实践中建构意义的人,传统的地理教学忽视了创设真实的学习情境,使教学远离了知识生成的环境,造成了学习与生活的脱节,学生长期处于一种消极应付的被动学习状态。因此,就要求教师通过设置真实的活动学习情境,来提高学习的有效性和高效性,从而保证知识向真实情境的迁移。由于学校环境条件的限制,学生的大部分学习还是在教室中,在教师设置的虚拟"似真"的情境中进行,因而这种"似真"的情境具有了虚拟性。这种虚拟的情境与真实的情境形似神也似,课堂教学中的情境就是这样虚中有真,真虚相伴。例如,长江中下游地区特殊的天气现象较多,春末夏初有梅雨,盛夏时节有伏旱,冬春季节有寒潮侵袭。在地理教学中均可以联系生活实际来介绍上述天气现象,并给予一定的气象解释,让学生在一种真实的地理教学情境中感受生活中的地理知识,把理论与实际有机地结合起来,以提高地理课堂教学的有效性。

2.预设性与生成性表征

课堂情境具有预设性、计划性的特点。课堂情境的预设性是为了有效地开展课堂教学，完成计划中教师的"教"与学生的"学"的任务，教师对课堂中即将发生的活动计划达成的目标进行预先的设计与勾画。这种预设和勾画也仅仅是一个蓝图，它应该是一个开放的系统而不是封闭的系统，绝不是课堂教学中必须要遵守的教条。因此，课堂情境中的知识、学习过程和学习者的身份都是根据情境的设计生成的，这就要求教师在课堂教学中随时调整课前的预设，即时创造，即兴修改，创设出利于学生进行有效学习的课堂情境。

传统的教学过分强调课堂的预设性和设计，忽视了课堂的生成性，从而使课堂变得机械、沉闷和程式化，按照教师的想法依次、有计划、按部就班地进行，缺乏师生的激情和乐趣，缺乏对智慧的挑战和对好奇心的刺激，使师生的生命力得不到充分发挥和张扬。事实上，我们经常在课堂上遇到一些"意外"，这些意外就不在我们的预设之中。意外之时，就是新的情境生成之时。那么，教师就要抓住这样的意外，使这种意外变成"惊奇"和"无法预约的精彩"，因此从某种意义上说，教学原本就是即兴创作。例如，2005 年我国大庆林甸发生 3.4 级地震，哈尔滨震感也比较明显。当时学生正在上课，不少学生对突如其来的地震引发的震感感到恐慌。某教师一方面呼吁学生要保持应有的镇静，另一方面向学生宣讲有关避震的措施并将学生紧急疏散。紧接着，该教师在地理课堂上就地震这个地理事实设置了下列问题：①"大庆和哈尔滨相比，哪里受到的破坏程度更大？为什么？"②"按照板块构造理论，地震一般发生在板块的交界处，大庆不在板块的交界处，为什么也会发生地震？"③"地震发生时，应该采取哪些措施来减少人员伤亡？"问题一提出,学生学习积极性迅速高涨,有的翻地图,有的翻教材,不少同学相互讨论研究,一时间课堂学习的气氛异常活跃。之后还有不少学生反馈,这样的即兴发挥使人兴奋,充满乐趣,理解更深刻,效果更明显。

3.个体性与社会性表征

首先,学习是学生在一定的情境脉络中主动地构建知识意义的过程。建构必然发生在学生的内部,并最终由学生本身通过一定的方式或是适合自己的方式来完成,因而知识意义的制定过程就具有了个体性,学习的情境也就具有了个体性。其次,情境认知强调给学生提供反思的时间和空间,让学生在反思中形成抽象的观念,这种反思必然就具有鲜明的个体性。最后,创设的课堂学习情境是自然学习场景的"仿真模式",力图蕴含自然场景中的学习精神,力图回归自然场景中学习的生态。

情境认知理论认为,可以把学习看成一个社会文化现象,而不是简单地从非情境化的知识主体中获得信息。简单来说,其实学习就是对话,既是内部的又是社会协商的,学习就其本质而言也是一个社会对话的过程。因此,为促进学生能有效地学习而创设的课堂情境也就具有了社会性。例如,哈尔滨市作为我国北方地区的一个大都市,和其他大城市一样,也存在着一系列城市环境问题,特别是交通拥堵问题。在学习人教版高中《地理》必修2中"城市环境"这一节时,教师就可以让学生去公交公司做一个社会调查,了解造成哈尔滨市交通拥堵的主要原因。然后以此调查报告为地理课堂学习的情境,让学生以哈尔滨市为例,分析说明造成大城市交通拥堵的主要原因,给城市居民生活带来的影响,以及解决这个问题的具体措施。

4.科学性与人文性表征

课堂是教师引导学生探求真理的殿堂，好的课堂中必然充盈着理性的精神，闪现着理性的光环；好的课堂也必然饱含着师生探求真理的激情，以培养学生的科学精神和理性精神，促进学生的成长和发展。但是，作为一个完美的课堂，仅仅有这些是远远不够的，因为教学中教师创设的实践场地和情境其实就是一个"小社会"，在其中，大家分享着共同的时空，渲染着共同的习性，建构并秉承着共同的价值观念。

因此，课堂情境也就充分体现了其人文性。缺少科学性、情境性和趣味性的课堂就不能称为课堂，这里可能产生愚昧和偏执；缺少人文性的课堂就不是完整意义上的课堂，这里可能让学生迷失前行的方向和航标，丢掉对原本追求知识的思想。科学性需要人文性来统领，人文性需要科学性来规范，课堂就是科学性和人文性的统一体。

例如，在讲到人教版高中《地理》必修 1 中"水资源的合理利用"时，笔者就以上海市为例引导同学们思考以下问题："上海市地处长江入海处，市内还有黄浦江，水资源应该很丰富，但上海市却是我国水资源缺乏的城市，这是什么原因？"同学们针对这个问题开展了探究，最后获取了以下知识：水资源短缺一般表现为数量型缺水和水质型缺水两种情况。上海市应属于水质型缺水，其原因主要是水资源遭受污染导致水质下降，难以达到优质饮用水的标准。因此，上海市一方面应该加大保护水源、防治水污染工作的力度；另一方面应该大力提倡节约用水，合理用水，以切实解决水资源短缺问题。通过这个案例的教学，一方面有助于增强学生节约用水的意识，使之养成节约用水的习惯，另一方面也让地理课堂显得有生机，适合学生的思维发展，训练了学生积极思考、挖掘知识的能力。

新一轮基础教育课程改革背景下的课堂教学强调师生交往的"主体间性"，重视开放式、活动式、对话式、自主式、探究式的教学方式，从对教的关注转到对教与学的共同关注。师生对话、生生互动、协商探究的课堂情境蕴含着浓浓的人文关怀，实现了知识和资源的分享和共享。在这样的人文环境中，共同关注生命的活动，师生其乐融融，共同发展。

5.即时性与连续性表征

课堂上每分每秒都在进行着某种确定的活动，或师，或生，或师生互动的；或行动的，或思维的，或行动思维交织的；或设定好的，或现生成的，或预设和生成交融的，这就是课堂情境的一个"瞬间"。情境学习理论认为，当学生自己不能提供完成任务的技能、策略和建立相关的联系时，教师要在关键时刻进行指导和搭建"脚手架"，为学生的学习提供支撑和助力。为学生的学习提供支持的关键时刻就是这样的瞬间，教师要善于把握这样的瞬间，适时介入，提供帮助，促进学生认知水平的提升。

例如，在讲授人教版高中《地理》必修 1 中的"锋面系统与天气"时，学生对锋前锋后的天气及其过境时、过境后的天气变化特征难以把握。这时就要求教师能够引导学生抓住一次冷锋过境时与过境后的天气变化，清楚以何作为分界才被称为"前"和"后"，做好相应的解释说明，或是有针对性地进行调查，做好详细的纪录，为学生的顺利学习搭建一个"脚手架"，学习疑问可能就会立刻被解决。课堂情境的瞬间稍纵即逝，因而课堂情境具有易变性。某些连续的瞬间围绕既定的目标展开，从而构成一个具体的活动。而教师就是要善于把连续的瞬间有机地组织成一个有联系的时间段、情境段，从而有效地开展教学。

三、地理情境教学存在的问题

(一)情境创设缺乏学科特色

地图是地理的第二语言，是地理独有的语言，能够直观、形象地表达地理知识。在地理情境的创设中融入地图是地理情境教学的一大特色。然而，在实际地理教学中，由于各种原因使本该出现地图的地方被语言和文字取代了，大多数情境本可以体现地理特色，可是却被教师忽略了，虽然也创设了情境，但没有取得最佳的效果。

例如，某教师在讲人教版高中《地理》必修 2 中"地球表面形态"一节的"外力作用"内容时，用歌曲《黄土高坡》引入，歌声激扬，学生听得也很认真，看似很激动人心的一个情境，但缺乏地理特色。这里的导入完全可以换成黄土高原的地形图、行政区划图来创设情境，不仅给学生视觉上的冲击，也能让学生直观地体会黄土高原千沟万壑的地表形态是外力作用的结果，同时也让学生明确了黄土高原的相对位置，可以深入地去挖掘这里是流水侵蚀而不是风力侵蚀的原因。

又如，某教师在讲人教版高中《地理》必修 3 中"区域工业化和城市化进程——以珠江三角洲为例"内容时，采用了朗诵的方式："1979 年，那是一个春天，有一位老人在中国的南海边，画下一个圈。于是，便有了一个世界的惊喜，一个东方的奇迹……"教师朗诵得很富有感情，可是这样富有深情的朗诵却很难体现地理学科特色。因此，可以直接换成珠江三角洲的地图，学生在认识珠江三角洲的同时，也会自然而然地去分析珠江三角洲城市化、工业化快速发展的区位因素，从而取得意想不到的效果。

(二)情境多用于导入环节

在目前的地理课堂中，大部分地理教师比较强调情境教学在课堂导入中的使用,但对贯穿课堂始终的情境创设缺乏应用,没能将情境与整堂课的知识完整地结合,一般只在课堂开始的导入环节设置情境激发学生的学习兴趣。如果让情境教学贯穿整个课堂教学过程的始终,以情境中事件的发展引领课堂各个环节,则能激发学生的学习兴趣,引导学生在这一过程中主动思考、分析、讨论、体验、感悟,自主构建知识,全面发展能力。

例如,在学习人教版高中《地理》必修 2 中"人口迁移"内容时,某教师创设了"闯关东"这样一个教学情境,利用"闯关东"引出人口迁移,然后就开始讲人口迁移的相关知识。这样创设的情境只在导入中发挥了作用,其实我们可以在课堂中让这个情境发挥更大的作用。通过分析"闯关东"的历史,从而引出人口迁移的影响因素;通过"闯关东"的结果,引出人口迁移对迁入地和迁出地的影响。这样通过一个情境,就将人口迁移的基础知识全部带出,实现"一境到底"教学策略。

(三)情境创设多用于表演

在平时的地理课堂教学中,教师为了赶进度、扩容量,大多时候都是采用传统的讲授法进行教学,将情境教学束之高阁。什么时候会使用情境教学呢? 大多数地理教师选择在讲公开课或优质课时使用情境教学。平时以讲授为主,一到公开课或优质课才想到使用情境教学,一方面学生感觉云里雾里,适应不了;另一方面教师不经常使用,使用起来也会出现不科学、不切合学生实际的情况,最后导致课堂情况难以掌握,学生摸不着头脑,教学效果较差。所以这样的情境教学多用于表演,最终流于形式。

例如,在某次听课中某教师在讲人教版高中《地理》必修 2 中"城市区位因素"的公开课时,创设了这样一个情境:"让学生扮演城市地理学家,充分发挥想象力，自己规划一座城市，想象这座城市布局在哪？为什么布局在那里？"按教师预设，此时全班应该气氛活跃，讨论积极，可是问题提出之后，全班鸦雀无声，气氛略显尴尬。究其原因就是该教师在平时教学中较少使用情境教学，公开课突然使用，一方面学生很难及时适应，另一方面城市地理学家脱离学生实际，最终情境教学流于形式。

(四)情境脱离学生实际

在日常教学中，大多数地理教师由于种种原因，如时间太紧、自身素质不够等，不能完全按照实际教学需要去创设情境，而是采取拿来主义，直接从网上"拿来"，或直接从同事中"拿来"，这样的情境脱离了学情，难以引起学生的共鸣，这样的课堂效果可想而知。师生之间、生生之间缺乏互动，难以碰撞出火花，更难以生成问题，这样的课堂是低效的、无聊的。

例如，秦皇岛某教师在讲人教版高中《地理》必修 3 中"自然灾害"内容时，选择了海啸这样一个案例为情境，教师精心设计，视频、图片齐上，看似场面宏大，课件美观，可是并没有取得良好的效果。因为对于秦皇岛地区的学生而言，虽然对大海很熟悉，但是秦皇岛地区从没有发生过海啸，学生对海啸比较陌生，脱离学生生活实际，难以引起学生共鸣。

四、高中地理情境教学的原则与学科特性

(一)高中地理情境教学的原则

1.自然适应原则

夸美纽斯是最早提出"自然适应原则"的人，他把这种原则归结为以下两个方面：一方面认为教育要建立在自然的普遍法则之上，另一方面认为教育更要结合学生的身心发展规律。

(1)教育要建立在自然的普遍法则之上

夸美纽斯在提出此观点时,用"秩序"一词对"自然规律"做了形象的阐释。这一"秩序"即是"自然法则",自然万事万物中的"教育"也不能脱离这一束缚。天体的运动、昆虫的活动等自然现象离不开"秩序",机械的正常运转离不开"秩序",自然人类的技能运动,乃至整个国家的统治体制更是脱离不了"秩序"二字。夸美纽斯将其与教育相联系,认为教育也有一定的秩序可循,这就是我们常说的教育教学规律。夸美纽斯用"园丁的美丽花圃、画家的得意画作、建筑家的创意之作"等案例有力地证明了只有将自然规律与教学原则结合起来,在尊重自然秩序的基础上,教育才能有所成就。

(2)教育要尊重儿童的发展规律,自然界的发展离不开"自然法则"

人具有自然属性,夸美纽斯认为我们教育工作的开展应当充分考虑人类的自然本性。在《大教学论》和《母育学校》中,他强调儿童在成长过程中素质比知识更为重要,一切知识要以儿童的身心发展规律为基础,让儿童自己去掌握他们能够自然适应的知识,不能强迫他们接受适应不了的知识,因为这样的教育注定会以失败告终。同时,夸美纽斯认为学生不能被逼迫学习某些不符合学生天性的知识。也就是说,教育要尊重人的自然本性和身心发展规律。

例如,在湘教版高中地理必修1第二章第三节"大气环境"中"全球气压带风带的分布"的授课中,某教师只创设了"气压带风带的成因与分布的单一"情境,情境如下:教师设疑——"臭氧洞为什么在南极比较严重?我国大陆高空的云为何总是自西向东运动?"因为前面有大气热力环流做铺垫,学生能够自然适应或者接受这个知识点情境。而在一轮复习中气压带风带这个知识点关联到气候、自然带、农业区位、工业布局等知识点。

2.科学性原则

教育教学离不开规律,地理教师在教学情境的创设中,应充分考虑学生的心理和生理的认知规律,深入跟踪自我的知识内容,准确把握个体的成长规律,这样才能保证教学情境更加科学,有效地贴合学生的认知特点。在地理教学中,知识性的错误这种低级错误绝不允许出现,因为这是教师态度上的问题。除此之外,符合逻辑、精练的语言表述也是不可或缺的,绝不能模棱两可,含糊不清,缺乏科学性的教学情境对学生来说将是"灾难的来临"。因此,地理情境教学要依据教学规律开展,结合学生的身心特点,创设科学的教学目标,采用科学的教学情境,达到"有效""有用"的教育目的。

例如,笔者在讲到人教版高中《地理》必修 3 中"地理环境对区域发展的影响"这一节内容时,笔者利用张家口为背景创设情境,设计了一道关于张家口的题目。

"地理环境对区域发展的影响"——张家口

张家口与承德、北京、保定、内蒙古、山西互相接壤,有着丰富的煤炭、风能、太阳能资源。

张家口从地势上分为坝上、坝下两部分,坝上主要为高原地形,坝下主要为盆地地形。张家口重要的河流有洋河、桑干河等,被誉为"东方达沃斯"的崇礼区有著名的天然滑雪场,因此北京市携张家口市获得了 2022 年冬奥会的举办权。

问题:简述张家口形成聚落的自然条件。

笔者给出的参考答案：①位于山间盆地,地形较为平坦,利于聚落形成。②有桑干河、洋河等河流经过,提供了水源。③温带大陆性季风气候,四季分明,适宜居住。④有丰富的煤炭、铁矿、金矿等资源。

课后,听课教师提出了建议,在设题中要科学选材,张家口市形成聚落是否符合聚落形成的一般性条件? 课下笔者在网上查阅资料发现张家口形成聚落跟它的历史有关系。

第一种说法认为, 张家口是移民屯边形成的。明成祖朱棣迁都北京后,为了巩固都城守卫,增加军事防御力量,从河北周边人口较多的地区移民到张家口一带,建起土堡,形成张家口前身。

第二种说法认为, 张家口是将都城北移形成的。张家口发祥于堡子里,其建设于明宣德四年。明成祖朱棣将北京定为都城,洋河、桑干河流域就成了北京的护城河。另外,为了保护北京的安全,在清水河畔建立了军事城堡,逐渐发展成现在的张家口。

第三种是"小北门"的说法。当人们从武城街走向堡子里时,可看到明宣德四年指挥张文所督建的"张家堡"和小北门处的"张家口"(其形状似口,所以名叫张家口)。

第四种是"二张建堡"的说法。"二张"指驻军指挥官张文和驻军守备张珍。堡子里由指挥官张文建于明宣德四年,西、北两门较小,又因抵御外敌而将两门堵死。明嘉靖八年,驻军守备张珍又因军事需要打开小北门。至此,北门由张文建、张珍开,且北门形似口,故将"张家堡"改为"张家口"。

通过以上四种说法可以看出,张家口主要是由军事和商贸两方面的历史原因形成的,而不能一概而论地按照一般聚落形成的办法去分析。由此可见,教师在创设情境时一定要科学,否则会给学生造成错误的认识。

错误一旦形成很难更改,也会使教师在学生心中的印象大打折扣。

3.真实性原则

真实性的原则主要体现在教师所选用的教学情境必须来自真实的世界,并不是说所用的情境都在课堂之上真实发生着。教师根据教育目标所选取的教学情境不能是自我编造的,要从生活中去发现,从自然界与日常生活的场景中去挖掘,并对这样的教学材料进行适当的整理与修正,以期更符合教育目标的需要。教育目标的完成切忌在"生编硬造"之上完成,这样的课堂也就失去了教育的初衷。

例如,在湘教版高中《地理》必修1第二章第四节"水循环和洋流——洋流"的教学中,笔者在一次听课中发现某地理教师创设了这样一个情境:以《少年派的奇幻漂流》为背景,少年派在马里亚纳海沟附近遭遇风暴之后,少年派采取了两种措施,一种是随洋流自然漂流,一种是向海里扔漂流瓶,教师扮演少年派,用矿泉水瓶制作了6个漂流瓶,全班分为6个小组,分布在世界不同的地方,每组都会收到一个漂流瓶,当收到漂流瓶之后,请绘制漂流瓶的漂流路线。

这个情境很有新意,也极大地引发了学生的探究兴趣,但是笔者认为此情境缺乏真实性。首先这是一部电影,本身就是虚构的;其次该地理教师在电影的基础上又进行了设想,更加偏离了现实,不具有真实性,容易误导学生。

4.生活性原则

生活是所有学科教学的基础,地理学科的教学课堂更是凸显了这一点,脱离了学生已有的生活经验,脱离了学生的知识经验,这样的课堂将是"假大空"的。"生活化原则"要求地理教师所创设的教学情境应当处处有着生活的气息,让学生感觉到这样的一堂课是有趣又是有用的,这也正是地理教学"源于生活,又服务于生活"的体现。

落实生活化的教育原则有以下三个方面的要求:首先,要求教师的教学设计结合学生的日常生活,教学材料来源于生活,课堂逻辑符合学生的日常认知经验,富有生活气息的教学实践作业更是落实生活性原则所必需的。其次,不仅要让学生学于生活,更要把所学的技能检验于生活,为学生的生活所服务,增加学生对直接经验的积累,并用生活去引导学生加深对地理问题的探究,提升学生解决实际生活问题的能力。最后,要求教师利用生活化的教学情境,去提高学生对地理课教学的参与度。教师根据教学目标,应当选取对学生富有吸引力的背景材料去构建课堂,进而增加学生的学习兴趣,也就自然而然地降低了教与学的难度。

例如,进行湘教版高中《地理》必修 2 中"农业区位因素"内容教学时,某教师让全班学生按家乡所在地自由组合,分析自己家的主要农作物及区位因素。根据课前的调查,全班学生家乡所在地主要有种植业(水稻、玉米、姜等)、养殖业、渔业、林业(枣、核桃、苹果等),分析出来的区位因素主要有交通、土壤、地形、水源、种植养殖经验、光照、技术、市场等,将农业区位因素分析得比较全面。

任务安排之后,学生表现出极大的热情。那么,为什么学生热情高涨、分析全面呢?这是因为该情境贴近学生的生活,容易和学生熟悉的生活背景联系起来,便于学生理解。地理教师要有能力从各种素材中选择和提取与地理学科内容相关的文本、图像、视频等创设教学情境,提高课堂效率。

5.趣味性原则

"看一上午的小说""踢一下午足球"与"打一晚上游戏"为什么不觉得累?原因大家都明白,不必多言。那么,我们的地理教学为何不去培养学生的兴趣点呢?有了兴趣点,学生的激情也就随之而来。例如,在学习地理概念时,为什么我们不能选择趣味性十足的谜语或是谚语呢?不脱离教学目标的游戏完全可以恰到好处地拿来使用。在这样的教学手段之下,还需要考虑学生学习的疲劳性问题吗?答案显而易见。在平时的地理教学中,我们可以把生活理念与知识传授恰如其分地融于多变的地理课堂之中。地理教学情境要结合学生的实际体现出趣味性,让学生尝到学习地理的甜头,从而激发学生的学习热情。例如,在讲人教版高中《地理》必修1中"地球的公转"基础知识这一部分内容时,笔者创设了游戏情境,第一阶段根据班级实际情况,全班有11个小组,笔者将本节课的基础内容设置成难度相差不大的11个问题,每个小组随机抽取一个"青铜宝箱",答对问题加10分,答错不扣分。第二阶段根据问题的难度设置不同的宝箱(来自QQ飞车),学生根据小组讨论的结果,自愿挑战不同难度的宝箱,不同的宝箱对应不同的分数,答对加分,答错扣一半分。

第一阶段共11题,各组依次进行选题回答,每题10分,答错不扣分。

(1)地球公转的方向,呈什么时针转动?

(2)地球公转围绕的中心,地球公转轨道的形状。

(3)地球公转的周期。

(4)地球公转的速度(从两个特殊点角度进行回答)。

(5)解释赤道面和黄道面。

(6)解释黄赤交角,并说出角度。

（7）说出地轴与赤道、地轴与黄道面的夹角，并说出黄赤交角、地轴与黄道面夹角二者之间的关系。

（8）说出五带的划分并指出界限。

（9）解释太阳直射点。

（10）说出回归线、极圈的度数，在图上一般用什么线表示。

（11）说出二分二至日的日期。

第二阶段共六个抢答题，根据难度会有不同的分数（20~60分），答对加分，答错扣一半分。

（1）地球公转的地理意义。（25分）

（2）对于北半球而言，近日点为什么是冬季，远日点为什么是夏季？（40分）

（3）五带划分的依据。（20分）

（4）太阳直射点回归运动示意图（给动画）。（50分）

（5）对二分二至日、近日点和远日点的判读。（60分）

（6）如果黄赤交角变为30度，五带会怎么变化？（30分）

通过课上实践证明，本节课的游戏情境极大地增强了学生的学习兴趣，提高了课堂学习的效率，一改往常昏昏欲睡的状态，可见趣味情境的实效性很强。

（二）高中地理情境教学的学科特性

1.综合性

地理学科是综合性很强的学科，包括自然地理和社会经济地理等诸多方面。自然地理包括气候、地形、土壤、水文、生物等，其中生物地理和动物地理是地理情境的重要切入点。例如，叶岱夫写的《区域地理情境教学的创新与设计》就是很好的体现。社会经济地理包括市场、交通、政策、科技、劳动力、信息、宗教、旅游等，涉及广泛而又全面。所以，地理教师在创设情境时，情境素材不一定只局限于地理学科内部，也可以结合其他学科的内容，这样创设出来的情境更能体现地理学科的综合性、包容性。

2.时空性

时空性是地理学科的核心特色，也是地理学科与其他学科进行区别的最本质特色。任何一节地理课，任何一个地理知识点都是在一定的时间条件下，以某种空间范围为载体进行的。这里的空间范围在地理情境教学中最为常见的载体便是地图，在自然地理中有气温图、降水图、洋流图等；人文地理中有人口图、城市图、资源图、工农业分布图等；区域地理中有地形图、行政区划图等。学生在识图过程中，就是在以地图为载体的时空中发展地理思维、掌握地理原理、归纳地理规律的过程。地理情境教学增强了学生的存在感，使学生身临其境，有所作为。

3.开放性

古语云："上知天文，下知地理。"天文和地理统属于地理科学。由于地理科学的开放性，天文学和地理学的内涵更加丰富。地理学吸纳了物理、化学、生物、数学、历史等学科的精髓，同时也为其他学科所采用。例如，地转偏向力和物理、数学知识相融合；岩石鉴定和化学知识相融合；植物地理和生物知识相融合；人口迁移和历史知识相融合。地理教师在情境创设时也要有开放性的理念，与时俱进，兼容并包，吸取其他学科之精华。例如，陈彩霞、董亮、朱雪梅《地理与历史跨学科"交互协同"教学模式的探索——以"中国的首都——北京"（第一课时）为例》就是地理学科开放性的体现。

4.实践性

地理学科是人类在生产生活实践中形成并发展起来的，其内容来源于实践，又高于实践，最后又通过实践检验用于指导生产生活实践。地理学科的实践性特点要求教师在教学中不能再传统地对学生进行知识的灌输，要求学生不能再被动地接受知识，而要亲自置身于实践中去探索地理知识、总结地理规律。在情境创设中，教师要充分调动学生的主动性，用情境去推动他们亲自实践，亲自动手、动脑，这样才能学会学习，学会生活。

笔者在讲人教版高中《地理》必修 1 中"正午太阳高度在关于楼间距计算中的应用"内容时，将全班学生分成 6 组，探究本校高一和高二教学楼的楼间距是否能保证高一教学楼一层全年接受阳光的照射。在笔者的预想中学生面临的第一个问题就是楼间距的测量，因为学生手中缺乏测量工具。但是结果出乎笔者预料，学生顺利地完成了测量任务，经过课上反馈发现，测量的办法大致分为三种，第一种是小组当中有走读生的从家里带来了米尺，直接进行了测量；第二种是步量法，先用直尺测量一步的长度，然后数从高一教学楼到高二教学楼共走多少步，相乘即可得出结果；第三种是数砖法，先用直尺测量一块砖的长度，然后数从高一教学楼到高二教学楼共有多少块砖，相乘即可得出结果。后两种办法类似，步量法测算结果为 43 米，数砖法测算结果为 41 米，但结果不是很准确，第一种办法测量结果为 40 米，较为准确，这三种办法的结果相差不大。下一步需要测算楼高，由于测量楼高存在危险性，最后楼高通过估算得出，每一层的高度大约为 3 米，共 5 层，楼高大约为 15 米。最后，小组派代表上黑板计算演示。

要测算高一和高二教学楼的楼间距是否能保证高一教学楼一层全年

接受阳光的照射，只需要计算冬至日能否保证高一教学楼一层接受阳光的照射即可。

通过这样一个实践性的情境，激发了学生学习的兴趣，提高了课堂教学效率，将困难的知识简单化，体现了学生的主体地位，由被动地接受学习转换为主动的发现学习，同时在学习的过程当中，提升了学生的实践能力和解决问题的能力。

五、高中地理情境创设的策略及实际意义

（一）在高中地理课堂各个教学环节创设情境

在《地理课程标准》的指导下，大多数教师已经很重视情境教学，通常为吸引学生的注意力和调动听课的兴趣，往往在新课导入阶段创设情境。但提高地理教学情境的有效性，要走出仅仅在导课阶段创设情境的误区，教师创设的情境要贯穿整个课堂教学、学习过程，并在教学的不同环节循序渐进地展开、深入，达到能不断调整、激发和推动学生的认知和情感活动的作用，真正实现让学生的兴趣、求知欲持续，促使学生创造力、思维能力等各方面综合发展。

1.在新课导入中创设有效教学情境，吸引学生好奇心

新课导入作为课堂的开端，它是否成功与整节课的成败息息相关。如果在导入环节结合教学内容创设一个有效的导入情境，更容易使学生产生共鸣，学生分散的注意力也能集中起来，进而带着浓厚的兴趣跟随教师的思路进入新课，最后使整节课的效果事半功倍。

例如，在进行人教版高中《地理》必修1中"地球表面形态"新课导入时，教师可首先播放一段有关于"世界奇特景观"图片集锦，适时讲解其特点，语言渲染其特性，唤起学生感叹大自然的美丽和魅力。那么，究竟是什

么样的力量塑造了地球表面千奇百怪的形态呢？进而导入新课内容的讲述,同时还可以作为课堂结束后的回顾和再现,利用学过的原理进行相应的解释,也可以达到学以致用的目的。

2.在讲述新课中创设有效情境,引导学生独立思考

在讲授新课的过程中,教师可以将一些抽象的地理知识讲解还原到学生熟悉的情境中去,化抽象为直观形象,化复杂为简单,通过情境的创设,将内容和情境紧密结合,激发学生对地理课程的兴趣,进而积极主动地参与到地理课程中来。

例如,讲述新课"冷锋"知识点时,教师可以借助多媒体设备让学生观看动画演示,如何理解冷锋过境前、过境时和过境后的天气变化呢？教师可以创设问题情境:"假设我们居住的城市即将发生冷锋过境的情况,请分析目前、24小时后和48小时后城市天气会发生怎样的变化?"学生会在教师的指导下进行分析探讨,得出结论,这样学生对这部分内容的理解和记忆就比较深刻。

3.在课后练习中延续情境创设,鼓励学生合作探究

在课堂结尾时结合所讲内容,可以提出相关情境的探究问题,不仅拓展教学内容,也会激发学生的探究兴趣。由于带有情境的探究题会让学生感兴趣,就会围绕这个问题进行继续钻研,达到一种"课虽尽,意犹存"的境界。

例如,在讲完人教版高中《地理》必修1中"常见的天气系统"这一节课后,教师可以根据教学内容的情况导入一则天气预报,请学生结合所学的天气系统来阅读并分析气象云图,可以自己搜集资料,或是与同学合作,共同完成一次天气预报的演说活动。让学生扮演天气预报员,展示课

上和课下的研究成果,不仅拓宽了知识面,也巩固了所学的知识点。

(二)创设不同类型的教学情境

不同类型的教学情境会在教学中产生不同的教学效果。教师要根据教学环境的不同、学生个体差异和教学内容的不同,创设不同类型的教学情境,不同类型教学情境可以相互融合,避免单一,真正达到教学目的。

1.问题教学情境创设

问题教学情境的创设是地理教师最为关注的情境教学类型之一。创设问题情境是把问题当作教学的中心,而这里的问题不是简单的、不用思考的,它要求具有启发性、挑战性、复杂性及真实性的特点。有时候地理问题情境给出的问题并不一定有固定的答案,而主要是为了启发学生思考,让思维向纵深发展。例如,在讲人教版高中《地理》必修 2 中"城市化过程中产生的问题"内容时,笔者让学生做如下见解发表:漫谈对外来民工的认识,为什么产生民工潮,民工潮导致了哪些结果;分组讨论民工潮对城市的影响和对农村的影响;辩论:是否要阻止民工进城,如何解决城市化中的问题等。

教师要提高问题情境创设的有效性,就要关注有效方法。其一,教师不仅要从教材中挖掘情境资料,更要立足于生活,从身边生活日常的地理现象和地理事件出发。其二,教师可以借助问题情境设置悬念,而这种悬念具有趣味性、探究性,给学生留下疑问和探究、发现的空间,进而引发学生学习地理的兴趣。

在课堂教学中,有效问题情境的设计要本着这样的原则:乐(快乐)、趣(兴趣)、全(全面)、探(探究)。

例如,在人教版高中《地理》必修 1 中"中国的天气和气候"这部分的内容中,包括天气和气候的区别和联系、中国气温的分布特点及其成因、中国降水的特点及其成因。重点是中国气温和降水的特点及其成因;难点是对中国气温和降水成因的理解。重难点都比较抽象,需要学生对地理知识有一定的基础和理解能力。因此在讲解中,笔者充分应用了古诗词句与地理天气、气温、降水类型等之间的联系,设计问题,并用问题整合了地理与语文学科的内容,建立了学科间知识点的联系,同时提升了学生对古诗词句进一步的鉴赏能力,也加深了学生对地理抽象知识的深刻理解。

在导课部分,笔者列举了学生熟悉的古诗词,并以问题的形式导入,目的是由浅入深地让学生逐渐进入正课的学习。

1.请将下列古诗词填写完整,并初步判断哪些描述的是天气,哪些描述的是气候?

"＿＿＿＿＿＿＿,千树万树梨花开。"(《白雪歌送武判官归京》唐·岑参)

"＿＿＿＿＿＿＿,花落知多少。"(《春晓》唐·孟浩然)

"＿＿＿＿＿＿＿,润物细无声。"(《春夜喜雨》唐·杜甫)

"＿＿＿＿＿＿＿,路上行人欲断魂。"(《清明》唐·杜牧)

"枯藤老树昏鸦,＿＿＿＿＿＿＿,＿＿＿＿＿＿＿。＿＿＿＿＿＿＿,断肠人在天涯。"(《天净沙·秋思》元·马致远)

"君问归期未有期,＿＿＿＿＿＿＿。何当共剪西窗烛,却话巴山夜雨时。"(《夜雨寄北》唐·李商隐)

2.请找出判断的关键词,说明天气和气候有什么区别。

设计意图:学生会根据诗词句中的"夜""时节""古藤老树""古道西风""巴山夜雨"等关键词,分辨出来有"时间"的差异(天气是短时间的,气候是长时间的),还可以判断其变化情况是"天气是多变的",而"气候是稳定的"。

这样的问题调动了学生的兴趣,还激发了学生的思维,产生了思考,起到了导课的真正目的,培养了学生进行学科知识融合的能力,也让学生体会到了学习地理的乐趣。

在讲授人教版高中《地理》必修 1 中"影响气温的主要因素"这部分内容时,通过读图和析图,学生对"气温的冬季、夏季的分布特点"这部分内容已经有一定的知识储备了,最后只需要总结归纳出"影响气温的分布特点的因素有哪些?"笔者做了以下设计。

请欣赏下列古诗词,判断诗词中描写的自然景观是什么因素形成的?

二月江南花满枝,他乡寒食远堪悲。(纬度位置)

羌笛何须怨杨柳,春风不度玉门关。(夏季风)

八月秋高风怒号,卷我屋上三重茅。(冬季风)

北风那个吹,雪花那个飘。(冬季风)

人间四月芳菲尽,山寺桃花始盛开。(地形:地势越高,气温越低)

设计意图:学生阅读诗词,并能用自己的语言进行解释,培养了学生的思考能力、语言能力、归纳总结能力。这样学生对已有的气温分布特点的知识有了一个认识,同时也可以利用古诗词进行巩固加深。

对于人教版高中《地理》必修 1 中"中国降水的类型"这部分内容的讲解,笔者也充分利用了古诗词句,加之"降水类型示意图"辅助,不但可以让学生从示意图上了解降水的形成原理,而且也可以通过古诗词句来加深四种降水类型形成的景观图像印象,勾勒出降水形成的气象景观,培养了学生的想象力,也与生活常识进行了联系,同时学会解释生活中常见的气象现象。

1.根据你的知识积累,你能想到哪些关于"雨"的古诗词句呢?

设计意图:这个问题一旦问出,肯定有许多同学会在头脑中搜寻自己在语文课上学过的或是在课外积累的有关于"雨"的古诗词,其实目的只有一个,让学生更快地"动"起来,调动兴趣。因为上课到这个时段,学生的的兴趣几乎会降到零点了,这样的问题看起来显得很大,可以提升学生的兴奋度,也和下面笔者即将要问的问题有联系。当然,学生在说和"雨"有关的古诗词时,一定是带着兴奋的,这时教师要提醒学生可以重点选取一句来加深理解。

2.请你根据自己对"四种降水类型"的理解,选取自己喜欢的一句来分析,判断出诗句中的"雨"是什么原因形成的?

东边日出西边雨,道是无情却有情。(对流雨)

坐看黑云衔猛雨,喷洒前山此独晴。忽惊云雨在头上,却是山前晚照明。(地形雨)

大雨落幽燕,白浪滔天。秦皇岛外打鱼船,一片汪洋都不见,知向谁边。(台风雨)

一场春雨一场暖,一场秋雨一场寒。(暖锋和冷锋过境后的效果——锋面雨)

设计意图:学生可以在众多的诗词中选取一句,教师也可以追问一个问题:"你为什么喜欢这句呢?"学生就可以谈出自己的看法和想法,达到了美句鉴赏能力的培养,加深了对诗句的理解。接着,教师再提出:"那你认为诗句中的雨是什么原因形成的呢?"回归课堂的教学内容,适时地将学生的思想拉回,并与教学内容相扣,几个简单的问题,层层递进,使教学环节环环相扣，教学内容紧密相连。

诗句简单易懂，有的诗词虽陌生，但学生可以针对诗词中的关键词进行理解，很容易就可以将问题答出，这样既加深了学生对知识的理解，也达到了学以致用的目的。

地理的很多知识点都很抽象，纷繁复杂，又很琐碎，学生在学习的时候很难将知识点联系起来，在课堂的讲授过程中，如果单纯地将知识点直接让学生记住是很难的，所以教师的问题是否有效，是否可以达到教学的真正目的，就显得尤为重要。

2.生活化教学情境创设

所谓创设生活化教学情境，就是教师在教学中结合地理学科的特点，选择与实际生活联系紧密的现象、地理问题，借助多种手段方式，创设出激发学生兴趣和探究欲望的教学情境。这就要求教师不断地更新教学观念，正确认识教育与生活的关系，才能创设出更加有效的生活化教学情境。

例如，在讲授人教版高中《地理》必修2中的"亚洲的季风"内容时，若按照教材讲授，学生往往就会感觉很抽象，很难引起学生思维上的共鸣，通过深入挖掘教材进行问题设计，突出学生的主体地位，让学生自己总结出规律，识记方便，也易于接受。因此在实际的教学中，针对季风气候的特点和成因，笔者设计了以下三个问题。

1.如果我们夏季去海边，光脚踩在沙滩上，会有什么感觉？如果夏季光脚伸入海水中又有什么感觉？

2.你会得出夏(冬)海陆气温有什么不同？为什么会形成如此大的差异？

3.分析海洋和陆地的热力性质有什么差异？

可以尝试让学生自己归纳,教师引导,先让学生很好地理解到位,再规范语言的准确性和专业性。这样自然的问题设计,极大地激发了学生的好奇心和求知欲。在教学中让学生自己逐步讨论分析问题,得出结论,充分突出学生的主体地位。

又如,利用建筑物的形态导入"中国降水"的内容。

对比"北方和南方的建筑物形态"图片,提出:比较我国北方地区和南方的建筑物有什么不同?这和什么有直接的关系?

学生根据自己的生活经验得出:因为南北方的降水不同,所以建筑物形态也不同。

根据"中国年降水量分布示意图"回答问题:

1.从东西方向看,降水是如何分布的?（东多西少）

2.从南北方向看,降水是如何分布的?（南多北少）

综合来看,中国的降水在方位上的分布趋势是:东南多,西北少。

教师可以进而提出:为什么东南方向降水多,西北方向降水少?（东南沿海,西北内陆）

综合以上信息,就可以得出中国的年降水量的分布趋势是从东南沿海向西北内陆递减。

通过这样由浅入深的导入,层层递进,学生可顺理成章地对知识点进行很好的记忆,不会感觉生硬,更不会有什么不妥的地方,而且学生会记忆得更深刻,不会因为"降水量"这样陌生、抽象的词语而感觉记不住或是理解不了、接受不了知识。

3.多媒体教学情境创设

利用多媒体创设生动、形象的教学情境,提供给学生一种新的认知方式。不但让学生有美的感觉，还能增强其学习热情及对教学内容的关注。多媒体可以短时高效地呈现地理知识，节省下了更多的时间进行相关的训练。这种方式越来越受到广大教师的青睐，但是一定要结合教学内容、教学目标和教学的重难点进行有效创设，因为多媒体起到的是辅助教学的作用，切不可喧宾夺主。

例如，在讲授人教版高中《地理》必修 1 中"地球的自转和公转"内容时，学生很难理解抽象的知识点，太阳直射点的回归运动也很难用语言描述清楚，通过多媒体创设的情境就将抽象的运动直观呈现给学生，降低了学习的难度，也加深了学生对知识的理解。

4.活动教学情境创设

创设活动教学情境就是指在设计的游戏和模拟活动中，结合地理的教学内容和教学目标，让学生在活动中进行体验式学习。在 20 世纪 60 年代，美国就开发了《中学地理计划》，首先在地理教学中引入了游戏和模拟活动。日本把开展各种实践活动的方案都编写在中学地理教材中，把"地理活动课程"作为学校地理课程的重要组成部分，让学生通过各种实践活动养成习惯，培养科学思考问题的能力，并努力创造一定的教学情境进行实践活动，在教学过程中以情境活动的形式提供给学生，在进行地理事物的调查、观察、实验等活动中，潜移默化地培养学生敏锐的地理思维能力和独立的见解，让学生更加深刻地认识和体会地理事物。世界上许多国家都非常重视学生通过活动获取知识，并在活动过程中培养学生的地理素养，如野外的实践考查。

(三)创设教学情境的基本途径

创设教学情境的途径多种多样，往往某个教学情境的创设不是以单一方式呈现的,可以是多个途径综合实现的。情境教学创设的基本途径初步归纳为以下六种。

1.生活展现情境

生活展现情境即把学生带入社会,带入大自然,从生活中选取某一典型场景作为学生观察的客体,并以教师语言的描绘,鲜明地展现在学生眼前。

2.实物演示情境

实物演示情境即以实物为中心,略设必要背景,构成一个整体,以演示某一特定情境。以实物演示情境时,应考虑到相应的背景,如"季节的风""树叶的稀疏""天上的太阳"等,都可通过背景激起学生无限的联想,如各类岩石的讲解,就会使用曾经实习时搜集来的标本。

3.图画再现情境

图画是展示形象的主要手段,用图画再现课文情境,实际上就是把课文内容形象化。课文插图、特意绘制的挂图、剪贴画、简笔画等都可以用来再现课文情境。这是地理课堂上经常用到的方式,如中国山脉的分布图的绘制。

4.音乐渲染情境

音乐的语言是微妙的,也是强烈的,给人以丰富的美感,往往使人心驰神往。它以特有的旋律、节奏,塑造出音乐形象,把听者带到特有的意境中。用音乐渲染情境并不局限于播放现成的乐曲、歌曲,教师自己的弹奏、清唱,以及学生表演唱、哼唱都是行之有效的办法。关键是选取的乐曲与教材的基调上、意境上及情境的发展上要对应、协调。

5.表演体会情境

情境教学中的表演有以下两种：一是进入角色，二是扮演角色。"进入角色"即"假如我是文中的×××"，"扮演角色"则是担当课文中的某一角色进行表演。由于学生自己扮演角色，课文中的角色不再只是在书本上，还可能是自己或班集体中的同学，这样，学生对课文中的角色必然产生亲切感，很自然地加深了内心体验。例如，冷暖锋面形成的天气特点，可以让学生分别扮演冷气团和暖气团，表演二者相遇前、相遇时和相遇后的不同变化。

6.语言描述情境

语言描述情境是创设情境中最普遍的一种途径。以上所述创设情境的五种途径，都是运用了直观手段。情境教学十分讲究直观手段与语言描绘的结合，在情境出现时，教师伴以语言描绘，这对学生的认知活动起着一定的导向性作用。语言描绘提高了感知的效应，情境会更加鲜明，并且带着感情色彩作用于学生的感官。学生因感官的兴奋，主观感受得到强化，从而激起情感，促进自己进入特定的情境之中。随着年龄的升高，直观手段逐渐减少，单纯运用语言描述带入情境增多。

(四)情境教学创设的实际意义

1.创设精彩的教学情境让课堂"活"起来

精彩的教学情境是赋予课堂生命，让课堂"活"起来的催化剂，是保证课堂"活"起来的必要条件。教学中可以根据教材内容、学生特点、时代信息等众多教学资源创设形式多样、内容丰富的教学情境，让课堂饱满，促进教和学。在新的教学理念的感召下，笔者学校全体教师潜心探讨怎样使课堂有声有色，真的"活"起来。学校也对每位教师提出要求：编写"有特色"的优质教案,能上"有活力"的优质课。为此,学校为教师们创造各种条件,启动一切可利用的资源,如集体备课、互听课、评课活动、青年教师汇报课、组内教研、网上教研、校内教研等,为教师的成长发展铺路架桥,为生命化课堂的构建大开绿灯。通过观摩校内外名优教师的优质课,再结合自身的经验,撰写出有个性、有创新、有价值的情境导入案例,相互交流,取长补短,实现资源共享,进而达到共同进步、共同发展。概括起来,我们主要从以下三个方面创设有价值的教学情境,让课堂"活"起来。

(1)创设"意"境,让学生的兴趣"活"起来

"兴趣是最好的老师。"教学中,教师应根据教学内容创设出有意义的教学情境,借助拟人、类比等方法,通过图片展示、动画演示、新闻故事介绍等手段巧妙地将知识演绎出来,让学生一开始就觉得学习是件既有趣又有意义的事情,学生的兴趣必然会被立即调动起来,他们就会带着好奇、带着渴求情不自禁地投入学习之中。

在这种轻松愉悦的学习气氛中,学生的学习兴趣被充分激活,他们会兴致盎然地投入学习,如饥似渴地消融知识、内化知识,学习自然也就成了他们发自内心的自我追求,成为一种快乐有趣且有效有意义的活动。例如,学生以导游的身份进行角色扮演,既可以让学生主动地学习相关知识,又可以锻炼和培养学生的综合能力。

(2)创设"疑"境,让学生的思维"活"起来

"学源于思,思源于疑。"教学中,教师要有意识地设置一些有价值的问题,在教材内容和学生求知心理之间制造出一种"不协调",制造冲突,就可以为学生创造探究的空间和氛围,有的放矢地点燃学生对知识的好奇心和求知欲,促使学生思考,激活学生的创造思维,使学生在"疑问—探

究—深思—发现—解决问题"的过程中,得到思维的拓展和训练,迸发出智慧的火花,从而获取知识,提高能力。有时候教师稍微"弱"一些,实际是可以给学生"强大"的自主学习空间和动力,教师"不会"的多一些,学生就会有更多的求知欲,所以要学会"依赖"学生,教会学生学会学习。

（3）创设"忆"境,让学生的知识结构"活"起来

创设恰当的"忆"境,能唤起学生已有的知识经验和认同策略,帮助学生建立新旧知识间的联系,健全和丰富知识结构。更重要的是,通过这种以"忆"启"新"的教学方法,可以使学生在潜移默化中养成良好的学习习惯,善于根据旧知识推测新知识,善于将新旧知识进行比较,找出其中的联系与区别,善于将知识系统化;并且在这种比较、推理、归纳知识的过程中,学生的相关能力也悄然得到锻炼和提高。久而久之,学生头脑中的知识不再是零散且杂乱无章的概念、原理的堆积,而是有致有序的知识排列,是能为学生随心所用的"活"的知识网格。教学也就达到了"教为不教""促进学生的终身发展"的终极目标。

2.把主动权还给学生,让课堂"活"起来

笔者曾经看见一个帖子"每节课只上四分钟",很是震惊。文中说天津某中学大胆改革课堂教学,各科教师每节课只能上四分钟,所有问题都让学生自学解决,教师只是巡回指导。文中所写是否属实,笔者不敢评说,但它确实给了笔者很大的震惊和启发:教师少说一分钟,一个学生就多练习一分钟,六十个学生就多练习六十分钟。"有效课堂教学"让笔者懂得了有效课堂和生命课堂的时代意义和实际意义,明白了实现课堂生命化的重要性和紧迫感。因此,教师必须要转变观念,相信学生的潜能是巨大的,并给学生更多思考和练习的时间,给学生足够施展才能的空间。只有这样,

学生才能真正成为学习的主人,我们的课堂才能真正变得有效和有意义,从而生机勃勃。

（1）把"读"的权利还给学生

我们常常告诉学生预习课本和阅读教材如何重要,然而从以往学生反馈的信息可知结果并不尽如人意。虽然教师布置了预习作业,但因为没有相应的检查督促措施,绝大多数学生并没有预习。至于课堂阅读,虽是有模有样地进行了,但受课堂时间的限制,阅读也往往只是表面的,学生根本没有时间进行深度的思考、体会,更不用说跟以前的知识联系起来了。

（2）把"说"的权利交给学生

古人云:"小疑则小进,大疑则大进。"有疑问才能启发学生去探索。实施生命化课堂和情境教学之后,一改以往教师面面讲的局面,而是只讲学生不明白的问题,使课堂变成学生"解疑释惑"的阵地,让学生有充足的"说"的机会。

笔者的做法是这样的:上课前,将学生提出的疑难问题收集起来进行集中、提炼、归纳。课堂上,先让提出问题的学生朗读他的问题,然后再发挥学生的力量,给优秀者以展示的机会,让他们来解答、评价这些问题,学生解决不了的笔者再解决。这一过程也是生命化课堂教学的精彩之处。实践表明,学生为能担当称职的"小老师",个个都尽心做着准备,细心地研读教材,大大地克服了以往不读书、不动脑的坏习惯。

在这个过程中,提问的学生得意着自己的问题的巧妙,感受着自己自学的收获,因为能发现问题就说明他用心思考、用心预习了,这本身就是一种收获;解答的学生同样也收获着自己的成就,喜悦着自己的奉献;旁听的学生则分享着别人的所获,反思着自己的不足。总之,所有的学生都在一种愉悦、积极、和谐的气氛中畅所欲言，体验着学习的乐趣，感受着集体智慧的力量，品味着自我价值的提升。当然，在此过程中更是惊喜不断，首先不必再为那些一看就明白的问题费口舌；另外，学生的一些奇思妙想、一些时代感很强的说辞和见解，也令笔者大开眼界，获益匪浅。"教为不教"，这不正是我们所追求的境界吗？所以说，这一过程也是师生间互相学习的好机会，教学相长在此体现得淋漓尽致。

当然，受年龄和思维深度的影响，也常常会遇到学生有提不出问题的时候。这时，笔者就会将事先准备好的各种问题抛给学生，再让学生思考、解答。总之，运用问题调动学生的思维，激发学生的求知欲，锻炼学生的能力，让学生有充足的表达和交流的时间，是教师把主动权还给学生的措施之一。

（3）把"练"的权利交给学生

"熟能生巧"这是人人都知道的道理，也是我们常常要求学生做到的。然而受学业压力及自我控制力差等因素的影响，课后只有极少数学生能主动复习学过的知识。因此，必须改变课堂教学结构，精心设计教学环节，精心设计课堂练习，做到教师少说、学生多练，把更多的时间交还给学生，用不同的方式让学生反复练习，以达到熟练掌握的效果。

总之，把主动权还给学生，就是要把更多的时间还给学生，让学生有更多思考和练习的机会，让学生的行为和思想真正"动"起来，成为学习的主人，成为知识的主动探索者，从而在每节课上都能有实实在在的收获，从而调动学生的所有潜能，让课堂"活"起来，充满生命的活力。

六、高中地理情境教学的实施方法

（一）课内外活动法

有关心理学方面的专家表示，课堂教学与活动有一定的相关性，学生的心理发展也与活动有一定的相关性，理解知识的过程也与活动有一定的相关性。这充分说明如今的课堂需要学生"动弹起来"。几个世纪来有关教学方面的经验也告诉教师，对知识方面的学习，不仅是对知识本身的学习，而且还要学以致用，不经过直观的认知过程就接受一些知识，是很难被学生真正掌握的。所以，无论是课内学习还是课外学习，利用师生之间、学生之间的活动是创设情境的好方法，同时还可以让学生置身其中拓宽知识面，发展地理思维。

1.游戏法

游戏法是指利用游戏的方式创设情境进行教学活动，把知识贯穿于游戏中。依据教学目标、教材内容及学生的心理特征、生理特征，设置各式各样学生感兴趣的游戏情境。通过游戏情境的创设，使学生能轻轻松松地学到丰富的地理知识，让学生的学习活动由被动变为主动，在游戏中与同伴交流，从而不知不觉地学习到知识。

例如，湘教版高中地理必修1第一章第四节"地球的结构"中，某教师采用了"地理杀"的游戏情境。模仿"三国杀"的棋牌设计，增加了课堂教学的趣味性。

2.竞赛法

在地理教学中，可以采用"一站到底""幸运52"等电视节目模式，创设竞赛情境，让学生在竞赛中学习，在学习中竞赛，提高小组合作意识，提高学习效率，活跃课堂氛围，也符合中学生争强好胜的年龄特点。

例如，在讲人教版高中《地理》必修2中"中国政区"内容的时候，笔者采用了"地图拼接大赛"情境，课前准备地图和计时器，全班自由组合成小组，每小组6~7人，每组分配一名计时员，一同开始，按完成时间予以排序,对全班前三名予以奖励。整个过程非常活跃,学生在竞赛的情境下表面上完成了一次竞赛游戏,实际上不仅对中国政区的分布与形状加深了印象,也在竞赛过程中提高了合作能力与动手能力。

3.讨论法

讨论法是地理教师经常使用的一种教学方法。在原来的教学活动中,教师只顾着让学生学会知识,而忽视了学生在学会知识的同时达到会学知识的目的。为了让学生在学会知识的基础之上达到会学的目的,教师应创设一些讨论式的教学情境,促进学生的自主学习。

例如,在讲人教版高中《地理》必修 3 中"青藏地区"这一节时,笔者安排了以下五点小组讨论学习任务单。

(1)请绘制版图描述青藏地区的位置与范围。

(2)请简述青藏地区的地形、地势特征,并解释原因。

(3)请总结青藏地区的气候特征并解释原因。

(4)请说出青藏地区有哪些丰富的能源,并说明原因。

(5)青藏高原能否发展种植业? 如果能请说明在哪发展? 并分析区位条件。如果不能,请解释原因。

例如,在讲人教版高中《地理》必修 1 中"自然灾害对人类的危害"这节内容时,笔者安排了以下六点小组讨论学习任务单。

(1)自然灾害的判断条件。

(2)自然灾害有哪些主要特征,任选其中 3 个举例说明。

(3)自然灾害的类型有哪些,并分别举例。

(4)举例说明自然灾害的危害。

(5)绘制我国锋面雨带推移图。

（6）分析淮河流域多洪涝灾害的原因,并提出解决措施。

讨论法的主体是学生,在讨论结束后,教师要以生为本,激励学生去思考,用头脑去判断,用语言去表达,同时,教师要在学生表达时适当地写板书,采纳学生的不同意见,允许讨论结果多样化。如有必要,讨论之后还要进行讨论,使学生真正投入到讨论情境中。最后,教师还要对学生参与讨论的情境进行评价和反馈。

4.实验法

知识来源于观察,观察是智力发展的基石,没有观察就没有创造性思维、理论概括和丰富的想象力。通过观察可以让学生身临其境地接触知识,实现"跳一跳,就能摸得着知识"。在地理教学中可通过创设实验情境完成观察。

例如,在讲湘教版高中地理必修1第二章第三节"大气环境"中"热力环流"知识时,某教师设计了以下实验。

实验器材:一个透明鱼缸(鱼缸顶部有一小孔),两个瓷碗。

实验要求:一个瓷碗装热水,另一个装冷水,然后将两个瓷碗放在鱼缸两侧,从鱼缸顶部小孔放进烟雾,观察烟雾的流动方向,并绘图。

例如,在讲人教版高中《地理》必修1中"海陆性质差异"时,笔者设计了以下实验。

实验器材:两个相同的玻璃杯,同体积的水和沙子,两支温度计。

实验过程:在两个相同的玻璃杯当中分别放入水和沙子,并在其中放入温度计,然后在阳光下照射2小时后,观察温度计,放水玻璃杯中温度计读数为32摄氏度,而放沙子玻璃杯中温度计读数为40摄氏度。将两个玻璃杯远离光照,过1小时后再观察,此时水杯中的温度计读数为28摄氏度,而细沙杯中温度计读数为 22 摄氏度。水的温差是 4 摄氏度,而细沙的温差是 18 摄氏度。

实验结论:根据以上实验结果得出结论,水的温度变化比细沙要小,说明海洋比热容要高于陆地。

大多数人认为实验与化学、物理学比其他学科更密切相关。其实,地理实验情境教学也是学生学习地理知识的一种有效的方法。地理学科中包含的原理、规律和概念都比较抽象,很多与学生的生活有一定的距离,再加上地理学研究范围具有大尺度、宏观性等特征,因而学生在接受地理知识方面就略显吃力,而地理情境教学使学生在实验中享受乐趣的同时,学到了知识,提高了能力。

(二)地理现象法

在地理教学中,教师可以利用一些地理现象,如地图、地理热点、贴近生活的地理素材创设情境,从而激发学生的求知欲,使学生更有效地掌握知识。

1.地图法

地图被称为地理的第二语言,通过创设地图情境,将地理知识与地图阅读能力相结合是一种有效的教学方法。

例如,在讲人教版高中《地理》必修 2 中"中国地形"内容的时候,教师可以直接展示一幅中国地形图,不仅让学生对中国的总体地形特征一目了然,还能明确中国主要地形的分布与排列情况,使学生在学到知识的同时也提高了读图能力。

又如,在讲人教版高中《地理》必修 3 中"中国行政区划"内容的时候,教师可以展示一幅中国行政区划图。本来 34 个行政区划对学生而言比较枯燥乏味,记忆起来也比较困难。恰当地利用地图情境,不仅能引起学生的注意和学习兴趣,活跃课堂气氛,使学生乐于学习地理,主动掌握地理知识,还能将各个行政区划形象化、趣味化(如青海像一只玉兔,黑龙江像一只鸭子,陕西像一个兵马俑等),更能使记忆效率大大提高,解决以后识图中的一大难题。

当然,教师也可以让学生自己制图,自己为自己创设地图情境。例如,笔者在讲"比例尺"这一节内容时,没有按照传统的教学方法去讲授比例尺的定义、分类、比较和应用,而是为学生创设了一个制图情境。学生按意愿自由组合成小组,绘制本校校园平面图,并分析校园内存在的问题及解决措施。这样一个情境极大地激发了学生的热情和积极性,学生不仅在制图中明白了比例尺的使用原理,还提出了学校存在的很多实际问题和自己的很多见解,为学校的发展出谋划策,最后更令人惊喜的是形成了一幅地图。

2.热点法

新闻时事、社会热点都可以成为地理情境教学的素材,一方面可以让学生了解国家大事,培养家国情怀;另一方面可以帮助学生在学习地理知识的同时,形成正确的人生观、价值观和世界观;还可以解决教师想独立编写情境而缺乏素材的难题。

例如,通过"北京与张家口赢得 2022 年冬奥会的举办权"这一热点引出问题:"北京市携张家口市举办冬奥会的原因?"通过"天津化学品仓库爆炸事件"这一热点引出问题:"化学品仓库爆炸的原因危害及应采取哪些措施应对危险化学品仓库的爆炸?"通过"屠呦呦凭借青蒿素获 2015 年诺贝尔医学奖"这一热点引出问题:"青蒿素生长的区位条件有哪些?"

学生利用自己所学的地理知识解决热点问题，不仅能让学生感受到学习地理的实用性，还能提高学生学习地理知识的积极性和主动性，提高学生在日常生活中运用地理知识和技能的能力。

3.生活法

生活是地理情境素材的宝库，地理情境教学要尽可能贴近学生的生活，让学生更容易理解和接受地理知识，体现《地理课程标准》要求的"学习对生活有用的地理"的理念。

例如，在讲人教版高中《地理》必修2中"商业区位条件"内容时，笔者选取了秦皇岛市乐购商场为情境，让学生分析乐购商场的区位条件。笔者所在学校的学生基本上都去过乐购，甚至都在里边购买了商品，对乐购的地理位置、交通条件、商品种类都比较了解，所以在课上，学生的反映比较积极，对乐购区位条件的分析也比较全面，这就是创设生活中情境的好处，笔者通过实际教学也得到了验证。

（三）信息技术法

教师的"满堂灌"和学生的"随身听"是中学地理教学过程中最为常见的一种教学模式，其行为极为简单枯燥，师生之间、学生之间没有太多的交流。它是一种教师利用黑板、粉笔和口述讲授知识的教学过程，学生对于那些抽象、难以理解的内容只是略知一二，其教学效果一般不佳。随着科技的迅猛发展，信息技术逐渐进步，越来越多的教师开始在地理教学中采用信息技术进行授课，传统的"三板"不再是教师进行教学的唯一手段，教师可以借助多媒体创设视频、图片、动画等情境，实现讲授内容的形象化和直观化，将知识以图文并茂的形式展示出来，大大提高了教学效率，改变了原来枯燥的课堂教学，教学过程也得到了很好的优化。

例如,在讲人教版高中《地理》必修 1 中"太阳日与恒星日区别"的时候,某教师单纯地表述或者在黑板上板图,虽然也能完成教学任务,但经过实践证明,学生需要很长一段时间才能明白二者的区别,甚至有些学生整个高中都没弄懂二者之间的区别。为了克服这个难题,笔者在讲这个知识点的时候,采用了 flash 动画情境,取得了意想不到的效果,本来需要 15 分钟甚至 20 分钟解决的一个知识点,只需要 5 分钟就搞定了,课后反馈效果良好。

随着信息技术的发展,地理教学已经不再单纯地局限于 PPT 的使用,有些学校开始推广使用微舞幻灯等软件,这些新出现的软件,不仅具备 PPT 的演示功能,而且在某些方面已经超越了 PPT,所有的教学演示都在一块画布上完成,甚至使教学演示具有 3D 效果,给学生以很强的震撼力。

例如,在讲人教版高中《地理》必修 1 中"地球的结构"这一节,笔者采用了微舞幻灯软件来进行教学,整节课的结构可以一览无遗,重难点可以随时放大,所有内容全部在一张画布上,便于演示和观看。

利用信息技术的独特优势,地理教师可以根据需要随心所欲地创设情境,在任何一个知识点的学习过程中,教师都可以将学生放在对应的情境中,让学生从体验中学到地理知识,将枯燥的理论知识和地图知识融入情境,使学生的学习潜能得到挖掘,激发学生的学习兴趣,使更多的学生参与到课堂教学活动中,课堂教学效果有了极大的提升。

(四)旅游过程法

我们不仅可以在地理课堂中学习地理知识,还可以在课堂外、在自然中、在实践中、在旅行中学到更多的地理知识。例如,"游学"就是一种非常好的旅游过程情境法。学生在游学过程中,观察日月星辰,观察山川河流,观察风土民情,观察环境污染,观察生态破坏,观察农业地域类型,观察城市化等。学生将自己学过的地理知识对号入座地放到游学中,加深对知识的理解,体会学习地理的乐趣。在游学中,教师可以很好地将教学三维目标、教学内容、师与生更好地统筹起来,学生的学习自主性与探究能力将大大提升。

例如,在《中学地理教学参考》2016 年 12 月上半月中有这样一篇文章《广角镜下的游学之路——记 2016 我走丝绸之路》,就是游学创设情境的典型案例,值得我们学习。笔者在自己的实际地理教学中也尝试使用游学创设情境进行教学,取得了良好效果。当然笔者根据自己的学校实际,没有将学生带出去进行实地考察,而是在教室内进行了一次到美国的旅行。在讲人教版高中《地理》必修 3"区域地理"中"美国"这一节时,笔者利用"谷歌地球"软件及录屏软件制作了一段小微课,带领全班学生在谷歌地图上进行了一次从学校到美国的旅行。

虽然不是实际的游学,但很多地理事物也能形象地体现出来,克服外出旅行的诸多限制性,当然有条件的学校带领学生走出去效果会更好。

第二节　高中地理探究式教学

一、探究式教学概述

(一)探究式教学的内涵

在《辞海》中"探究"一词解释为"深入探讨,反复研究",按照《现代汉语词典》(第7版)的解释,"探究"是指"探索研究;探寻追究",即努力寻找答案,解决问题。依据《牛津英语词典》中的解释,"探究"(inquiry)意为:"求索知识或信息,特别是求真的活动;是搜寻、研究、调查、检验的活动;是提问和质疑的活动。"而美国学者杜威则做了这样的界定:"探究是一种受控制的或有方向的转化活动。它把一个不明确的情境转化为明确情境。在这明确的情境里,它的组成的区别和关系都是那么明确,从而将原初的情境中的要素统合为一个整体。"

1995年美国颁布了《国家科学教育标准》,它将"科学探究"定义为:"科学探究指的是科学家们用以研究自然界并基于此种研究获得的证据提出种种解释的多种不同途径。科学探究也指的是学生们用以获取知识、领悟科学的思想观念、领悟科学家们研究自然界所用的方法而进行的各种活动。"这一表述可以说是对"探究"较为全面的界定,既认同了探究指科学家所做的工作,又承认了探究可以被看作"教"或"学"的过程。《国家科学教育标准》是这样描述"探究"的:"探究是一种复杂的学习活动。它涉及观察现象;提出问题;查阅书刊及其他信息资源以便了解已有的知识;

设计调查和研究方案；根据实验证据来核查已有的结论；运用各种手段来搜集、分析和解释数据；得出答案、进行解释并做出预测；把结果告之于人。"探究需要明确假设、运用批判性思维和逻辑思维、考虑各种可能的解释。

那么，什么又是探究教学呢？探究式教学最初是由美国生物学家、课程专家施瓦布提出来的，它指的是"儿童通过自主地参与获得知识的过程，掌握研究自然所必需的探究能力；同时形成认识自然的基础——科学概念；进而培养探索未来世界的积极态度"。

也就是说，探究式教学是要学生像科学家从事科学研究那样来学习科学，领悟科学研究的真谛。近年来，随着西方教育理论的不断传入，有的学者又提出了研究性学习的概念，并把二者截然分开，区别定义，但无论从二者的概念本身，还是它们的目的、特征、培养目标等方面判断，二者本质上是一致的。这已在多数专家学者中达成共识，如徐学福教授的《研究性学习之我见》、李森教授的《对探究教学几个理论问题的认识》等都有论述。本部分中的"探究式教学"就采用了这样的定义。

(二)探究式教学的基本特征

探究式教学是在教师指导下，学生运用探究的方法进行学习，主动获取知识、发展能力的活动。其直接目的是改变学生的学习方式，最终目的是培养学生的创新精神和实践能力，因而在许多方面与传统教学有所不同，与传统教学活动相比，探究式教学具有以下六点鲜明的特征。

1.实践性

探究式教学以学生的亲身体验为基础，以探究活动为主要实施方式，强调学生的实践，需要学生动手动脑和实际操作，从做中学，因而具有实践参与性特征。

2.合作性

探究式教学是针对全体学生,而不是面向少数尖子生;要求每个学生的加入,并常常以小组合作的形式制订计划,进行调查实践,共同讨论,最后综合意见得出结论。在合作中让学生懂得彼此尊重、互相帮助,增强合作精神和团队意识。

3.自主性

探究式教学不同于以往各种形式的被动学习,它注重学生主动、积极、自觉地探求知识、解决问题。从问题的提出、制订计划,到收集资料、寻找信息,到得出结论、验证假设,学生始终处于主动状态,充分体现了其主动性的特征。

4.创新性

在探究教学的过程中,教师科学地提出问题、启发学生思考,学生通过自己的体验探索,无论是原有知识和技能的重新组合,还是发现的新知识、形成的新技能,都不同于课本现成知识和原有技能,因而使探究式教学带有很强的创新性。

5.科学性

探究式教学有别于以往把学生作为被动接受对象的传统式教学。而是把学生引导到教学中去,主动参与学习,让他们领会科学家探究知识的过程,掌握科学的方法,养成一切从实际出发、实事求是,敢于质疑,坚持真理的科学态度和习惯。

6.开放性

这主要是针对探究式教学的评价而言,探究式教学评价不应局限于学生学习的结果方面，更应注重学生是否能够理解涉及的概念和原理，能否运用已有知识提出问题、收集资料、分析问题、处理信息，达到解决问题的目的，是否能在探究中与他人愉快地合作交流，最后得出结论、撰写报告等。因此，探究式教学更注重形成性评价，如学生的计划、图表、论文、答辩等，通过这些途径可以更好地了解学生对知识的掌握情况和思维能力的发展水平，有利于学生提高学习效率，达到学习目标。

（三）探究式教学的发展沿革

1.探究式教学的兴起和发展

追溯探究式教学的兴起，我们首先要回到 18 世纪的欧洲，受启蒙运动的影响，一些启蒙思想家如卢梭、裴斯泰洛齐等，倡导"探究性学习"，主张"理性"，要把人从黑暗的中世纪解救出来。卢梭曾说过："要以天性为师，而不以人为师。"这种顺应天性、顺应自然的思想，体现了培养自然人的目标，凡是能从经验中学习的事务，都不要从书本中学，而教育来自实践，来源于探究。

到 19 世纪末 20 世纪初，随着第二次工业革命的开展，为了适应工业化和社会民主化的需求，培养现代社会所需要的人才，探究式教学得到了进一步的发展，不仅在理论上得到了丰富，还积极地付诸实践与改进。其代表人物有美国的阿姆斯特朗、克伯屈等，其中最著名的是美国实用主义教育家、哲学家杜威，他反对当时脱离生活经验、纯粹知识灌输的传统教育，他认为人生活在一个不稳定的、不安全的和不断变化的世界里，他必定要有预见的能力，所以人们发现在解决问题和解答问题方面，最有成效的方法是理智的方法，这种方法是一种探究的方法。为此，"以学生为中心""做中学""科学探究法""反省思维""经验的方法"等紧密联系的概念被杜威提出来。杜威的科学探究法的核心是从人的天性、特点、经验出发，把探究活动分为以下五个阶段：第一阶段是"不确定的情境"或"有疑问的情境"。这种情况可称为"探究的先行条件"。第二阶段是"问题的设定"或"理智化"。把不明确的情况转化为一个明确的问题，从而便于我们找出应付的方法和手段。第三阶段是"决定解决问题的方法"或"假设"。在这一阶段，首先去寻找已知情境中的组成部分，然后从实际观察中找出可能解决问题的办法。探究活动的第四阶段是"推理"。它使那些可能的解决办法在人的头脑中具体化，从而考虑每个办法可能导致的结果，把假设与猜测的结果联系起来。第五阶段是"以行动检验假设"的阶段。杜威认为检验阶段是需要实验的，也就是说，"根据某个思想或假设的要求，审慎地安排条件，看看根据这一思想从理论上预示结果是否真的出现"。仔细分析不难发现，这种教学模式蕴含着我们现在所提倡的探究式教学思想。

第二次世界大战以后，第三次科技革命迅猛开展起来，各国政府都积极致力于发展经济，1957 年苏联第一颗人造卫星上天大大促进了教育的发展，同时也刺激了西方尤其是美国的教育改革。1959 年在美国科学院召开的中小学教学讨论会上，布鲁纳正式提出了"探索发现法"的教学策略，他认为传统的课程对科学进行静态的、结论式的描述，这恰恰掩盖了科学知识是试探性的、不断发展的真相，所以他极力主张要引导学生像科学家那样对世界进行探究。从此，探究教学在美国得到了蓬勃发展，经过几十年的不断研究与改进，探究教学已成为美国科学教育中最有影响最重要的教学模式。20 世纪 90 年代，在美国科学教育史上出现了第一个国家标准——《国家科学教育标准》。《国家科学教育标准》强调用逻辑、想象及以证据为基础的思维来形成并修正科学解释，识别和分析各种模型，交流并捍卫自己得出的科学结论，即从科学认识论的角度让学生理解科学和科学探究的本质。近年来，美国探究性学习又有了新的特色和做法，积极提倡以"项目为中心的学习"和"rill（小河）题为中心的学习"，以此来培养学生的实践能力和创新精神。

在美国强调和研究探究式教学的同时，为了提高综合国力和适应知识经济发展的需要，其他国家也普遍重视探究教学。例如，英国在教育改革中就将科学课程摆在了核心课程的地位，特别强调学生科学探究能力的培养。法国则在中学研究性学习中实施"多样化途径"政策，加强学科知识内容的综合和运用。韩国和日本也在教育中积极开展研究性学习，在中学加强科学教育，日本还为此设置了综合活动课程，该课程没有既定的教学目标和教科书，学生的学习方式也灵活多样，其研究课题可以是环境教育、社会生活等综合性课题，也可以是具有学校特色的专题课题。

2.我国的探究式教学的理论研究和实践

探究式教学在我国萌芽于20世纪70年代末，以发现式教学法的引入为起点。20世纪80年代初期，美国的兰本达教授在我国举办"探究—研讨教学法"讲习班并开展实验研究，此后探究教学法在我国逐步得到了重视和发展。陕西师范大学教育科学研究所副所长张熊飞教授从20世纪80年代开始，苦苦探索20多年，精心构建了全国首例现代学科教学论——诱思探究教学应用于物理教学，后逐渐推广到其他学科。诱思探究教学从提高学生素质着眼，要求教师在课堂教学中更新教育思想，变教为诱，始终以引路、诱导的方式把学生领进知识的殿堂，促进学生独立思考，做学习的主人，从而实现学生在课堂教学中的主体地位，使学生以知识的探索者与研究者的身份去观察和领悟，在亲身体验中掌握客观规律，从而达到

"掌握知识,发展能力,陶冶情操,促进学生全面发展"的目的。

近年来,随着国家课程改革的不断深入,在新的教育理念影响下,探究教学引起了更多人的关注,有关探究教学的理论和实验研究大有蓬勃发展之势。西南大学的靳玉乐教授主编的《探究教学论》论述了探究教学的本质、意义、理论基础、特点、类型、条件、模式及其设计和实施等理论与实际问题;此外,广西师范大学的徐学福教授也发表了《研究性学习之我见》《美国探究教学研究 30 年》等文章,阐释了探究式教学、探究性学习与研究性学习的概念并做了比较,还对美国的探究教学研究做了深入的了解和介绍,呈现了探究教学的最新研究状况。

纵观国内探究教学研究的现状,我们可以清楚地看到:目前探究教学研究主要在理科中广泛开展与实践,而且较多地侧重于实验方面的教学研究,因而具有一定的片面性和盲目性,如何能在各科教学活动中有效落实探究教学,使其高效地在课堂中广泛开展一直是教育工作者关注的问题和努力的目标,同时也是探究教学的未来发展趋势。因而,把探究教学引入各科教学过程中,将有助于把目前正在进行的基础教育改革引向深入。

3.中学地理探究教学的兴起和发展

长期以来,大家都认为探究式教学只适用于那些需要逻辑推理、实验和计算验证假设的理科课程,从目前的研究现状来看,大多数研究也是偏重于理科学科,涉及文科学科的较少。然而探究式教学作为一种普适性教学方法,应该同样适合文科教学,也包括地理教学。因为科学不仅包括自然科学,也包括人文科学,只有两者相结合,才能使学生正确体会人与自然、人与人、人与社会之间和谐相处的深层含义,才能促进学生人文精神和科学精神的和谐发展。

非常可喜的是,近年来,探究式教学在人文学科领域得到了广泛应用,研究成果不断涌现出来。在高中地理教学方面,许多学者对探究式教学在高中地理教学中的应用进行了研究,发表了一系列的论文和专著。江苏、浙江、上海等地的学校还专门进行了地理学科探究教学的实践,许多站在教学第一线的骨干教师把自己几年来在地理探究教学上的想法、做法以案例等形式汇编成书,如广东教育出版社发行的由周慧编著的《地理探究性学习方式的实验研究》、广西出版社发行的由霍益萍编著的《研究性学习实验与探索》,让我们看到了探究式教学在地理教学中的成功应用。

普通高中地理课程的设计与实施有利于学生学习方式的转变,倡导学生主动学习,在多样化、开放式的学习环境中,充分发挥学生的主体性、积极性与参与性,培养学生探究地理问题的能力和实事求是的良好品质。

4.探究式学习在高中地理课堂教学中的必要性

根据《国家中长期教育改革和发展规划纲要(2010—2020年)》,对高中阶段的教育要求是培养具有创新意识和创新能力的高素质人才。《地理课程标准》也明确要求培养学生的创新意识和实践能力,增强学生的可持续发展理念和社会责任感,这是时代赋予高中地理教育的使命。地理学科涉及领域广泛,与人们的日常生活联系密切,具有很强的实践性。在学生问题意识、创新意识形成方面,甚至是实践能力、创新能力的培养方面具有不可替代的作用。

目前,高中学校教师仍是教学过程中的主导者,学生的学习活动多是围着教师转、围着考试转。学生自主学习的机会较少;自主学习空间较小;重视学习结果远胜于学习过程。以至于学生的问题意识、创新意识较弱;理论联系实际、解决实际地理问题的能力较差;学习的积极性也不高。所以,改变教师主导的接受式教学方式,开展以学生的自主探究为主的探究性学习方式,对培养学生的问题意识和创新意识,提高学生的实践能力有非常重要的意义。未来社会所需人才不仅是具有知识和技能的人才,而且是具有参与意识、竞争意识、合作意识且勇于进取的人才,更是具有创新精神、创新意识和创新实践能力的人才。所以,探究性学习的开展更显得刻不容缓。

5.探究性学习在高中地理课堂教学中的可行性

处于高中阶段的学生,他们的心理、思维与初中阶段相比都发生了很大的变化,不喜欢被人约束、控制,思维很活跃,个性较张扬,抽象思维能力也逐渐增强。对未知世界充满好奇,并希望用自己的方法去探索、用各种方法去尝试,哪怕最终失败也百折不挠。其逐渐增强的好胜心不甘于只是在课堂中听取教师的讲述。教师可利用学生的这种心理特征,指导他们进行地理知识的探索。

地理学科知识涉及范围广,实用性较强。很多地理知识或地理规律、地理现象就发生在我们身边,教师利用日常生活中的地理现象引导学生进行探究,不仅改变了学生的接受式学习方法,还有利于提高学生的地理学习兴趣。在现行的新教材中,安排了很多的"活动"环节,有一些重要的地理知识或地理规律是通过学生的活动来揭示的,这在一定程度上促进了探究性学习的开展。教材中的区域地理减少了区域学习数量,却要求通过不同类型案例的探究,掌握不同类型区域学习方法。因此,我们不难发现,地理学科很适合进行探究性学习。

《地理课程标准》强调探究不仅是地理学习方法的主导思想,更是重要手段。其规定学习的知识数量减少,课程目标也更侧重于学生各方面能力的提高。这就为探究性学习的开展提供了有力的支持。另外,网络信息技术的发展也为探究性学习的开展提供了更优越的条件。

二、高中地理探究式教学方法类型及适用性分析

为了达到更好的教学效果,探究式教学只是众多课堂教学方法中的一种,是否选用该教学方法,选用哪种类型的探究模式要视不同探究类型的特点、学校教学资源及教学内容的适宜性而定。

(一)高中地理探究式教学方法的类型分析

高中地理探究式教学方法类型较丰富,笔者从属性、时间、空间几个维度来划分探究式教学的类型。

1.从属性维度划分

(1)探究完整程度

按照探究完整程度,高中地理探究式教学方法可划分为局部探究和完整探究。局部探究是教师为实现特定的教学目标,特别将个别环节设计为探究活动的重点,淡化或省略其他要素,即指包含部分探究环节的探究活动。其优点是有一定的深度、节省时间、易操作,其不足之处是缺乏对知识的宏观把握、没完整的过程、学生不知前因后果,实施难度为中等。

例如,在人教版高中《地理》必修1中"热力环流"这个基本的地理原理的教学活动中,某教师为了培养学生动手、观察和总结归纳能力,让学生通过小组实验设计探究活动步骤,把制订计划这一局部探究活动设计为重点,通过观察实验收集证据、得出结论。完整探究是指按步骤完成所有探究环节的探究活动。其优点是较全面、易形成思维的广度和深度、前后联系性强,其不足是需较长时间、受限制因素多,如设备不足、没有较多时间实验或调研,实施难度较大。

（2）探究的自主程度与开放程度

按照探究的自主程度与开放程度，高中地理探究式教学方法可分为自主性探究和教师指导性探究。教师指导性探究是指学生在教师设计好探究问题、探究步骤，甚至面面俱到的指导下完成的探究学习，主要特点是将探究教学和传统教学的优势进行整合，它可以很好地用于建立某些特定的概念和规律，探究问题方向明确、时间短、效率高，可帮助学生少走弯路。其不足是学生的主动性探究受限，不利于学生发现问题和创造性地解决问题。这种教学模式易于操作，难度体现在教师参与度和适时参与的控制上。

自主探究性学习即主动学习，就是要让学生主动接受外界的刺激，对所发现的新的知识信息进行加工、整理，由此建构起新知识的意义。自主探究受其他因素干扰少，学生自主性强，思路开放，能够发挥学生个人的特长，训练学生的自主能力，不仅是一种能充分调动、发挥学生主体性的探究式学习方式，而且是一种深层次的教学理念。它有助于激发学生的学习兴趣，形成有效的学习策略，让学生在自主学习的环境下合作探究、讨论总结，使每个学生都能得到充分的发展。但也存在着受学生个体能力差异影响、问题不易解决、参与人数少、个人能力有限、不好集思广益、可使用资源有限等问题。

（3）探究的学生数量

按照探究的学生数量，高中地理探究式教学方法可分为合作探究与个体探究。课堂教学中实施的小组合作学习是将班级学生分为几个小组，每个小组在一起学习、讨论、探究，共同完成每节课的内容或教师下达的学习任务，其优点是发挥集体智慧、培养学生的合作精神、不同程度的学生可互补、分析问题更全面,在小组合作中以优带差,根据每节课内容的需要,明确小组成员的责任分工并进行互助性的学习活动,有利于促进学生主动参与学习活动。同时也存在着受学生个体差异影响、耗时长,个别学生惰性强、从不发言、坐收成果的问题,因此要尊重学生"多元智能",实施多维互动,其产生的合力效果远大于单一的智能,进而促进学生对小组合作探究的认同感和自豪感,增强合作的默契度,推动成员潜能最大限度地开发,以达到更加有效的目标,形成合作探究中的良性循环。

2.按照探究式教学开展的空间范围划分

按照探究教学开展的空间范围,高中地理探究式教学方法可划分为课内探究、课外探究和课内外结合探究,以下主要介绍前两种。

(1)课内探究

课内探究是"学生在相对固定的时间、空间内,围绕着特定的学习内容所进行的探究学习活动,尤其是高中地理新课程各个模块中都安排了典型的科学实验或探究活动。

(2)课外探究

课外探究是教师和学生利用室内和户外、校内和校外、社会或公共场所进行的探究式学习,课外探究易于学生发散思维,学生积极性高、可实地观察,使学生的学习面向社会和生活实际,从中获得直接经验与体悟。值得指出的是,课外探究信息量大,学生不易掌控,教师要根据教学目标和探究活动的内容特点选择场地,并在设计前期充分做好探点、调查工作。进行课外探究活动设计时,要充分考虑当地的设施条件,学会利用当地的各种资源。在设备和仪器不完善的学校和地区,还可以让学生自己动手制作一些简单的仪器,这不仅能解决设备不足的问题,而且还增强了学生的实践能力和探究能力。

3.按照探究开展的时间划分

按照探究开展的时间,高中地理探究式教学方法可划分为课前探究、课时探究、课后探究、单课时探究、连课时探究等,以下主要介绍前三种。

(1)课前探究

课前探究是指在有教师组织教学前,学生利用课余时间对教师指定的思考问题进行探究。探究过程中学生会通过调查、访问、查寻有关资料,甚至操作、实验、推理演算等方式获取信息,感悟知识,获得结论,寻找解决问题的途径。

(2)课时探究

课时探究是指在教师组织教学时,明确探究内容,选择探究方法,组织探究,交流探究过程和结果的探究性学习,学生在相互交流、讨论中互相启发、相互评价,标新立异,大胆求新,从而增强学生主体意识,提高教学效果。

(3)课后探究

课后探究就是对已经学习过的内容进行再探究,对所学知识经过再次全面认识,加深对相关知识理解的广度和深度,起到理论联系实际的作用,加强学生对知识的掌握和应用能力。

综上所述,随着时间、空间的变化,用于探究的地理问题也发生了变化,探究相同的知识内容,可以结合不同的问题展开,在不同地方、不同时间上,应结合自身问题设计探究方法;一些现实问题,如禽流感空间分布、地震灾害分布等,可结合现实问题进行设计,以使问题具有时效性。

（二）探究类型比较分析

在高中地理探究教学方法的选择上凸显出以下三个方面的特点。

第一，多倾向于局部探究、案例探究、讨论探究、课内探究、单课时探究、小组合作探究及教师全程指导学生探究，这七种探究类型具有以下两个共同点：一是节省时间、易操作。由于在应试教育环境下，既要提高教学效率，还要兼顾过程性学习，提高学生分析、探究问题的能力，因此这七种探究式学习方法成为师生主要的选择，同时也说明了在高中地理教学中因课时数量的不足而限制了更多探究类型更好地开展。二是针对性强，效率高。一方面，这七种探究方法适合开展相应内容的探究活动，另一方面也是为了更好地适应学考，尤其是高考。便于教师掌控课堂学习环境，包括有利于教师调控时间、课堂进度、课堂纪律等，这样做的优势是有利于探究式教学方法的开展，提高教学效率，少走弯路，减少盲目性，但同时也反映出接受式教学思想的根深蒂固。

第二，影响探究式教学方法顺利开展并取得良好效果的因素主要包括以下两方面：一是课内时间有限，内容难以深入、探究的广度深度不够，影响进度，往往赶不上教学计划。二是设备不足影响探究式教学方法的实施效果，考虑到学生安全、实习场所不足等因素，课外实践难以开展，学生对自然、人文地理事物和地理景观的感知不足，获得地理信息和资料收集的途径受限，影响了探究式教学方法的实施效果。

第三，学生自主能力不足对教师的依赖性高。主要有以下三个影响因素：一是受传统教学方法的影响，学生在高中学习前已经习惯了教师讲学生听的教学模式，思维惯性和思维定式使学生对教师依赖性强。二是探究目标不明确，探究方向不易把握，盲目性强，可能会出现敷衍塞责或不了了之的现象,自主探究能力不足。三是个别学生惰性强,从不发言,坐收成果,等待其他学生和教师公布结果,被动学习,缺少主动探究的精神。

(三)探究类型与教学内容的匹配性分析

探究式教学方法是以学生为主体,通过探索、研究来获取知识,是以问题的解决为中心,而不是以一般知识的掌握为目的,因此选择适宜不同类型的探究式教学方法的高中地理教学内容是有效开展探究式教学的关键。

1.高中地理知识的分类

"按照认知层次,高中地理知识可以分为地理感性知识和地理理性知识。"地理感性知识主要由地名、地理位置、范围、景观、数据等构成,这类地理知识在认知过程中处于感性认识层次,学生通过听讲或阅读就可以理解、记忆,不适宜开展探究式教学。例如,地球的圈层结构及大气的垂直分层、海拔高度和相对高度等。地理理性知识主要包括地理概念、地理特征、地理成因和地理规律,这类地理知识是在感性认识的基础上经过抽象思维形成的理性认识,需要过程性理解,可探究性强。例如,昼夜长短的变化规律、季风环流、气压带和风带等。

"依据微观、中观和宏观的认识层面将地理知识分为地理陈述性知识、地理程序性知识、地理策略性知识和地理情感性知识。"地理陈述性知识是指回答"它是什么""它在哪里"的知识,包括地理术语、地理名称、地理分布、地理景观、地理演变、地理数据等事实性的地理知识,这类地理知识通俗易懂,不适宜探究式教学方法的开展。地理程序性知识是指"它为什么""它意味着什么"的地理知识,即地理原理性知识,主要包括地理概念、地理特征、地理规律和地理成因。地理策略性知识是指"如何思维、怎样去学"的知识,包括地理感知能力、地理信息能力、地图运用能力、地理阅读能力、地理实践能力和地理思维能力。地理情感知识是指能够促使学生自身思想、情感等发生变化的知识，即《地理课程标准》中要求的"情感、态度与价值观"。

2.适宜探究式教学方法的高中地理知识的特征

对于适宜选择探究式教学的高中地理教学内容，主要分布于地理理性知识、地理程序性知识和地理策略性知识。有的教师选择了地理程序性知识（主要用于回答"它为什么""它意味着什么"的地理知识）和地理策略性知识（主要用于回答"如何思维、怎样去学"的知识），并认为对学生的最大益处是促进学生素质发展、学生自主学习能力的提高，以及注重学生情感、态度和价值观的培养。

3.探究类型与教学内容的匹配性分析

各种不同类型的探究式教学方法，有其不同的特点和功能，在确定好要讲授的内容后就要选择和设计与之相匹配的探究类型，依据问卷调查、教师访谈、高中地理知识分类及不同类型的探究式教学方法的特征总结的案例做匹配性分析。经分析得知，陈述性知识不适宜大量采用探究式方法学习，而程序性知识和策略性知识较适宜于探究式教学方法的开展。

(四)高中地理探究式教学方法的适用性选择原则

1.创设情境，激发兴趣的原则

"兴趣是学习最好的老师"，如果没有了兴趣，探究教学效果就会大打折扣。为了更好地激发学生的探究兴趣，教师要关注该年龄段学生的心理特征和思想特征，要关注他们的生活环境，以此为视角来创设问题情境，激发兴趣，如"青藏高原为什么比四川盆地的晴天多"等问题。

2.因地制宜原则

因地制宜原则的主旨是进行高中地理探究式教学方法的选择和应用

时要根据学校、班级和当地所处的社区地理环境的具体特点,安排适宜的探究式教学。具体地说要注意以下三个方面:一是高中地理探究教学方法的选择要依据学生的年龄、心理特点和生活经历。二是充分考虑学校的教学条件、学习资源和当地地理环境特点,选择相适宜的探究式方法。三是充分发挥利用当地的优势和特色选用适宜的探究方法。例如,城市的教师可选用博物馆等进行实践性探究。

3.激励性原则

营造充满激情和快乐的课堂氛围是教师上课的任务之一。例如,在讲授人教版高中《地理》必修 1 中"地球的圈层结构"内容时,教师可选用局部实验探究的方法让学生理解地震波在研究地球内部圈层结构中的作用,具体方法是:教师在课前准备两个不透明的塑料空瓶,一个里面放巧克力,另一个里面放橡皮擦,然后让两名学生分别摇一摇,再让他们猜里面放了什么,依据是什么。无论猜对与否教师都要鼓励这两名同学说出他们的活动感受,并通过这两名同学的活动感受引导全班同学分析出"地球内部的物质组成和圈层结构就是依据地球内部传出来的地震波的传播特征推理得出的",然后将里面的小物品送给参与活动的学生。在这个案例中我们可以看出,教师激励学生积极参与,大胆猜想,勇于表达,同时也激发其他学生的好奇心,从而带着问题深入探究。

4.多种探究方法相互补充的原则

在实际教学中教师应根据教学内容和学生特点,采用多种类型的探究方法相结合的方法,使教学更具时效性。例如,在探究"如何减少二氧化碳的排放量"这一问题时,教师可以在一周前布置让学生自己查阅资料,收集相关信息等,到了正式课堂学习时先让学生小组讨论,展示各自的探究成果,然后各抒己见,互为补充,最后教师归纳总结。在这个案例中既有课外探究,也有课内探究;既有学生个体探究,也有小组合作探究。这种探究教学方法的灵活使用,互为补充,使教学效果达到最佳。

5.因材施教的原则

新课程改革中的一个重要理念就是:每一个学生,都有权利得到适合于自己的教育。如做同样的地理演示实验,对于性格外向又好动的学生,教师要求他先观察再动手操作,防止操作不当造成意外情况的发生;而对于那些性格内向,又不善于动手的学生,教师可以在旁边指导,让学生按步骤操作实验过程,加强他们的动手能力。

三、高中地理课堂中探究式学习的策略

(一)高中地理探究式学习的实施原则

1.学生主体性原则

在地理课堂的探究式学习中应该坚持以学生为主体,教师适当启发、指导的原则。在课堂中,教师首先通过提供探究学习的空间、创设探究情境等,激发学生的学习兴趣,促进学生形成探究学习的主动性,使学生愿意参与到探究活动中。其次,最大可能地为每一个学生提供动手动脑的机会,让学生说、让学生做、让学生展示。教师要引导学生大胆设想,拓展学生思维,尽量使学生处在主动探究的情绪状态中,以逐步培养学生的探究能力。在交流、汇报、反思阶段,要为学生创造机会表达与展示自我,让学生在探究中提升自我效能感,并在组员之间共享探究的成果、分享成功的喜悦。例如,在教学中教师不妨试试与学生角色互换,让学生来教教师,让学有余力者来充当学困生的"小老师"。在讲人教版高中《地理》必修3中"长江流域的开发与整治"内容时,其中有关于"兴建三峡工程的利大于弊

还是弊大于利"的探讨,笔者在组织教学时,设计了一场辩论会。该辩论会中,班长负责组织协调,将班级分为两大方阵:支持方阵和反对方阵。各方阵内在自愿报名的基础上设资料搜集者、整理者、辩手、记录员、摄影师等。学生在课前收集并整理好资料,在课堂上引用数据、列举案例等,进行了针锋相对的辩论。在辩论中探究,在辩论中思维碰撞,学生通过辩论受益匪浅。

2.选材恰当性原则

探究式学习并不完全否定其他好的学习方式,也不是放之四海而皆准的法则。并非所有的教学内容都适合于探究式学习,那些通过简单的"师传生受"就可以达成的,无须探究,可采用接受式学习方式。而那些需要复杂的、多维的、动态的思维活动和操作行为,要通过不断地自我认识、自我否定、自我评判、自我建构的知识,才有探究的价值。教师必须在研究教材和了解学生实际能力的基础上确定适合探究式学习的教学内容、教学目标、探究对象等。例如,在学习洋流部分的知识时,不少教师整节课都选择探究式学习方式,其中世界洋流分布规律较适合采用该学习方式,而"洋流"概念这种陈述性知识可以直接讲授给学生。

3.问题导向性原则

实施探究式学习时,教师通常要在教学中创设一定的问题情境,并指导学生围绕问题情境进行探究活动:提出问题、解决问题、探究结论。例如,在学习鲁教版高中《地理》必修3中的"资源的跨区域调配——以南水北调为例"内容时,教师可以设计问题:"为什么要实施南水北调工程? 为什么选择长江作为调水的水源地?怎样实施南水北调工程?南水北调工程实施后对调入区和调出区分别会产生什么影响? "通过设计"启发式问题"，引导学生准备材料、分析材料，并判断比较。在探究过程中，应鼓励学生积极提出各种问题，在充分讨论的基础上，引导学生确立有意义的、可操作的探究问题。

4.过程探究性原则

与传统教学的师讲生听相比，探究式学习往往在探究初始时呈现出一个个需要分析、探究的问题，带着问题去探究，甚至可能在探究中生成新问题；在探究过程中，需要学生调查研究、动手操作、观察感悟，在参与中体验知识生成的过程，逐步提升观察发现能力、质疑创新能力、综合实践能力；探究的结果也具有开放性，不一定有唯一答案或结论。

探究式学习过程是一个激发学生进行创造性探索的过程。学生知识的构建就是在探究过程中逐渐内化实现的。例如，鲁教版高中地理教材必修1中第二单元"常见的天气系统"部分，在分析水平和垂直方向上反气旋气流的运动方向时，教师不要直接给出结论，而是要让学生通过探究实验，模拟演示气流运动的过程。

5.评价多元化原则

探究式学习的评价应兼顾诊断性评价、形成性评价和终结性评价。在探究课堂中应以形成性评价为主。评价是为了促进学生的发展。

从评价目标来看，探究式学习评价目标可以定位在以下三个方面：首先，检查学生的学习质量，引导学生的学习方向；其次，挖掘学生的探究潜能，促进学生探究水平、创造精神的不断发展和提升；最后，检验教师的教学效果，调整教师的教学。

从评价方法来看，学生的探究素质往往难以通过笔试来加以评价，因为笔试中无法显示出探究素质的方方面面，应实现形成性评价和终结性评价并举,绝对评价和相对评价相结合。如采用档案袋记录学生的历次探究表现从而综合全面地对学生加以评价。从评价内容来看,不能把是否探究出结论或结论是否正确作为唯一或最主要的评价指标,而要关注学生对探究本质的把握、对探究方法的理解、在探究过程中的参与度等。

(二)高中地理探究式学习的实施程序

1.提出问题阶段

教师可以创设激发学生兴趣和探索欲望的活动情境,引导并鼓励学生自己提出探究问题,培养学生发现问题、提出问题的能力。在探究过程中,学生仍然可以提出子问题、新问题,教师也可以插入问题。

探究问题可以来自课本,也可以打破教材的束缚,在教材的基础上,教师引导学生去探究更广泛的生活领域的各种问题。探究问题应来源于生活,并与学生的生活直接或间接经验紧密相连,确保问题能激起学生兴趣,确保问题是有效的。例如,在学习人教版高中《地理》必修 2 中"中国的可持续发展之路"一节内容时,教师可以提出问题——"生态农业的蓬勃发展对我的家乡发展有何启示?"在教学中鼓励学生为家乡的发展献计献策。提出问题后,教师可以进一步指导学生确定主要问题,提炼出几个子问题,明确探究方向,并分组、分工,明确各自探究的职责。

例如,在人教版高中《地理》必修 2 中"农业生产与地理环境"一节的课堂教学过程中,某教师通过播放视频"盐城真漂亮",激发学生提出问题,总结提炼归纳,明确探究问题:"影响盐城农业发展的优势区位条件有哪些?"并引导学生分解成两个子问题:"影响盐城农业发展的自然条件有哪些?""影响盐城农业发展的社会经济条件有哪些?"根据两个子问题,学生自愿组合形成两个探究小组,其中一个小组探究自然条件,另一个小组探究社会经济条件。小组各自推荐组长,由组长协调任命资料收集员、文字整理员、记录员、发言人等。

2.收集资料阶段

学生在这一阶段的任务是收集到足以解释问题的相关资料。从资料的来源途径看,可以来源于网络、图书馆、班级书架、书刊等,甚至可以争取社区和家长的支持。从资料的呈现形式看,可以是纸质文字资料、课件、照片、邮票、音频、视频文件等。在具体的地理课堂教学中,由于时间限制,教师也可适当提供部分与教学内容相关的资料给学生,使得学生能够在有限的时间里获得足够多的有效信息。

3.形成解释阶段

在前一阶段的基础之上,学生将搜集到的数据信息整理归纳,之后将其纳入头脑中已有的知识结构中,形成对问题的初期认识。当然这个阶段中,教师要提供一些有关资料分类和资料整理方法的知识,让学生有方法可循。

例如,在人教版高中《地理》必修 2 中"农业生产与地理环境"内容的教学过程中,为了探究某地发展的优势条件,探究自然条件的小组从教师提供的资料包中选择了某地地形图、某地水系图、某地气候图等图片,以及一些文字资料,分析出某地地形比较平坦;季风气候,降水充沛;河流众多,水源充足等条件。探究社会经济条件的小组选择了某地人口统计表、某地三产结构比重表等,分析出某地人口众多、劳动力丰富、市场需求大等条件。

在解释问题时,还要语言简练,有一定的概括性。学生要学会准确、客观地表述探究结论的适用条件和地理规律,表述的语言要科学。

4.尝试评价阶段

评价可以是学生自己对探究学习过程的回顾和反思，也可以是发生在师生之间、生生之间的互动评价。

在这个过程中，教师要引导学生对整个探究活动中获得的经验或教训做一下梳理。引导学生回顾在解决当前问题时用的方法，记住这些方法，并鼓励学生举一反三地解决新问题。

5.交流反思阶段

学生交流反思的形式多样，可以是个人或小组简单的汇报，可以是观点辩论，可以是演讲比赛，甚至可以唱出来。

例如，在学习人教版地理教材必修3中"区域水土流失及其治理——以黄土高原为例"一节课时，某教师引导学生回忆风向，选唱了《黄土高坡》里的部分歌词："我家住在黄土高坡，大风从坡上刮过，不管是西北风还是东南风……"学生学习热情高涨，一起跟着哼唱。之后，该教师布置学生课后收集有关地理知识的歌曲的作业。在第二节课上，学生主动要求组织了一场"地理里的那些歌声"的汇报会，有演唱、投影介绍等形式。在资料收集与汇报演出的历练中，学生对地理学科的兴趣渐浓，自我学习能力得到了提升。"放开手，还课于生"的课堂是如此精彩！

学生交流反思的范围大小可以自主选择，可以是师生之间，也可以是在同桌之间、小组内部、班级中的组与组之间，在相互交流中，发现问题、合作共赢，通过交流与反思，分享了探究式学习的成果，增强了学生的合作意识，提高了合作探究能力。

总的来说，交流反思阶段也是学生进行自我反思、思维碰撞的过程。教师要引导学生对自己的探究方式进行分析，特别是对问题的解决过程进行反思和归纳。针对伙伴提出的合理意见，完善和改进自己的探究方案，取长补短。

(三)高中地理课堂中探究式学习的策略

在教师指导下学生的探究式学习既强调学生学习的积极主动性，同时也不可忽视教师的指导作用，二者应最大限度地达到良性循环的目的。整个过程以学生的探究式学习活动为主要线索，在每一个环节上都应落实教师的指导作用，师生共同完成整个探究式学习过程。因此，在探究式学习中，教师和学生是一种"学习共同体"的关系。

1.有效提出问题，激发探究欲望

爱因斯坦说过："提出一个问题比解决一个问题更重要。"问题是探究的开始，学生的整个探究活动就是由问题引发的，没有问题就没有探究式学习。在探究式学习的活动中，学生提出问题能力的培养应当贯穿于整个探究式学习活动的过程中。探究问题的有效性是相对的。因为对于不同的学生来说，哪怕是同一探究问题，因其问题情境、呈现方式不同，其意义和效果也可能差异显著，造成同一问题对部分学生无效、对部分学生有效的局面。我们可以从下面三个方面提出有效的探究问题。

(1)教师创设问题情境，激发探究欲望

在教学中能否提出问题，关键在于教学中教师问题情境的创设。由于学生所处的年龄层次不同、社会经验有限，其不同于学习目的明确的成年人，其学习的积极性、主动性往往受到客观因素的影响。在探究学习过程中，一个充满疑问和问题的情境很容易调动起他们探究的积极性。教师可以制造学生认知和教材内容的不同、与现实情况的不同，巧妙地把学习的内容转化为问题情境，将学生引入问题情境。这样学生容易产生强烈的探究欲望,也就是让思维有了方向和动力。

例如,笔者在教授人教版高中《地理》必修 2 中"农业区位因素"一节课时,通过多媒体设备教学,以一幅幅不同农业地域类型的景观图片配上轻音乐展示,同时配上诗歌请一位学生朗诵,营造出农业是如此美丽的氛围,大大激发了学生探究不同农业类型的欲望。特别是看到一组云南元阳梯田的照片时,很多学生都惊叹:"太漂亮了! 这是在哪里? 这是什么农业?"笔者再加以指导,帮助学生形成规范的探究问题。

(2)学会提出问题

首先,提出问题的思维含量要有效。在本书中,思维含量指的是问题既基于学生的认知基础,又具有一定的挑战性;问题应具有一定的差异性,问题关注个体差异,各层次学生都可以在不同层面上做出解答。这样学生才能在探究式学习的过程中,选择、设计适合自己的探究方案。因此,只有那些真正具有思维含量的问题,才能拓展学生的思维,才能让学生享受到自我探究的愉悦,才有利于培养学生的探究精神和探究习惯。例如,有些学生提出以下三个问题:"月球基地应该是什么样子的?""地理环境为深圳的经济发展提供了哪些条件?""三峡大坝该不该建?"这些问题引发了学生的思维活动,引发学生进行广泛的猜想。

其次,应鼓励学生主动感知生活,提出探究的问题,并引导学生真正深入到探究学习过程中,他们就会提出这样或者那样的问题,这些问题由于是学生切身处于问题情境中发现的,就会对它们产生强烈的探究兴趣。

例如,"是否可以用南极的冰山解决沙特阿拉伯的缺水问题?""你家的住宅在其所在城市乡村中布局合理吗? "当然也可以预设学生感兴趣的、关心的问题,这就要求教师要体会学生的心理,了解他们学习的实际,最大限度地使问题和学生个人心中的疑问产生共鸣。例如，2013年12月初江苏境内发生了严重的雾霾天气，大多数中小学停课放假。电视、报纸、网络等媒体上也高密度地介绍雾霾天气的范围、成因等。此时，学生对雾霾的相关问题兴趣正浓，经常在家、在学校讨论，也会产生不少疑问，这些疑问会促使他们产生新的探究愿望。教师可以借助这一时机，与学生学习环境保护的相关知识，指导学生提出探究问题。例如，"这次雾霾严重的原因有哪些？""雾霾的危害主要有哪些？""我们可以采取哪些措施来提高大气环境质量？"等。

（3）学会表述问题，确定探究选题

学生应学会从地理学角度明确表述所发现的问题，不仅使探究问题中的内容有一个明确的主题，而且也使别人对该问题的核心有一个初步的、大致的了解，并在此基础上进一步确定探究选题。

例如，要从地理学角度明确表述地理规律，就需要表述所探究的地理规律内容和存在该规律的地理条件，如某同学旅游归来，提出"从北京乘火车到乌鲁木齐，为什么沿途看到的植被大不相同？是什么原因导致的呢？"表述了探究的方向和有待于发现的规律与影响因素。将学生的兴趣点转化为一般生活问题，并进一步提炼出要研究的地理探究课题，即确定研究选题。但在一般的课堂中不一定特别强调科学研究中的"选题"概念，可以以"问题"的形式笼统称呼之。

2.多方收集素材，奠定探究基础

学生应学会多种收集素材的方式，如文献查阅与分析、网络检索、观察、调查、访谈、参观、实验测量等。文献查阅与分析、网络检索可以作为课前任务布置给学生，让学生准备相关资料；也可以带学生到多媒体教室上课,分组当场网络查阅;或者教师适当提供一部分相关资料给学生,如照片、报纸、学案所附的背景资料。

例如,在"农业生产与地理环境"一节的课堂教学中,笔者在最后设计了"我为家乡发展献计策"的探究环节,引导学生从笔者课前备课的素材包中选取能解决问题的资料。

观察和实验也是地理学科收集数据的重要方式。观察是人们有目的、有计划地感知和描述客观事物的一种科学认识方法,是一种基本的认识活动。观察收集数据要有严谨的科学态度,同时也需开动脑筋来进行观察。地理实验不同于在自然条件下对地理现象进行的观察,因为实验是人工控制条件下对地理现象的探究过程。通过观察、实验收集数据都应注意以下两点:首先要有明确的观察目标,知道是在哪一个研究对象上收集信息;其次要明确收集信息的内容,知道所收集的是反映哪一现象的特征的数据。

例如,在学习"区域水土流失及其治理——以黄土高原为例"内容时,笔者设计了植被水土保持作用的实验。准备两个木板,一个上面放满沙土,另一个上面放满种有杂草的沙土。两个木板与地面成相同的角度放置,用洒水壶模拟降水。笔者指导学生观察哪一个板上的沙土更快流出,并观察水中的含沙量大小;也可以将流出的水土收集到桶中,经沉淀计算含沙量。

3.及时互动反馈,把握探究方向

在探究学习展开的过程中,肯定的反馈可以鼓励学生坚持探究,提升学生的自我效能感;否定的反馈可以帮助学生把握探究的方向,及时调整探究策略。例如,在实验性探究活动中,教师或组员可以观察实验者采取的实验方法是否正确,过程是否合理。正确时,教师要给予实验者及时的肯定;错误时,要帮助学生找出错在什么地方,错误的原因是什么,可以采取什么补救的措施等。在进行实验的过程中,学生既可以接受教师的反馈信息,又可以接受合作伙伴的反馈信息,以便及时地调整自己的实验方案,不至于发展到最后偏离探究方向。

4.促进合作交流,提升探究技能

学生作为探究学习的主体,其合作能力的强弱直接影响探究效果。因此,在高中地理课堂教学中,教师首先要注意培养学生的合作技能。合作技能的形成要求学生在探究过程中,会听——听重点、听观点的异同;会表达——语言简练、有重点;会交流——尊重他人,又有自己想法;会合作——目标明确、策略得当。其次,关注合作学习的有效性,形成合作的、正面的群体效应,努力提高学生在群体中的兴奋性,完善竞争机制,创造出超过群体中的个体总和效益。

例如,在教授"农业区位因素"一节课时,笔者在学以致用环节设计了"我为家乡发展献计策"的小组合作探究活动。为了提高课堂效率,笔者当堂给学生提供了几十份《盐阜大众报》(《盐阜大众报》上有专门的农业版面,有的介绍盐阜的观光农业、生态农业,如介绍射阳的菊花种植,用于花卉欣赏,或药用,或保健等)。请学生结合《盐阜大众报》提供的信息及已有的知识背景,分组讨论盐阜农业发展,路在何方。学生对地理课堂上能"看报纸"很兴奋! 各小组铆足了劲儿,寻找有关农业发展的新闻,主动到前面介绍发展方法,或提出自己的设想。下课的铃声都响了,xx同学还意犹未尽地跑到讲台前,要求介绍她的设想——借助网络平台,让盐阜家禽养殖业"鸡飞蛋走"!

5.重视评价功能,巩固探究成果

每个学生都有自己的智力强项和独特价值，对所有的学生都采用相同类别的评价体系是不合理的。在评价学生时,要充分考虑个体发展的差异,关注学生个体智力的强项,最大限度地促进学生个体价值的实现。

《地理课程标准》中也对地理教学评价提出建议:"评价目标多元化、评价内容全面化、评价方法多样化、评价主体多元化,强调兼顾形成性评价和终结性评价、定性评价与定量评价、反思性评价和鼓励性评价。"

课堂探究教学注重的是教师的引导、控制和学生的学习方式的转变,而在课外主题活动探究的过程中则侧重于通过学生自主的课外探究行为发展学生的自主参与能力、应用能力和实践能力,并使学生获得深刻的情感体验。

首先,在知识与能力方面,学生在探究的过程中,应用已掌握的知识与技能解决新问题,培养了发现问题、解决问题的能力,人际交往的能力,收集信息、处理信息的能力,撰写课题小论文的能力,运用不同的方式表达探究结果的能力。

其次,在过程与方法方面,学生通过活动的开展,查阅资料、调查访问,逐步掌握了地理学习中经常采用的调查法、访问法、资料查阅法、实践法等多种学习方法,并学会了灵活应用。

最后,在情感态度价值观方面,学生主动参与地理探究,激发了学生学习地理的兴趣和欲望,产生了对地理课的认同感,并在探究中获得了新知。例如,在"是否可以用南极冰山解决沙特缺水问题"课外主题活动探究中,一方面学生通过自己的亲身探索和体验,不仅了解了解决沙特缺水问题的可行性措施,更为重要的是感受了自主探究的乐趣和意义,从而增强了对地理课的学习兴趣。另一方面在课外主题活动探究中，还发展了学生团队合作精神，正确认识了自己在集体中的角色地位和应起的作用，培养了他们的人际沟通和交往能力，并懂得了尊重和欣赏他人的探究成果。此外，在活动探究中，还让学生养成了科学的态度，如"崇尚真理、尊重科学、实事求是、认真踏实"等。同时地理课外主题活动探究作为地理教学的一部分，它与课堂探究教学共同促进了高中地理教学对学生探究地理能力的培养，使学生不仅在课堂上而且在课外的学习中逐步形成探究的学习习惯，发展其个性，提高其综合能力。

但是在课外主题活动探究中，我们发现也有一些问题值得重视。

第一，从学生的探究报告中反映出个别学生在探究问题上的知识和能力的欠缺，所以应当更加重视学生的实际水平，为不同层次、不同需要的学生提供不同的课题。此外，不能对所有学生采用同一标准衡量探究成果，对能力强的学生可以指导他们在主题活动中深入探究，努力做到最好；对能力较弱的学生则关注他们的探究过程和能力在原有基础上的提升情况。

第二，增强探究活动中教师的及时指导和帮助。在实践应用过程中，我们发现当探究活动开始之初，学生由于对课题的兴趣而热情高涨，对探究活动的成果充满憧憬，但是随着探究活动的进行，学生的学习情绪会出现较大的波动，如找不到资料、完不成探究计划、小组意见分歧等，此时往往产生挫折感，如果此时教师不及时进行指导和鼓励的话，学生很容易丧失继续探究的信心和勇气。

第三，要注意加强与家长和学生的沟通。目前由于升学压力、社会环境的负面影响及对学生安全的过多担忧，导致开展课外主题活动探究遇到许多阻碍。这就需要学校、教师对家长、学生进行必要的解释，让他们了解课外主题活动探究的目的和意义,以得到他们的理解和支持。

　　第四,活动成果的呈现方式可以多样化。在实践研究中,我们主要采取了以下五种成果交流方式:一是报告式。学生把探究结果写成书面报告呈现出来,《探索地理的足迹,唤醒重庆抗战的记忆》就属于这种方式。二是表演式。通过学生的表演呈现探究结果。例如,举办每年一度的地理剧表演,通过学生自编、自导的演出,展现学生的主题探究成果。三是竞赛式。以开展比赛为主要形式。例如,可以通过地理小制作竞赛、地理人物竞猜等活动来呈现探究成果。四是辩论式。即通过设计辩题、组织辩论方式。五是壁报式。以壁报或手抄报等形式来开展。按照探究活动主题将学生分成多个小组,每组一个单位围绕主题办一份壁报或手抄报,然后呈现给大家。

　　总之,探究式教学是一个系统工程,学生的探究学习不应只限于课内校内,因此通过课堂探究教学和课外主题活动探究两个方面的整合作用,使学生在学习的全部过程中逐渐形成探究学习的方法,从而实现当前教育改革所倡导的学生学习方式的变革,并为他们今后进一步的探究和学习打下坚实的基础。

第三节　高中地理实践式教学

一、地理实践式教学概述

（一）高中地理实践式教学的概念

1.实践的含义

实践性教学的核心概念是"实践"。马克思主义哲学观认为实践是人类自觉自我的一切行为，即人类有意识、有目的活动，是能动地认识、改造自然和社会的全部活动。实践是认识的基础和来源，是认识发展的动力，是检验真理的标准，是认识的目的。

2.实践性教学的含义

《教育大辞典》中对"实践性教学"的定义是包括实验、实习、设计、工程测绘、社会调查等，旨在使学生获得感性知识，掌握技能、技巧，养成理论联系实际的作风和独立工作能力的教学方式。实践性教学是通过教师的引导，学生在实践中获得第一手的感性认识和直接经验，不断培养独立工作的能力，逐渐形成理论联系实际的治学态度的教学手段。

3.地理实践式教学的含义

华中师范大学教授李家清在《新概念地理教学论》一书中将"地理实践活动"描述为"课堂教学以外的，教师指导学生进行的各种课外、校外、野外学习活动"。地理实践活动课程是针对传统地理课程中学生以听讲为主的学习方式带来的弊病而提出的。地理学习中的实践活动主要是指以学生参与为主、以实践为主要形式的学习活动。地理实践活动课程主要依托地理实践活动来开展,以实验、观测、参观、考察等形式为主,活动的主体始终是学生,而教师的作用是启发、引导、组织调控及创设民主和谐的学习氛围。

(二)地理实践式教学的特点

1.教学方式的实践性

实践性是地理实践活动教学的根本属性。地理实践活动教学是突出"做"字当先的一种教学方式。在教学中通过对现实的地理问题的观察、思考、探究,学生从动手的过程中获得第一手的感性材料,为形成理性认识提供必要的前提条件,最终在教师的引导之下,以解决问题的方式来实现知识的建构、技能的培养和情感态度价值观的塑造。

2.组织形式的多样性

灵活的教学内容决定着灵活的教学组织形式。从实践内容来看,地理是一门横向学科,内容可以是自然地理,也可以是经济、社会、政治、文化等现象。从教学场所来看,地理实践活动课程的场所可以是学校内也可以是学校外,甚至是户外大自然,学生身临其境,教师亦能以情说理、以理证情。从实践方式来看,根据不同的实践内容可以选择观测、参观、考察、调研、讨论、答辩等形式来组织。

3.学生参与的主体性

主体性是指组织地理活动应发挥学生的主体作用,鼓励学生主动参与、自主活动,教师不搞强迫命令,也不搞包办代替。俗话说:"授人以鱼,不如授之以渔。"地理实践活动在教学过程中把学生作为活动的主体,立足于学生的学,以学生的主体活动为中心来展开教学过程。在整个过程中,学生应该是主动参与地理实践活动教学,自觉发挥主观能动性,用理论指导实践,用实践检验理论,以达到实践性教学的目的。教师可以看成是学生认知活动最直接、最主要、最基本的手段,学生可以凭借着教师的"教""导""启""化""诱""喻"等,以达到自己对客体(教学内容)的认知、理解和掌握。总而言之,要让学生站在"台前",自主"表演",教师应主动置于"幕后",当好"导演",搞好指导,做好解难和纠偏工作。

4.教学相长的互动性

地理实践活动教学的实质也就是师生交往、积极互动、共同发展的过程,有助于形成"宽松、民主、和谐"的师生关系和教学氛围,拉近学生和教师之间的距离,促进学生愉快主动地参与学习。同时,在地理实践活动课程中,师生合作共同研究,有利于激发师生的思维共振,在宽松民主的学习氛围下诱发师生现实生活中的"知识冲突",引起学生的求知欲。对于教师而言,这样的互动模式也有利于使其更加全面地掌握每个学生的知识结构和思维偏好,从而在教学设计和实施过程中更有针对性和指导性,达到因材施教的目的。

(三)地理实践活动教学的分类

1.按学科内容分类

地理实践活动教学的内容,可以由学生自己选择确定,也可以由教师提供选题建议;可以来源于教材和教学内容,也可以源于实际生活;可以是对自然地理现象的研究,也可以是对人文社科问题的探讨。按照地理相关部门学科可主要分为以下两种类型,为了更好地对地理实践活动进行分类,我们以高中地理人教版教材为基础,每个章节选取一个典型活动进行举例说明。

（1）自然地理实践活动

自然地理实践内容主要包括地球科学、气象与气候学、地质地貌学、土壤地理学、植物地理学、水文学等。相应的自然地理实践包括太阳高度的观测、月相的观测、气象观测、天气过程模拟试验、地质地貌实地考察及模拟试验、土壤和植物标本的采集、水文观测、洋流的模拟试验等，同时还包括基于上述自然地理知识的案例探究学习等形式。

（2）人文地理实践活动

人文地理的实践内容主要包括经济地理、人口地理、地缘政治、城市规划等。相应的人文地理实践包括围绕地理事物在人类的基本活动或社会运作过程中的问题，如城市规划、工业区位选择等内容；围绕当前人类社会面临的共同问题和所发生的重要事件选择活动主题，如环境污染、能源危机、自然灾害、人口增长、全球化趋势等内容；围绕社会群众共同关心的话题选择活动主题，如耕地减少、用水困难、交通堵塞、住房紧张等内容。同时，也包括基于上述人文地理和区域地理知识的案例教学、研究性学习、课题立项等形式。

2.按实践方式分类

（1）课堂实践活动

课堂实践活动是指在教室内或其他教学场所中开展的以学生为主体的实践教学和认知活动，主要包括研究性学习、案例教学、课堂实验等形式。地理研究性学习是指学生在教师的指导下通过研讨、分析、探究等方式获取地理知识、解决地理问题的教学活动，具有开放性和可探究性的特点，其内容源于教材或生活的方方面面。地理案例教学是通过对一个具体的地理教学情境的描述，引导学生对案例进行观察、调查、分析、讨论、实践、思考和归纳的一种开放式教学方法。地理课堂实验主要是教师通过一定的教具或实验器材在课堂中向学生演示地理事物和现象的过程，并引导学生总结其规律的教学活动。

(2)有组织的课外实践活动

由于一些地理事物的认知和地理概念的建立需要学生的直接参与和感受，传统的地理实践活动主要以课外活动为主，多为自然地理方面的探索。有条件的地区和学校会根据教学环境、教学条件、教学内容和学生的认知水平开展一些课外参观、考察活动，如气象观测、土壤植被考察等。随着课程中人文地理内容的增加和环境教育内容的渗透，经济地理、文化地理等方面的内容也逐渐增多。

(3)学生自主开展的实践活动

社会调查活动指在特定的社会背景和条件下活动，以主题的形式开展各种实践活动。学生在教师的指导下，可利用寒暑假的时间自主开展社会调查活动，主要是围绕人们社会生活中存在的问题和现象展开，其根本特点体现在活动的社会性上，其活动主要形式是调研、考察、访谈等，活动成果主要以调查报告、论文等形式呈现。

(四)高中地理实践式教学的意义

1.开展地理实践教学有利于达成地理教育的"三维"目标

《地理课程标准》从知识与技能、过程与方法、情感态度与价值观三个维度表述了对现代高中生地理学习的任务和要求。而地理实践教学的实施是实现这个三维目标的必然途径。

首先，任何一项地理实践活动，必定对相应的地理"知识与技能"的学习有着十分积极的促进作用。在高中地理教师中，普遍存在一种误区，即认为地理实践活动只对地理实践能力培养有正面效应,而对地理"知识与技能"学习花费时间多、效率不高,甚至没什么作用。地理"知识与技能"的学习过程包括识记、理解、运用。在地理实践活动中,学生亲身体验、认知地理事象,显然比教师从书本到书本的说教,认识得更为深入,理解也更深刻,更有利于记忆。同时,实践活动本身就是地理知识、技能的运用过程,有助于内化知识。从心理学角度考虑,地理知识包括地理表象和地理概念。学生通过眼、耳、鼻、手等感觉器官对地理事象进行看、听、闻、触摸等感知之后形成地理表象,再通过大脑思维形成地理概念。由此,学生对地理概念形成的认识,必须以地理表象为基础。而地理表象的获得都是学生参与地理实践活动的结果。所以,地理实践教学是达成"知识与技能"目标最直接、最有效的方法。

其次,地理实践教学本身即是学生运用地理知识解决地理问题的过程,是为了解决问题而学习、运用地理方法的活动。可以说,离开了地理实践活动,"过程与方法"这一目标就难以达成。

最后,《地理课程标准》中的"情感、态度与价值观"目标,内容相当广泛,包含爱家乡爱祖国的情操、环境意识、科学态度、公民道德、合作意识、团队精神等众多方面。进行地理实践教学,带领学生积极参与各项实践活动,无疑对"情感、态度与价值观"目标的达成起着十分直接而重要的作用。地理实践教学能有效激发学生地理学习兴趣。

2.开展地理实践教学是地理学科自身特点的内在需要

高中地理学主要是研究地理环境及人类活动与地理环境之间相互影响的一门学科,主要具备综合性、地域性和实用性的特点。

（1）综合性

地球表层是各种自然要素、人文要素有机结合而成的复杂系统,地理学兼有自然科学与社会科学的性质。地理学的这种兼容并蓄的特点,决定了地理学科是一门综合性很强的科学。其较强的综合性决定了学习地理科学具有一定的难度,而实践教学可以为课堂上和书本上抽象的、孤立的知识提供极为生动形象的例证和解释。参与了就有体验,有体验就有可能真正理解,真正理解了才能掌握,学生掌握了,学习才有效。地理实践教学对学生正确理解地理知识具有十分重要的意义。

（2）地域性

地理学不仅研究地理事物的空间分布和空间结构,而且阐明地理事物的空间差异和空间联系,并致力于揭示地理事物的空间运动、空间演变的规律。这种地域性一方面体现在地理事物的分布具有一定的规律;另一方面,还体现在不同地域之间又存在着差异性和特殊性,现场实验和亲身体验有助于学生对这种分布和差异产生感性认识,增强对所学知识的理解。

（3）实用性

地理学是以地理环境、人与环境的关系和人类社会可持续发展为主要内容的学科,在现代科学体系中占有显著的地位,在解决当代人口、资源、环境和发展等问题中具有重要的作用。学习知识的目的在于应用,学习终身有用的地理知识是新课程基本理念之一。实践教学可以使学生通过运用地理知识解决问题,从而看到地理知识的实用价值。

3.开展地理实践教学是落实素质教育的客观要求

素质教育是将知识的传播、能力的培养和素质的提高三者有机结合起来融为一体的综合性教育。实施素质教育的目标是培养学生的社会责任感、实践能力和创新意识,为各行各业的创新人才奠定基础,这既是时代发展的要求,也是建设创新型国家的要求。地理是一门实践性很强、综合性很高的基础教育课程,具有独特的素质教育价值。

4.开展地理实践教学有利于提高地理教师自身的素养

开展地理实践教学对地理教师提出了更高的要求,需要地理教师具备更多的知识和能力——组织协调能力和扎实的专业基础知识。地理实践教学类型多样,包括地理实验、地理野外考察、地理调查、地理观测、地理工具制作、地理图形判断与运用、地理综合专题研究、地理小论文撰写、地理信息收集等。在地理教学中,教师要带领学生开展好这些活动,首要的就是教师自身在这些方面有过硬的基本功,这样就会迫使地理教师经常有意识地锻炼自己,努力提高这方面的能力。

5.开展地理实践教学有利于提高地理学习效率

受传统观念的影响,现在仍有不少教师认为开展地理实践教学虽然有利于学生素质的提高,但对学生地理知识的系统学习不利,对考试的指导作用不大,尤其是占用时间多,这是一种片面的认识。其实,绝大部分的高中学生对地理实践教学有极大兴趣,而"兴趣是最好的老师"。通过实践活动可充分激发学生地理学习兴趣,促使他们热爱地理、追求地理,学习地理的积极性也会油然而生。同时,活动有助于对抽象地理理论知识的理解和记忆,并能将其运用于解决地理实际问题中。

二、高中地理实践教学的设计

(一)地理实践教学设计原则

1.尊重学生在学习中的主体地位

首先要尊重学生的生理、心理和年龄特点。《地理课程标准》提出"发展自主学习能力"，它主张在教学活动中，要以学生为中心，让学生全面参与、积极思考、亲自实践。

其次要给予学生独立思考的空间。地理实践教学活动内容的选择需要打破教师搞形式主义、包办代替的不良局面，还给学生一个独立的思维空间，强调学生的个体发展，发扬学生自主学习的精神，在教学的过程中鼓励学生去发现问题和解决问题，使学生在学习的过程中能够看到自己实践获得的知识成果，从而获得一定的成就感，提高学生学习地理知识的积极性。

2.教师要在整个过程中起指导作用

在实践前的准备工作时，教师一定要阐述清楚实践的目标、要求、过程等，做到有的放矢。在实践进行过程中，教师一定要深入学生当中，以帮助学生解决他们在操作过程中遇到的各种具体问题。在实践完后要注意总结分析，讲解本次实践当中的优点和存在的不足。

3.正确确定教学内容

首先，实践教学的内容要具有可操作性、现实性和乡土性，其所选择的内容必须贴近事件、人物、地点、时间等要素。活动课的内容应当紧扣生活、社会及课本，符合当地的现实情况，体现当地的特色。新教材的实践内容大多数是切合实际设计的，但也有一些是超出学校和学生能力的。如在一些偏远山区的农村普通高中，学校周边的文化娱乐设施几乎为零，那么像"商业网点调查"就不能实现，但像"地质考察""天文观测"却具有得天独厚的优势。

其次，实践教学的内容要具有趣味性。"兴趣是最好的老师"，学生的天性里对事物的兴趣和好奇是不容忽视的，随着年龄的增长兴趣也是难以磨灭的,他们往往从自己感兴趣的问题中提出实践的主题,所以在设计课外活动时要体现趣味性,增强学生对地理问题的探究热情。同样,教师提出主题,也应创设一定的情境,引发学生的兴趣,才能达到实践教学顺利进行的目的。

最后,实践的内容要充分体现思想性和教育性。例如,讲人教版高中《地理》必修3中"森林的开发和保护"内容后,教师应让学生把目光投得更远,如与我们生命息息相关的水资源,面对水污染日益严重的局面,让学生进行实地调查,到自来水厂实地考察水的净化过程。通过走访、调查、分析,让学生从多层面对调查的内容进行概括,让学生对自己生活的城市用水产生紧迫感和危机感,对每个同学都是一次心灵的洗礼,这种对实践的感悟绝非是课本上的知识所能达到的。

(二)教学内容的设计

1.地理实验类实践教学内容设计

地理实验根据操作者的不同又可以分为教师演示实验和学生操作实验。

(1)教师演示实验

在高中地理教学过程中,教师利用地理器材、教具等演示手段来加深学生对地理对象的理解,将实际事物同理论知识紧密联系起来,有助于激发学生的学习兴趣,吸引学生的注意力,从而使学生获得一定的知识量。例如,在讲到人教版高中《地理》必修1中"地球的宇宙环境"这一章时,教师可以通过三球仪对"月相的变化原理"进行演示,利用晨昏线仪来对昼夜的更替、形成进行演示,表现出昼夜长短中的变化以及变化规律,演示在一年当中不同日期的经纬度与晨昏线之间的关系 , 演示太阳直射点的动态变化轨迹和回归运动,演示昼夜长短的规律及变化等。

教师在进行演示实验的时候要求科学、准确,描述时语言简练,演示应尽可能面向全体学生,演示过程中要注意启发引导学生而不是直接告诉他们会出现的结果。以下列举"地砖偏向力"实验进行详细说明。

地转偏向力

实验题目:观察洗手池中水流下时的水平运动方向。

实验目标:通过此实验探究地转偏向力对水平运动物体的运动方向的影响。

实验假设:当把装满水的洗手池塞子拔出时,水的运动有三种可能:垂直下流,顺时针旋转下流,逆时针旋转下流。

实验准备:直径在 30 厘米左右的平底塑料盆一个(盆底中央人工钻出一个直径 1 厘米的小孔),木塞,水,碎纸屑。

实验步骤:

第一,用木塞堵住盆底泄水孔。

第二,塑料盆中盛满水(水量多些有利于长时间观察,现象明显)。

第三,盆中适当放一些碎纸屑(为了便于观察,可放些不同颜色的纸屑)。

第四,拿掉木塞后,观察盆中水的流动情况(要反复进行观察,最终得出结论)。

实验结果:水会按着逆时针方向旋转留下。

实验设计:①当地球仪静止时,在北半球从高纬度地区、南半球从低纬度地区各滴一滴红墨水,让学生观察红墨水的轨迹;②转动地球仪(自西向东),再同样地滴一滴蓝墨水,让学生观察蓝墨水的轨迹。

实验结论:地球上做水平运动的物体会产生偏向(赤道上除外),在北半球向右偏,在南半球向左偏。

迁移运用:演示结束后,教师再说明运动中的气流、洋流和河流都会产生偏向。并提问以下三个问题,以做到理论联系实际,加深对偏向的理解。

①在北半球向东流的河流主流会向哪一岸偏?

答案:不考虑其他因素影响应向南岸偏。

②开始向东流的气流会偏转成什么方向?

答案:北半球为东南方向,南半球为东北方向,赤道上不偏向。

③南半球向北流的洋流会向什么方向偏转?

答案:西北。

由此可见,在地理实验的过程中,学生可以不断体会和尝到"发现"和"克服困难解决问题获得成功"后的喜悦,从而提高学习地理的兴趣、增强信心、增强学习的欲望,进而转化为一种热爱。同时很多生活中学生司空见惯但又常常熟视无睹的问题,往往是地理实验的切入点,如果抓住这部分实验资源进行讲解将极大地激发学生的地理实验兴趣和地理学习兴趣。

(2)学生操作实验

在教学的过程中,教师还可以指导学生利用教具、学具及其他地理实验器材进行探究、合作及动手实践操作,从而获取自身的真实体验。以下列举"用冷热水模拟热力环流的形成过程"实验进行详细说明。

用冷热水模拟热力环流的形成过程

实验名称:模拟热力环流的形成过程。

实验过程:将冷水、热水分别盛入瓷碗中,然后放入密闭的玻璃容器内的两边，将点着的香伸入容器内，靠近冷水或者热水的一边，让学生观察烟雾的运动轨迹。

实验材料：长方形玻璃缸（长 100 厘米左右，宽 30 厘米左右，高 40 厘米左右）、胶合板或塑料薄膜、一盆热水、一盆冰块、一束香、火柴等。

采用小组合作的方式做以下实验。

实验步骤：

第一，将一盆热水和一盆冰块分别放置在玻璃缸的两端；

第二，用胶合板或塑料薄膜将玻璃缸上部开口处盖严；

第三，在胶合板或塑料薄膜的一侧（装冰块盆的上方）开一个小洞；

第四，将一束香点燃，放进小洞内。

观察烟雾在玻璃缸内是如何飘动的。你们发现了什么现象？由实验可以得出怎样的结论？

总结评价：学生在小组合作该实验的时候，从实验开始就动手操作，做出模拟热力环流的模型，这可以锻炼操作能力。点燃香之后，学生会一直关注香的烟雾如何飘动，在这个过程中学生的注意力一定是高度集中的，这就锻炼了学生的注意力和观察力。香的烟雾先下沉，从装有冰块的盆向装有热水的盆飘动，然后在装有热水的盆上上升，最后飘向装冰块盆的上方，形成一个循环。在观察完整个过程之后，学生会自然思考为什么会形成这样一个循环，经过积极的思考会很容易得出是由于冷热不均导致的环流。进而随着思维的扩散，想到全球范围内也会有冷热不均的现象，从而形成复杂的环流。这一系列的探究过程就体现着理解力、想象力、分析力、逻辑思维能力等多种能力的共同参与。长期进行地理实验将对提高学生的整体学习能力起到重要作用。

（3）教师应注意的内容

在进行地理实验实践教学过程中，教师要注意做到以下三点。

第一，要营造轻松的实验环境。地理实验教学与平时的课堂教学有所不同，地理实验主要目的是激发学生的学习兴趣，使学生进行地理问题的探究。如果做实验的时候教师像往常一样严格要求学生遵守纪律，就会使地理实验流于形式，达不到地理实验本身的目的。因此，教师应该营造轻松愉快的实验环境，尽量让学生自己动手参与实验。只有这样才能够切实培养学生的动手能力、观察能力、逻辑思维能力等多方面的综合能力。

第二，要鼓励学生大胆假设。在进行地理实验的过程中，学生会根据实验的进程对实验结果做出假设。这时教师应该鼓励学生大胆假设，在这个环节中不论学生的假设正确与否，都是学生自主探究的一部分。即使假设不准确也能说明学生的身体和头脑已经都参与到了实验当中。这样会激发学生的想象力，并且适当的鼓励会增加学生的自信心，端正学习态度。教师还要创设学生能够获得成功机会的情境，应提供机会让学生对实验做出贡献，这样能够增加学生的自我效能感，进而强化学习动机

第三，地理实验要与实际生活相结合。对于一些地理现象，学生通过平时的观察就可以发现。如受地转偏向力的影响，水槽里的流水是逆时针向下流的，这种现象每天都在发生。因此在讲授"地转偏向力"时，教师就不必设计流水实验让学生观察，这样不但不能达到预设的实验结果，反而是在耽误时间。再如，讲授"等高线"时，如果时间不充足的话，教师可以事先准备一个形状不规则的土豆，课上把土豆横切成两半，再将一半横切成几片，把每片的轮廓画出来。然后再把土豆片叠放在一起组成原来半个土豆的形

状。这样简单的操作就会让学生从二维的等高线联想到三维的实际模型，进而对等高线加深理解。因此，地理实验要与生活结合起来才更能发挥它的优势。

2.地理观测类实践教学内容设计

高中地理教学开展室外实践是非常必要的，通过室外实践，教师可以比较容易地进行操作。常见的地理观测有天文观测、气象观测、水文观测、物候观测、地震观测等。开展地理观测需要较多的仪器设备才能进行，如天文观测必须要有天文望远镜。考虑到现在高中的客观实际条件，在进行地理观测时，根据情况尽量选择那些在现有条件下就可以实现的实验。

在进行地理观测之前，教师要首先确定好观测的目的、课题和范围，拟定计划和人员编组，观测完后要撰写报告等，观测过程中贵在坚持。例如，在讲到人教版高中《地理》必修1中"地球的自转意义"当中"时差的产生"这一问题时，教师可以这样来设计室外的教学实践活动：指导学生通过"日影观测法"，利用手表、卷尺、竹竿等工具来计算所在经度。

这里以人教版高中《地理》必修1中第一章"地球在宇宙中"第三节"月球和地月系"月相观测活动课来说明观测类实践教学的内容设计。

月相的观测

一、观测课的目的和意义

"月相观测"是新教学大纲对高中生提出的基本要求，开展"月相观测"课外活动，不仅能使学生对月相的变化、月相的成因有更进一步的认识和理解，同时为提高学生的空间想象能力和观察能力，培养学生的积极思维提供了条件，而且增强了学生的学习兴趣，丰富了学生的地理知识，也开阔了学生的视野,这样做符合素质教育的要求。

二、观测实施过程

观测过程要布置思考题,让学生带着问题观测,引导学生动脑,探究地理成因,这样有助于培养学生地理观察能力和地理思维能力,并且从观察中掌握地理规律,有助于培养学生地理学习兴趣和集体合作的精神。课后总结讲评活动时,要体现以学生为主体,以教师为主导。

(一)准备阶段

首先,教师利用一课时的时间,给学生讲清楚"月相的成因""月相的变化规律",并将各个不同时间的月相图片(新月、蛾眉月、上弦月、凸月、满月、凸月、下弦月、蛾眉月)依次展示给同学们观看,使学生形成感性认识,明确该次活动的目的和意义。

其次,成立"月相观测"活动小组,每一个教学班分成 8 个小组,每个小组 6~7 人,推荐一名学生为组长,在小组长的带领下按规定时间进行观测。

最后,教师对学生提出以下要求:观测月相后,要及时填写上表中月相的名称,并画出简图,同时思考月相的成因(日、地、月三者的关系),以及观测时间为何有差别。

(二)分组观测阶段

这一阶段在观测小组组长的安排下进行,教师到现场指导,场地选在学校视野开阔的操场,教师应提醒在傍晚时观测的同学要注意安全,不要攀高。观测结束后,小组长组织讨论教师留的思考题,并整理记录,写成观测报告。

三、总结评价

待所有小组全部观测完成后，进入该阶段。用一节课外活动的时间，在教师的指导下，每个小组推选一人汇报观测的结果（重点是成因），按小组顺序依次进行，且边汇报边将"月相简图"展示给全体同学，在教师的启发下，总结出月相的变化规律。最后教师对该次活动进行总结评价，找出本次观测过程中学生表现出的优点和不足之处，并组织学生在事先准备好的橱窗内，将各组的"月相简图"粘贴在相应位置，共同完成"月相成因图"。

通过地理观测，可以了解地区的自然条件和人文特点，以及地理环境与人类经济活动的关系。同时，通过积极进行地理观测，能激发学生的求知欲和探究新事物的好奇心，提高学生学习地理知识的兴趣，使传统的地理课堂教学更加活跃。

3.地理考察类实践教学内容设计

"地理野外考察是一项重要的地理课外活动，容易引起学生对大自然的热爱和对地理学习的兴趣。"通过地理考察，可以了解地区的自然条件和人文特点，以及地理环境与人类经济活动的关系。

高中地理野外考察课的考察内容大致可分为以下三类：一是地质地貌类，如岩石种类的观察及判断，地质构造的观察及判断，地质成因的判断等。二是水文类，如河流侵蚀、河流堆积地貌的观察及判断，水流速度的测定，含沙量的测定等。三是土壤类，如土层剖面的观察。通过野外考察活动，可以进一步加深学生对地理学基本原理和实际问题的理解和认识，培养学生地理学的空间感和综合分析能力，学会发现问题、解决问题的方法，达到理论联系实际、巩固基础知识和提高专业素质的目的。随着高中新课程改革的不断推进，开展野外考察活动已成为培养学生国土意识、生态文明观念和爱国主义情操等综合素质的有效途径。

教师可以通过资料搜集的形式来向学生展示完整的地理野外考察过程,这里以青岛马山野外考察为例,来说明野外考察实践教学的一般步骤。

青岛马山地区风景秀丽,地质环境独特,文化底蕴深厚,距离城区适中,是开展中学生地理野外考察的理想之地。这里建有青岛马山地理学科综合野外教学实践基地,多年来青岛许多中学每年都会组织师生来该地考察,均取得了较好的教学效果。

青岛马山野外考察

一、做好准备工作

(一)确定考察内容

青岛马山有世界罕见的石柱群、硅化木、沉积构造、接触变质带及水撞崖等奇特的地质现象。许多地质专家称其为"袖珍式的自然地质博物馆",具有很高的科研和旅游观赏价值,1994年经国务院批准为国家级自然保护区,规划面积7.74平方千米,主要保护对象是浅剖面火山岩柱状节理石柱群、硅化木及古生物化石等地质自然遗迹。结合高中地理必修课中有关地质环境的内容,确定马山作为考察基地。

(二)计划制定

1.确定野外考察目的

主要依据课程标准、学生的心智发展水平和地方性野外考察资源特点。

2.确定考察时间

野外考察活动时间的确定,一是要保证学生的安全,所以尽量选择在少雨、天气不太冷和不太热、少台风等自然灾害的时候;二是要与课堂教学进度相适应,让学生结合课本知识进行实践活动效果较好。

3.确定组织方式

野外考察活动课的组织方式主要有三种，第一种是布置任务，让学生利用节假日等时间自主进行；第二种是学校以年级为单位，由学校组织管理，地理教师或聘请校外专家做技术指导；第三种方式是与旅游公司合作，由旅游公司组织管理，学校教师和聘请校外专家做技术指导。

4.确定考察线路和点位

路线的选择要以通过尽量多的景观类型和便于掌握全区概貌为原则，为优选适宜的调查路线和观察点，指导教师必须对考察地区进行预查。在满足前述要求的基础上，线和点都应尽量选择在交通方便，线路清楚，便于观测的地方，一定要防止不切实际的经验主义和盲目的主观判断。如在确定进行马山考察活动之前，地理组的教师可以提前进行一次详细探查，确定考察点位和线路。

（三）资料收集

考察前要进行相关地理知识的辅导和考察技能的培训，以及资料文献的收集等工作。要收集考察区的地形图、地质图、有关的调查报告和论文，如果条件允许，还应收集该区的航空相片、卫星相片等遥感图像资料，这对于确定考察内容和制订活动计划大有帮助，同时也更有助于考察路线的确定，让考察过程的实施及其后的总结少走弯路。对于收集到的文献资料，还要进行分门别类的整理和编选，条件允许的话最好能编写出一份适合中学生理解水平和需要的综合材料，并印发给每个学生。考察活动由教研组集备组的负责教师，通过互联网和图书馆查阅马山地区的相关资料，印成讲义发给每个学生，并对学生进行知识技能培训。

（四）材料准备

野外考察用的仪器、设备、文具用品等，一般分为通用和专用两大类。适用于各种内容的野外活动用的通用装备主要有罗盘、高度表、GPS、望远镜、照相机、放大镜、铁锤、卷尺、标本盒（袋、夹），以及背包、遮阳帽、长袖衣裤、饭盒、水壶和用以记录的笔记本、铅笔等。专用装备是指适用于不同学科的专门仪器或设备，如土壤考察用的土镐、土锹、土钻、取土刀和用于简单土壤化验的药品。此外，还应准备一些常用药品，如预防晕车、中暑和各种外伤用的药品等。

（五）组织准备

严密的组织工作是顺利进行野外考察的有力保证，对于活泼好动的中学生来说尤其要重视。要使考察队成为一个拉得起、走得动，令行禁止、纪律严明的队伍，出发前一定要做好组织工作。如可以将全体考察人员编为一个队，设队长一人，负责全队工作。整个大队下设 5 个小队，每个小队15 人左右，分别由各个辅导员负责，各小队设队长一人，协助辅导员工作。再将各小队划分为若干小组，每组 3~5 人，小组长负责小组的野外考察、现场讨论、室内准备、作业检查等组织工作。要根据活动内容、地点和参加人员的情况，制定涉及安全保证、群体纪律等若干规章制度，在出发前向全体参加野外考察的师生宣读并要求全体师生必须严格遵守。此外，考察前还要将有关考察事宜告诉学生的家长，以征得家长的同意和支持。

二、野外考察过程

学生在野外完成对地理考察事物进行的观察、调查、测量、研究等工作，大体上要做好以下三个方面。

（一）野外观察

观察是野外考察最重要的环节，可分为路线观察和定点观察两种。在进行路线观察时，除重点观察既定的专项内容外，还应关注那些沿途能够见到的地质、地形、土壤、植物等一般地理事物的变化情况。考察时应随时对照地形图，把沿途所见到的景象，特别是一些明显的地质、地理界线，及时标绘到地形图上。定点观察则是野外考察的重点，指导教师在组织学生进行定点观察时，要划定观察的范围和重点，并向学生耐心细致地讲解观察到的各种地理现象及其成因，进一步引导学生理解和掌握地理学思维的有效方法。

马山地区的石林景观、硅化木、沉积岩层断面、土壤剖面、接触变质带等均是考察活动的主要内容。

（二）调查访问

观察虽然是考察过程中最重要的知觉过程，但光靠观察和思考，仍不能全面了解某些地理事物或现象发展变化的过程，特别是对于那些人文地理事物的了解，光靠观察是不能解决问题的，必须进行访问和调查。要教育学生，以谦恭的态度和求知的渴望向有关部门和有经验的人认真学习、征询意见或建议。

（三）采集样品

野外考察时需要采集的样品，包括矿物、岩石、松散沉积物、化石、土壤、植物、动物、水样，以及供工农业生产用的各种原料等，这些样品大体可以划分为两大类：标本和分析样品。标本主要用于室内鉴定和展示陈列，一般应按规格采集。例如，地质岩石标本应按3×6×9(cm)大小采集，并打制成中间稍厚、周边较薄的形状；采集植物标本时要考虑到植株的根、茎、叶、花等各部分的完整性。

三、室内资料整理分析

室内资料整理分析是深入系统地对考察所获得的各种材料进行分析研究。如果将准备工作和野外考察比作耕耘和管理,那么室内工作就是考察活动成果的获取。这一阶段大体要做好以下三个方面的工作。

(一)资料整理和图件清绘

将野外记录和收集到的文字资料进行整理,对野外测试的各项数据进行统计和分析,并对考察中绘制的各种图形进行整饰和清绘。总之,要把在考察活动中获取的各种零散的材料系统化和条理化,为系统认识考察区域的地理特征创造条件。

(二)样本鉴定和样品分析

由于野外考察时间和条件的限制,对获取的各项标本不可能都就地进行精细的观察、鉴定和研究,不少工作需要在室内进一步完成。野外搜集的各种样品,也要在室内进一步化验和鉴定。此外,还应对那些有收藏价值的标本加以选择,登记造册并保存。

(三)撰写调查报告或小论文

活动结束后,组织同学们对考察的内容做系统的综合分析,撰写一份考察报告,并针对周边村民的采石对石林的破坏现状,写一篇保护石林的小论文。同时要求全体成员全面总结这次活动取得的收获和存在的问题,为今后开展工作积累经验。

4.地理调查类实践教学活动设计

调查类的实践教学内容主要包括社会热点问题调查和乡情调查两种形式。高中地理课程中涉及的社会调查主要有人口调查、家乡的风景名胜调查、商业网点调查、家乡的特色产业调查、农村居民点调查、污水处理调查、校园环境调查等。例如，关于校园一次性木筷使用的调查，通过家庭人口的迁入和迁出情况的调查研究本地人口迁移特点及人口发展模式等。这些活动的实施可以不再让学生只是简单地从课本中获取知识，而是让学生能够真正"活"起来、"动"起来，不再将目光仅仅停留在狭小的课堂和书本当中，而是转向更加宽广的社会和大自然，使得学生能够运用自己的眼睛去观察和研究社会和自然现象，从而提升学生的综合素质。

调查可以使学生了解自己的周围环境。地理课上学到的知识有时距离学生太远，理解起来比较困难。例如，人教版高中《地理》必修3中"中国的农业"这一章，对于城市中成长的中学生是很陌生的，教师安排调查活动，调查本市的"菜篮子"，调查本市的农业产品、牧业产品、渔业产品及副产品加工业的发展，使学生既理解了这部分知识，又更加了解了自己的家乡，树立为家乡建设服务的志向。

地理调查的实践性较强，要求学生通过查阅资料、实地调查或参观访问等方式积累材料，并加以整理、分析，得出结论，提出建议。同地理考察一样，在进行地理调查时，范围不宜过大，调查项目不宜过多，尽量选择学生感兴趣、容易调查的项目。例如，讲授人教版高中《地理》必修2中"城市和地理环境"这一章时，教师可以通过组织学生到社区进行生态环境调查的方式使学生理解城市同地理环境之间的关系，调查主要植被特征、人均绿化面积、绿化覆盖率等。

这里以"对学校所在街道垃圾处理情况"为例，来说明进行社会调查的一般步骤。

对××中学所在地区——××街道办事处的垃圾情况调查

一、做好准备工作

(一)确定调查的内容

学生经过讨论,确定调查内容主要有以下六条。

(1)调查垃圾点的数量。

(2)调查本区垃圾的分类情况。

(3)调查本区的人口数、居民数量和单位数量。

(4)调查垃圾的产出情况。

(5)研究如何减少垃圾的产出。

(6)研究如何科学地处理垃圾,减轻对环境的污染。

(二)确定社会调查课的目的

了解一个普通的街道每日垃圾产出的数量,意识到其危害性,知道如何处理产生的垃圾,提高学生的环保意识和热爱自己的家乡的意识。

二、社会调查课的具体实施

制订计划、材料准备、组织准备,与地理野外考察相似,这里不再赘述。

三、室内资料整理分析

通过学生挨家挨户调查,查阅大量资料,走访多家单位,得到最后的结果。

(一)调查结果

按照一户家庭每天产出 1 千克垃圾,××办事处共有约 4891 户居民,计算出每天产出的垃圾近 5000 千克,即 5 吨(没有包括 80 多家单位每天产出的垃圾),数字触目惊心。

（二）学生总结出垃圾处理方法

①分类处理垃圾；②循环利用，废纸生产再生纸，塑料生产再生汽油；③行政干预，要处理这些垃圾，需要一定的人力物力，政府相关部门要在全国全面推行城市生活垃圾处理收费制度；④填埋，今后中国的城市垃圾要进行填埋处理，并把垃圾填埋产生的气体收集起来发电；⑤堆肥；⑥焚烧；……

（三）结论

垃圾破坏环境，我们要尽量减少垃圾的产出；同时垃圾也并不是一无是处，我们只有科学合理地利用，才能使垃圾变废为宝。

通过调查，使学生对自己的周围环境、自己的家乡有一个全面的认识，使得作为具体的人、现实的人、生长的人的学生充分体验到生活和生存的意义，享受生活中的幸福与满足。杜威的"教育之外无目的""教育的目的在过程之中"的观点，强调的就是儿童在现实生长、生存和生活中的意义。通过社会调查，可以让学生在活动中发现自己的问题，思考解决问题的途径和方法。

三、高中地理实践式教学策略

（一）理念探究

1.深化实践取向的教学观念

毛泽东在《实践论》一文中指出："你要知道梨子的滋味，你就得变革梨子，亲口吃一吃。"教学作为师与生双边的"教"与"学"的活动，从某种意义上说，可以说也是一种"实践"。实践对于地理教学的重要性显而易见。在地理教学中，师生都应该坚持"实践第一"的观点，把教学建立在实践的基础之上，确立学生的主体地位，真正把学生变成学习的主人，切实把"要我学"变为"我要学"，积极引导学生自觉地投入到教学实践之中，自主地去探索、去求知,去发展智力、培养能力。教师要在实践中探索教育规律,改进教学方法,提高教学质量,培养学生的创新精神和实践能力;学生要在实践中自主学习,大胆探索,严谨求证,学习掌握地理科学知识和技能,提高自己的创新和实践能力,促进综合能力的提升和个性的全面发展。

2.坚持学用相长的教学原则

开展地理实践活动教学要结合教材的内容,结合学生的生活环境,让学生在参加活动的过程中提高理论联系实际的能力,学习实践地理。要让学生学习实践地理,仅靠教室内的教学活动来培养学生的实践能力是远远不够的,要打破课堂原则,形成"大课堂"视野,即在搞好室内教学的同时,把课堂延伸到大自然、大社会、大环境中去,让学生走出课本,走出教室,走出学校,到社会实践中去接触生活、接触实际、接触社会。让学生通过开展测量、观测、实验等活动学会一些基本操作,从动手环节中获取直接经验,并将这些直接经验用于验证自然和人文地理现象,用于指导学习和生活,真正达到学以致用、用以促学、学用相长的教学目的。

(二)策略探究

1.扩大参与主体

学生是地理实践活动教学的实践主体,要尽可能让更多的学生参与到实践活动教学中来。当前高中普遍都是采取班级教学制,每个班 40~80 人不等,为了确保每一名学生都有机会参与到地理实践活动教学中,应采取班级活动形式开展,在班级内再分成若干小组以便组织和管理,每个小组以 5~8 名学生为宜,确保每个学生在小组内都能够获得实践的机会。在班级活动的基础上,可根据实际情况开展地理兴趣小组活动,让爱好地理的学生自主报名组成小组或协会,如天文观测小组、地理景观摄影兴趣小组、少年气象站、野外考察队,在确保安全的前提下,由教师指导他们自主开展活动。

2.丰富活动方式

看十遍不如做一遍,教师在选择实践活动方式上,让学生动眼、动耳、动脑的同时,还要坚持让学生动手,要力求从"做"字上着眼。根据人的认知和实践方式,我们可以将地理实践活动方式归纳为"四动",即"动眼、动脑、动嘴、动手"。动眼,顾名思义就是让学生"看",学生通过直观的感受形成认识,动眼的实践方式主要有观看、参观、考察等。动脑,即让学生"想",通过思维对感性材料进行加工,形成理性认识,动脑的实践方式主要有探究、调研等。动嘴,即让学生"说",让学生相互交流,将自己的观点和意见表达出来,动嘴的实践方式主要有讨论、辩论、演讲等。动手,即让学生"做",动手是地理实践活动教学最重要的活动方式,也是落脚点和目的所在,让学生通过自己的双手,将所学的知识和原理付诸实践,并用动手实践的方式验证所学的知识和原理,动手的实践方式主要有观测、测量、制作、演示等。

3.提高教师素养

提高教师素养是促进地理实践活动教学开展的重要条件。在方式上,学校可以经常性地组织教师开展以评课和说课为主要形式的教学交流座谈,针对地理实践活动教学中存在的问题和解决对策进行研讨,达到教师相互学习、共同进步的目的。同时,学校可以开展教学技能大赛,提高教师开展实践活动教学的积极性。在内容上,学校可以通过某一堂成功的地理实践活动课进行解剖,分析其设计思路、组织原则、活动方式、评价方法、教学反思等,通过案例的学习来提高教师的实践教学能力。

4 落实基本保障

首先,制度层面要建立一套完整的地理实践活动教学制度体系,指导教师开展实践活动教学的设计、实施、评价,促进地理实践活动教学规范化开展。其次,硬件层面要保障开展地理实践活动教学的设施和场所。有条件的学校应该进一步改善地理实践活动教学的开展环境,更新地理教学设施。同时,应有计划地建立自然地理和人文地理课外活动实践点,如气象站、天文科技馆、地质博物馆及野外考察点,促进地理实践活动教学常态化开展。最后,现实层面要在一定程度上适当增加地理实践活动的课时,以确保实践活动能够有序地开展。

(三)过程探究

目标设计要注重科学性,教师在进行地理实践活动教学设计的过程中,要综合考虑学生的年龄层次、认知水平、知识储备和生活环境等方面,根据《地理课程标准》的"三维"目标(知识与技能、过程与方法、情感态度与价值观)进行具体设计,让学生"学会""会学""乐学",这与布卢姆教育目标分类法也不谋而合。

1.知识与技能目标

在地理实践活动教学中,并不是不注重知识目标,而是尤其强调知识的综合性、创新性和广博性。在知识目标设计过程中,要将地理知识与其他学科的知识与经验结合起来,与学生的生活经验结合起来,将知识的学习融入实践活动教学之中,融入动手实践的过程之中。

例如,人教版高中《地理》必修 2 中"热力环流"的知识点。热力环流是"地球上的大气"一章中的重要知识点,是气压带与风带、常见的天气系统等章节的基础,而热力环流涉及物理学科中的热胀冷缩、气压等知识,同时也是日常生活中最常见的大气运动形式之一。因此,热力环流知识点的知识与技能目标可以进行以下四点设计。

(1)理解热力环流的形成原理(引导学生通过日常生活中观测到的热胀冷缩现象来理解，并运用物理学中气压的知识进行科学解释)。

(2)运用实验观察热力环流的形成过程(通过让学生动手实验，观测热力环流形成的过程，获取感性认识，形成直接经验)。

(3)热力环流对人们现实生活的影响(举出热力环流影响人们现实生活的例子，并让学生利用前面所学的"热力环流形成原理"来解释其如何影响人们的现实生活)。

(4)利用热力环流的原理解释一些地理现象(如雾霾天气与热力环流的关系、城市热岛效应的形成等)。

2.过程与方法目标

地理实践活动教学的重点就是培养学生实践动手的能力，正是体现在过程与方法目标的维度中。《基础教育课程改革实施纲要(试行)》中指出，要改变课程实施过于强调接受学习、死记硬背、机械训练的现状，倡导学生主动参与、乐于探究、勤于动手，培养学生搜集和处理信息的能力、获取新知识的能力、分析和解决问题的能力，以及交流与合作的能力。具体而言，要培养学生自主提问、主动思考、实践操作、探索研究、互助协作等能力。

例如，人教版高中《地理》必修 1 中问题研究"是否可以用南极冰山解决沙特阿拉伯的缺水问题"，可就这个问题将学生分为正方、反方两个组开展一场辩论赛。可进行以下三点过程与方法目标设计。

(1)掌握收集资料的能力(让学生学会使用网络、书刊等媒介收集资料，引导学生向教师、家长提问，获取更多的信息)。

(2)掌握分析资料的能力(对收集来的资料进行筛选，提取有用的内容，并提出自己的观点和看法)。

（3）掌握团队互助协作的能力（通过分组辩论，让学生学会互助协作，取长补短，培养团队精神）。

3.情感态度与价值观目标

在以往的教学目标设计中，由于评价方式的不确定性，情感态度与价值观目标经常被教师所忽视。然而，培养学生正确的情感态度与价值观是地理实践活动教学的重要目的，主要有爱护环境、关心社会、和谐的人地关系思想、可持续发展理念及对祖国大好河山的热爱情怀。

例如，在人教版高中《地理》必修 2 中"工业的区位因素与区位选择"内容的学习中，教师可以在有条件的基础上组织学生参观自己所在城市的工业园区，在实践中学习影响工业区位的因素有哪些，并结合城市的地形、气候、水文特征，判断该工业区的布局是否合理。开展"小小规划师"活动，让学生扮演规划师的角色，综合考虑各项因素，对该城市的工业区位进行规划。可进行以下两点的情感态度与价值观目标设计。

（1）增强乡土情怀和自豪感（通过学生自己的工业规划图，让学生了解自己所在的城市，激发学生的主人翁意识）。

（2）增强学生的环境保护意识，牢固树立可持续发展理念（学生在实地参观中直观地感受到触目惊心的环境污染，比起图片和视频展示更直观、更有效，促使学生明白环境保护的重要意义）。

（四）资源整合注重丰富性

1.与地理教材整合

以人教版高中地理教材为例，必修和选修教材都设计了案例和活动的内容，与以往的教材相比增加了案例和活动的比例，突出了教材的时代性和开放性，符合新课程改革的理念。在教师的指导下，学生通过运用所学课本知识解决生产和生活中遇到的实际问题，培养自己的地理实践能力、地理逻辑思维能力、地理语言表达能力和写作能力。利用好教材中的案例和活动，对于有效地开展地理实践活动教学具有重要意义。

然而，许多教师在教学中往往没有很好地利用地理教材中的案例和活动。在具体操作中，活动的形式可以多种多样，教师可根据教学内容和条件选择活动形式，如主题辩论、操作演示、实验探究、参观考察等。活动的规模可大可小，可在室外完成，也可在室内完成。以实用为原则，就是选取的教学内容，不仅对学生将来的生活工作有用，而且对发展学生的思维能力、自学能力，尤其是创新能力有实用性。总之，充分利用教材中的案例和活动内容进行教学，尽可能给学生创造更多的实践机会，是推动地理教学不断发展的重要途径。

2.与网络资源整合

随着互联网的普及程度越来越高，网络资源在教学中的作用也越来越重要。地理实践活动教学要注重与网络教育资源相结合，促进地理教育与时俱进和不断发展。例如，软件(虚拟天文馆)对于帮助学生构建初步的宇宙观大有裨益，谷歌地球在区域地理和国土整治教学中起了重要作用。

3.与校本课程整合

在地理实践活动教学的开展中，要充分注重与地理校本课程相结合，丰富实践活动内容，打造极富地域和学校特色的地理实践活动课程。在具体操作中，可以将乡土地理作为校本地理课程的重要内容，通过学生熟知的自然和人文地理现象，以学生身边鲜活的事例引导学生学习地理知识，开展一些具有地方特色的实践活动，如城市规划、工业布局、旅游资源开发、人口环境调研等，充分调动学生的积极性，让学生主动参与、勤于动手、乐于探究,培养学生关注社会生活、关注身边现象的观念。

（五）实施过程注重完整性

1.活动筹备

在组织开展地理实践活动教学之前,教师要进行精心的筹备。首先是设计实施方案,要制定详细的活动时间线和评价量规,为活动的顺利开展打好基础。其次是整合相关教学资源,包括教材、教具、实践活动场所等。同时,学生在地理实践活动教学开展之前也要做好相应的预习,以更好地完成实践活动。

2.组织引导

组织引导主要包括组建小组、自主探究、技术指导、关注进展、归纳总结五个步骤。

3.实施原则

在地理实践活动课程实施环节,要注重安全性、合作性和差异性原则。

（1）安全性原则

安全性在地理实践活动教学中至关重要,也是众多学校和教师无法大刀阔斧地开展实践活动教学的一个重要原因。如果是开展校外地理实践活动教学,要做好安全预案,上报校方批准。在出发前应发放《给家长的一封信》,注明活动内容、时间、地点等。随行教师应具备应对突发紧急状况的能力,班主任和任课教师必须全程跟随,不可远离学生,确保学生的安全。尽量让所有学生集体活动,不允许学生单独活动。

（2）合作性原则

采取分组活动的形式,在小组中设置组长一职,组长可由组员选举产生,组长对组员进行任务分配,从而培养学生在实践活动中的团队精神和协作能力。

（3）差异性原则

在地理实践活动课程实施环节的过程中要遵循差异性原则，对不同的学生要进行有针对性的指导，注重有的放矢，切忌泛泛而谈。

3.交流反馈

在地理实践活动教学结束后，组织学生进行总结，主要包括知识、技能的测试，以及活动经验的交流。可采取报告会、展板等形式，刺激学生的自我表现欲望，提高学生对地理课程的兴趣。有条件的学校还可将实践活动成果对外展示，邀请家长参观，分享快乐和体验。同时，教师应开展教学反思，改进实践活动教学中存在的不足，为下一次实践活动教学的开展提供参考。

（六）评价方式注重多元性

1.个体内差异评价法

在传统教学中，绝对评价法和相对评价法长期以来占据主导地位。这两种评价方法在一定程度上容易挫伤部分学生的学习热情。个体内差异评价法既不是在被评价集体以内确立判据，也不是在集体以外确立判据，而是把被评价者的过去和现在进行比较，或将评价对象的不同方面进行比较，有利于评价个体的"努力度"和"进步空间"。在地理实践活动教学评价过程中，针对学生的差异性，在绝对评价和相对评价的基础上，在个体范围内纵向评价该学生实践活动前后的表现，或者横向评价该学生各科学习表现，包括提出问题的能力、采集和加工信息的能力、参与态度和合作能力、创新精神和实践能力、综合表达能力等。个体内差异评价法主要以定性评价为主，在实施过程中要注意评价信度问题，应适当与绝对评价法和相对评价法结合起来，互为补充。

2.档案袋评价法

档案袋评价法(又称成长档案袋评价法)是指教师和学生有意地将各种有关学生表现的材料收集起来,并进行合理的分析与解释,以反映学生在学习与发展过程中的努力、进步状况或成就。在地理实践活动教学中,档案袋评价法值得推广,可以结合地理实践活动教学目标,建立"地理实践活动档案袋",它将学生在一次或多次地理实践活动中的表现情况进行打包,包括学生的汇报、论文、报告、设计、答辩等多种形式,教师可在一定的阶段内对学生的表现状况进行综合评价,也可以由地理教师、班主任、家长和学生共同进行评价,并最终指导学生如何完善自己的档案袋,以提高档案袋评价法的客观性和科学性。

3.双向评价法

双向评价法是针对评价主体单一而提出的评价方法。教师在授课后对学生的表现状况进行评价, 学生也可对教师的课堂教学满意度进行评价,甚至可以邀请家长参与到评价当中,加强了教与学的双向沟通,形成"教学互评"的良好格局。在地理实践活动课程中,教师根据教学目标评价学生的整体表现,包括出勤、纪律、秩序、班风学风、精神文明、教学配合、尊重教师及突出特色或明显不足等;学生或家长采取无记名投票方式对教师的教学方式、活动组织能力、教学效果等方面进行评价。学校对逆向评价结果进行反思,制定切实可行的整改措施,及时改进地理实践活动教学中存在的不足之处,确保教学计划的顺利完成。双向评价在激发学生求知、创新动机的同时,也使授课教师产生了一定的压力,充分调动了授课教师的竞争意识,增强了其高度的责任感,促使授课教师要不断学习以提高自身的理论水平和教学技能。

第五章　高中地理作业布置生活化

第一节 地理课堂作业的概念与外延

一、课堂作业的阐释

"作业"两字,从广义上来说,是指学生在学校或家中所做的各种课业,是教师要求学生巩固学习的工作。就"作业"这两个字来分析,台湾著名教育学家陈龙安先生指出:"'作'就是创作,本身具有'鼓励''进行'的含义;'业'是古代书册大版,即篇卷,也是一种工作或学习的过程。所以'作业'应具有'创造性的学习过程'或'创造的工作'的本质。"尤其对"创造思考作业"进行了界定,即"创造思考作业就广义来说是指教师针对课程需要,配合学生程度,指定学生在课内外所从事具有创造思考的学习活动或工作;就狭义来说,创造思考作业是教师提供一些问题,让学生运用扩散性思考去从事习作或练习,而产生不同答案的作业。也就是教师运用激发创造思考的原理与策略所编制的一些书面的问题,让学生以书写的方式来呈现,其目的在于借作业练习来增进学生的创造思考能力"。

"作业"一词应用非常广泛,而且出现很早,在先秦文献《管子·轻重丁》中有:"行令半岁,万民闻之,舍其作业,而为困京,以藏菽粟五谷者过半。"这大概是我国最早提出"作业"一词的文字记载。翻译过来即"行令半年,万民听说以后,有半数以上的人家都放弃了日常事务而建仓存粮。"这里的"作业"是"旧常事务"的意思。在史学家司马迁的名著《史记·高祖本纪》中写:"不事家人生产作业。"在这里"作业"有"做活工作"的意思。

在《学记》里也有对"作业"的论述:"时教必有正业,退息必有居学。不学操缦,不能安弦;不学博依,不能安诗;不学杂服,不能安礼。不兴其艺,不能乐学。"即按照一定的时间或季节进行正课的教学,休息的时候也必须有各种课外作业。课外不操弄乐器,练习手指,课内就调不好琴弦;课外不广泛学习歌咏杂曲,课内就不能谙熟诗文;课外不学习打扫、接待、处理杂事等,课内就学不好礼仪。如果不提倡学习课外的各种技艺,学生就不会乐于学习,正课也就学不好。所以,善于学习的人,学习的时候全力以赴地专心学习,休息的时候尽兴地玩弄杂艺。

综合以上定义,笔者可以得出以下五点结论。

第一,古往今来,有很多人对"作业"进行过研究,但是很多人都把"作业"一词等同于"家庭作业"或"课外作业",这是"作业"的狭义解释。而广义的"作业"包括"课堂作业"和"课外作业"。本部分聚焦课堂,主要针对"课堂作业"的设计进行研究,是对学生当天的学习效果进行检测的课堂作业的研究。

第二,从以上对"作业"的解释可以看出,"作业"是一种学习活动,是课堂学习的重要组成部分,通常与完成一定的学习任务、达成一定的教学目标密切相连,用来巩固、消化、理解或迁移课堂上已经学过的知识,并使知识转化为技能、技巧。作业对培养学生的独立工作能力与习惯,培养学生良好的学习能力和习惯,发展学生的智力与创造才能,对最终实现教学目标和教育目的具有重要意义。国内的定义更强调作业是一种书面练习,偏向于知识本位;国外的定义强调"作业"是一种活动,偏向于能力本位,但两者强调"作业"与实现课程标准的目标相联系则是一致的。

第三,课堂作业是一种有组织、有目的、有指导的课堂教学活动,是教学的基本环节之一,有助于学生对所学知识的巩固与深化,有利于技能、智力和创造才能的发展,是提高学生素质的重要载体。对教师而言,课堂作业是他们向学生布置的任务;对学生来说,课堂作业是一种延伸性的学习活动。

第四,新课程理念指导下的"作业",是相对于传统教学理念下的"作业"而提出的一种概念。它不是某种特定的作业形态,而是用以强调在新课程理念下,产生新的内涵,如突出学生的主体地位,作业内容开放,作业形式多样,能充分利用信息和现代技术,设计和评价主体多元化等。这样,学生在完成作业的过程中实现学习方式的转变,实现学习目标的多元化,除了对传统的课堂教学起到有效的补充作用,落实和巩固知识目标,还能促进能力的发展,以及情感、态度与价值观的优化。

第五,作业过程包括三个环节:设计作业—布置作业—评改作业。在这三个环节中,"设计作业"是非常重要的一环。因为设计作业的质量关系到学生完成作业的效果,从而关系到学生学习的效率。在日常的教学工作中,教师都知道应该有作业布置的环节,但是却忽视了"作业设计"这一环节,等到布置作业时才匆忙、随意地找些作业布置给学生。这样布置下来的作业,没有针对性,教师没有关注学生及其他多方面的因素,结果是可想而知的,不仅不能达到作业应有的功能,反而还会引起学生对作业甚至对学习的反感。

基于以上解释,"作业"是根据学生总体或个体的特点,根据课程标准的要求和课程内容,为了更好地达成教学任务,为了巩固所学的知识和技能,主要由教师布置,由学生单独或者合作完成的工作或者活动的总称。根据完成时间和地点的不同,作业可以分为课堂作业和课外作业。

二、地理课堂作业的阐释

很多教师对"地理课堂作业"的概念解释、功能、类型等都存在误解。

很多教师认为，地理课堂作业就是课堂练习，每当讲完一个问题或在一节课结束时，给学生出一些选择、填空、辨析等问题，以复习和巩固课堂上所讲的新知识。有的教师对"地理课堂作业"这样进行定义："有利于学生理解、把握、突破课文重难点，并具有梯度、层次的各种练习，被称作'地理课堂作业'。"这些教师所提到的仅仅是"地理课堂作业"的一个方面，并没有把地理课堂作业的全貌揭示出来。在问及教师"地理课堂作业的功能"时，教师普遍的回答是"复习和巩固"。诚然，复习、巩固所学知识是"地理课堂作业"的功能，但只是功能之一。而对于地理课堂作业的类型，多数教师的回答是选择题、填空题、连线题、辨析题等。

综上所述，结合"作业"的内涵，本书中对"地理课堂作业"做出如下解释："地理课堂作业是依据《地理课程标准》，根据学生的不同特点和基础知识水平，根据不同的地理课程内容，为了更好地完成地理学习的目标和任务，为了能够及时巩固和提高地理知识与技能，培养情感态度与价值观，在地理课堂上由教师布置，由学生单独或者合作完成的工作和活动的总称。"

三、地理作业的特征

(一)情境性

情境是在教学过程中为了既定的教学目的而创设的与教学内容相适应的具体场景或氛围。创设情境主要有以下两个目的：一是引发学生的情感体验，帮助学生迅速而深入地理解教学内容，熟悉所学知识的用途，并在现实生活中将所学知识加以应用；二是通过创设情境，引导学生发现问题并提出问题。著名的意大利教育家玛丽亚·蒙台梭利在《新世界的教育》中提到，学习是一个自然过程，是人类个体发展的一种本能。学习必须通过个体在环境中的亲身体验，而不是靠听来获得。美国出色的教育理论者、教育实践者乔治·加侬和米歇尔·柯蕾用他们多年来的实践成就和研究成果,为教师提供了一个如何在课堂中利用建构主义理论,围绕学生的学习和课程标准安排教学的设计模板——建构主义学习设计。他们认为学习是学生在教师的指导下主动建构知识的过程,而不是记忆信息、提取信息的过程,并提出了建构主义的六大元素,即情境、小组、桥梁、任务、展示和反思,情境被列为学习设计的第一大要素。强调知识是社会建构的心理学家倾向于认为学习原本就是社会性的,并体现在一定的文化情境中,在此时此地是正确的东西,在彼时彼地可能成为谬误。

情境性学习观不认为知识是个人的认知结构,而是随着时间而发展的社会团体的创造。社会团体的习俗即相互作用和办事的方式,以及该团体创造的工具构成了该团体的知识。学习意味着变得更有能力参与那些实践和应用那些工具。由于知识离不开学习得以发生的具体环境,在学校课堂上学习的东西难以迁移和应用于课堂之外的环境。学校教育要避免这种情况出现,就有必要创造与现实生活相似的真实情境。情境性学习更像一种师徒关系,在此,新手由于专家的指点和示范,逐渐承担更多的责任,直至能独立工作。另外一些心理学家如皮亚杰、布鲁纳等强调,在一定情境下习得的知识并不局限于在该情境中应用,在一定的练习条件下,它们可以实现普遍迁移。在学校课堂内学习的东西可以运用于学校之外的现实生活。

作业的设计中,应该创设有利于激发学生学习兴趣的情境,这有利于培养学生的创造性思维和创新意识。创设情境的理念已经逐渐被众多学者和一线教师所接受,但是多数创设情境的研究和实践集中在"开场白"部分,涉及其他教学环节中的研究和实践较少,尤其在课堂作业的设计中更是很少涉及。本书认为,以创设具体情境设计课堂作业,可以更加有效地检验学生理解知识、巩固知识和运用知识的能力，也可以充分体现地理知识的生活性、趣味性、综合性和实践性特点，创设情境是优化地理课堂作业设计的有效方法，是改善课堂作业效果的重要方法和手段。

（二）生活性

生活与地理是统一的，为了生存，人们需要认识所处的环境，随着对生存环境认识的逐渐深入，便产生了地理学。因此，生活是地理之源，没有生活就没有地理学。地理学可以帮助人类认识生活世界，提升生活质量。学习生活中的地理知识，调动学生的生活经历与体验，在学生头脑中形成丰富的地理表象，有利于地理知识的理解和掌握。改变地理学习方式，要根据学生的心理发展规律，联系实际安排教学内容，引导学生从现实生活的经历与体验出发，激发学生对地理问题的兴趣，培养地理学习能力，鼓励积极探究，使学生了解地理知识的功能与价值，形成主动学习的态度。地理课程要提供给学生与其生活和周围世界密切相关的地理知识，侧重基础性的地理知识和技能，增强学生的生存能力。因此，生活性是地理学的基本属性，也是地理课堂作业的根本特征。

人们的衣食住行与地理关系密切，所以要将其引入地理课堂作业中，让学生学习对生活有用的地理知识。例如，为了刺激消费，促进经济的发展，我国实行长假制度。教师可以这样提问："在长假期间，有很多人要出行。请你综合地理位置、气候、交通、旅游资源、时间等条件，选择一条既经济又合理的旅游路线，并阐明自己的理由。"再如，最近海地级地震，导致近万人伤亡。教师可以设计这样的题目："地震、海啸、火山喷发等自然灾害对人类危害极大，联系学过的知识，分析并阐述这些自然灾害发生的自然原因和人为原因。"通过这些实际生活中出现的生活现象与生活常识，用地理的视角和观点来观察和认识,并总结出地理规律和地理原理,让学生从生活实际出发学习地理知识,掌握地理技能,形成地理的情感、态度和价值观。

(三)实践性

实践性是地理学的根本属性。学习对终身发展有用的地理,使所学内容不仅对学生现在的生活和学习有用,而且对他们的终身学习和发展有用。地理学习能够培养未来公民必备的地理素养。设计具有时代性和基础性的高中地理课程,提供未来公民必备的地理知识,增强学生的地理学习能力和生存能力。关注人口、资源、环境和区域发展等问题,有利于学生正确认识人地关系,形成可持续发展的观念,珍爱地球,善待环境。地理学习重视对地理问题的探究,倡导自主学习、合作学习和探究学习,开展地理观测、地理考察、地理实验、地理调查、地理专题研究等实践活动。

设计地理课堂作业,有助于学生获得对终身发展有益的地理基础知识和技能,如地理观察观测技能、实验制作技能及有关地理读图技能;有助于形成地理思维,即分析、综合、抽象、概括、推理等基本思维形式。学会地理思维,不仅能提高地理学习的效率,开阔知识视野,而且能增强终身学习的能力和解决实际问题的能力,有助于培养地理科学研究能力,即地理科学的精神、态度、习惯与方法。

(四)综合性

综合性是地理学的显著特点之一。地理环境由大气圈、水圈、岩石圈、生物圈等圈层构成,是地球表层各种自然要素、人文要素有机组合而成的复杂系统。因此,地理学兼有自然科学与社会科学的性质,具有感性知识和理性知识并重的特点。从多学科组成的开放性教学系统来看,地理与其他学科既明确分工又密切合作,共同完成学生知识学习、能力掌握和情感态度价值观形成三项职能。在地理知识系统的学习过程中，相关学科的知识内容和理论方法可以帮助学生理解和掌握地理知识，同时也为相关学科知识的学习创造了迁移和实践的机会，因此必须树立整体观念，注重相关作用，以保证取得最佳效益。

从科学发展的历史来看，加强各学科之间的联系也是科学发展的大势所趋。地理学知识内容复杂，与其他学科间的联系密切。这种联系为全面提高地理教学质量、发展学生的综合素质创造了条件。例如，物理学中"比热"的概念可以解释海陆热力差异的形成及其对气候的影响，化学中元素的含量可以揭示南方红壤、黄壤及东北黑土等的形成原因，数学中几何知识可以分析日照图中晨昏线、经纬度等知识。地理学区别于其他学科专业之处是它关注人类如何利用与改造支持生命的生物环境和物理环境。在地理学中还有两个重要的综合领域研究不同生物物理过程或环境动态之间的关系（即自然动态），以及综合经济、政治社会和文化机制（即社会动态），这也充分体现了地理学的综合性特点。

第二节　地理作业生活化的内涵与研究现状

一、地理作业的内涵与研究

现今教育界对"作业"内涵的界定还没有达成共识。有专家认为,作业是学生的学习过程或学习活动。也有专家强调,作业应具有创造性的学习或创造性的工作本质。对作业的分类也比较多样,社会认同度较高的有以下两种:一种是根据作业的达成时间划分,在《教育大辞典》中把它分为课外作业和"课堂作业"。施良方教授认为,课外作业是正式布置的、学生必须完成的学校功课。我国的课堂作业也称即时作业,特指教师在上课时布置学生当堂进行操练的各种练习,主要由学生独立完成,也可以是小组合作完成,包括书面作业、口头作业、实际操作练习等。国外课堂作业是指学生在课堂中完成的任务,其中大部分是在教师指导其他学生时学生个人独立完成的。在地理作业方面,李功爱等地理专家把它划分为课前作业、课堂作业和课后作业。另一种是根据作业过程的不同划分为活动作业和文本作业。活动作业流行于欧美等受杜威实验主义影响比较显著的国家,它们一向重视学校、家庭和社区三者结合,对校外教育的重视程度较高,关于作业设计方面的研究也集中在课外的家庭作业上。从目前收集的资料上看,它有以下三个特点:一是研究角度多面化。例如,探讨学生家庭作业完成量与学习成绩的相关性、学生家庭作业时间与学习成绩的相关性、人们对家庭作业的态度、对家庭作业的反馈、学校家庭作业政策、家庭作业影响等。二是关注视角多方位,不仅关注学生,还关注其他作业成员的参与。例如，20世纪90年代由美国霍普金斯大学家庭问题研究中心提出的交互式家庭作业，简称为作业。三是强调作业的生活实际性，切合杜威的"做中学"思想，美国比较流行，而我国高中流行的却以文本作业居多，地理学科也不例外，往往是地理教师从地理教材、练习图册或其他教辅资料上选取题目，用于复习和巩固课堂知识。经过几十年的实践，我国学者也认识到文本作业的弊端，从而慢慢走向活动作业，尝试让高中地理作业转变成提升学生地理思维能力、地理动手能力、地理调查能力、地理观察能力的途径。通过解读不同学者所界定的作业内涵，笔者认为高中地理作业是根据学生的认知接受水平，充分考虑地理学科综合性和地域性特征，通过阅读、绘制、观察、调查、实践等方式完成，以期提高学生地理能力的一种教学手段。它是完成学习任务的一个开放过程，不限制作业的完成时间，课前、课堂上或者课后都可以；不限制作业形式，可以是书面作业、口头作业和生活实践；作业的设计者不仅仅是教师，完成主体也不仅仅是学生。

二、生活的内涵与研究

对于"生活"，《现代汉语词典》是这样解释的："①人或生物为了生存和发展而进行的各种活动；②进行各种活动；③生存；④衣、食、住、行等方面的情况；⑤活儿（主要指工业、农业、手工业方面的）。"这种解释是具体层面上的概括，把"生活"当成经验性概念。有时我们还直接将具体的生活对应为西方哲学界的"生活世界"（一个分析性概念，它可以用作分析现实问题的理论工具，但它本身并不包括社会现实的具体内容）。教育家陶行知认为"生活"有以下两个方面：一是个人的劳动与日常生活，包括职业、消闲；二是人和社会、自然的关系，也就是社交和天然界。可见，"生活"一词的包容性很强，仅从生活的具体层面上讲，它就几乎包括了人类本身所有的、与人类有关的生产生活活动,简单来说就是一切社会关系的总和。正是因为生活富于动态而我们置身其中,因而无论对其如何定义,都会产生偏颇,因此本部分在明确高中地理教学中的"生活"指的是谁的生活,又是哪种生活,从生活的主体和生活的内容两个角度出发,结合《现代汉语词典》的第二种解释"进行各种活动"和第四种解释"衣、食、住、行等方面的情况"的含义,考虑到高中学生的受教育经历,将"生活"定义为"学生已经直接经历过的衣、食、住、行和受教育经历等方面所进行的各种活动的总和",总的来说,可以分成学生的社会生活和个人生活。社会生活是发生在当今社会中的经济、政治、文化等方面的日常生活。个人生活是指与学生日常生活、未来发展有关的各种活动。通过社会生活影响和丰富个人生活,通过个人生活改造和补充社会生活。

三、地理作业生活化的内涵与研究

"生活"概念虽然仁者见仁,但对于生活化,大家的观点却都如出一辙。有"回归生活""贴近生活""走向生活""引领生活"等说法,均表明地理教学必须以生活为出发点,紧靠生活,又必须以生活为归宿,指导生活。"高中地理作业生活化"指的是地理作业如何向学生个体的日常生活渗透和如何在学生个体的生活空间上实现作业的问题,也就是从作业内容和作业形式两个角度与生活联系起来。然而,很多文献关于本部分的研究重点——"地理作业生活化"的研究却不多,笔者以它为关键词在全球信息量最大、最有价值的中文期刊数据库上检索,结果为零。可由此见,从生活的角度研究地理作业还是有空间的。笔者再以命题的核心"地理作业设计",时间设置在至今期间检索,得到数条结果,一半以上的文章是在新课程理念的指导下完成的。通过检索结果,笔者发现研究主要集中在"作业设计有效性、作业设计的有效策略、改进策略"等方面。

陶行知是我国生活化教育的鼻祖，他的"生活即教育"思想核心是"教育从生活出发，在生活中进行教育，为了生活而教育"。第一层面阐述的是教育的出发点，以生活为缘由；第二层面讲的是教育的过程，在生活中实现；第三层面是讲教育的目的，为了生活。以此为基础，笔者认为判定教学内容是否以"生活"为中心的关键是"看它是否有引导人动作、引导人做了一个动作又做另一个动作的力量，看它是否有引导人思想、引导人想了又想的力量，看它是否有引导人产生新价值、新益求新的力量"。也就是强调内容要能让学生动手，能启发学生智慧，引起学生思考，最后有所创造。以此作为生活化教学内容标准的同时也可以用来判定作业是否以生活为中心，看作业是否能让学生放下手中的笔，走向生活实践，使其过程成为学生现在、未来生活不可或缺的一部分；是否能拓展学生的思维，以体验和探究的作业方式来激发学生的情感；是否能让学生有所创造，用新创造的价值改善生活、指导生活。具体到文本作业，就是是否以生活的时代性、开放性为基点来弥补它的缺陷，使作业内容走向生活，融入生活。这样的判定标准既强调学生生活是高中地理作业的出发点，也强调生活是高中地理作业的实践过程，还强调生活是高中地理作业的归宿，集本体论、过程论和目的论为一体。笼统地讲，就是带着生活走进地理作业，走出作业作用于生活。基于此，本部分提出高中地理作业生活化的判定标准有以下两大要领五大细则，并认为只要符合其中一个细则的作业就属于生活化范畴。

（一）内容引用生活素材

该标准主要用于判定文本作业内容是否生活化。某作业内容是否生活化可以从以下两个角度进行考虑：一是作业背景图片是否借用地理景观图、地理示意图、照片等直观形式或者利用文字描述出某种常见景观塑造地理知识的生活化原型;二是作业背景材料是否引用杂志、报纸、其他出版刊物、网络和乡土环境里的相关报道,或者是否以某件生活事件为依托虚拟出考查地理知识的场景。

(二)采用在生活实践中完成作业的形式

该标准主要用于判定活动作业的形式是否生活化,可以从作业完成的空间、作业主体和作业成果三个角度进行判定。一是作业空间一般要脱离教室,在室外观察、探究某种自然现象里蕴含的地理知识;二是作业主体多元化,不局限于学生,"学生、家长、教师"多方参与,分享生活中的地理发现;三是作业成果能显示学生的生活经历,不再是单一文本成果,而是一种能记录学生发现、分析、总结地理问题的媒体。

例如,学生可以将自己对地理现象的思考过程创作成一首歌曲、编写出一段文字,绘制出一幅图画。目前高中地理作业多以文本为主,活动作业生活化也只体现在"在课堂外观察、探究某种自然现象里蕴含的地理知识"层面上。

基于以上分析,笔者发现生活化的地理作业和常规地理作业的设计观念存在较大的差异。总体上讲,常规地理作业是已经设计好的、固定的静止形态,用于巩固知识,教师布置作业,学生在室内握笔解决;生活化的地理作业是师生双方共同以变化的生活来补充知识,旨在虚拟或者真实的场景中解决问题、促进双方发展的动态作业,具体可以从课程观、知识观、教师观、学生观、过程观、功能观六个方面分析两者的不同。

高中地理作业生活化,目的是使学生在纷繁复杂的物质生活中找回丢失已久的精神生活,体验生活的快乐。表面上是作业内容和形式的"活",实质上"活"的是师生双方的知识、能力、情感、精神及生命。

第三节　地理课堂作业设计的原则

"原则"，是指人们观察问题、分析问题和解决问题的准则。地理作业设计的原则，就是地理作业设计的准则，是测量地理作业设计水平的理论依据。作业的设计如果没有相应的原则加以规范，所设计的作业恐怕会出现这样或那样的偏颇，为了避免出现偏颇或矫正作业设计过程中出现的问题，设计者在设计作业时，应遵循相应的宏观上的原则，即教师应该根据学生的知识、技能、已有经验和个性心理状况，设计难度与学生水平相当或稍偏高的作业，充分激发学生在作业中的主体地位，落实新课程理念提倡的知识与技能、过程与方法、情感态度和价值观的"三维"目标。作业的设计应遵循的原则有很多，如科学性原则、系统性原则、启发性原则、策略性原则、教育性原则、趣味性原则、灵活性原则、针对性原则、人文性原则、开放性原则、合作性原则、实践性原则、探究性原则等。针对地理课堂作业，笔者总结了以下两项原则。

一、地理课堂作业设计的一般性原则

（一）主体性原则

中国古代哲学思想的儒、佛、道，都注重"主体性"，比较突出的是"天人合一"的思想。儒家重视人与天合、人与天地同道，人从天地自然运行的规律中得到启示，作为自己行动的指南，即老子思想精华之所在的"人法地，地法天，天法道，道法自然"，《中庸·尽性章》有曰："可以赞天地之化育,则可以与天地参矣。"由此就有《周易》中"天行健,君子以自强不息;地势坤,君子以厚德载物"和"人定胜天"的积极思想,这些思想突出了人的主体性和能动性。但是,也有其消极的一面,就是过分重视人的能动性,而忽视了自然的力量,容易导致人们不顾自然规律,盲目对自然界施加影响,以致破坏自然之法,最终影响人类自己的境况。

杜威指出,传统教育的特点在于"消极地对待儿童,机械地使儿童集合在一起,课程和教学法的划一",学校的重心在教师、在教科书及在教师所喜欢的任何地方,唯独不在儿童,在儿童之外。因此,杜威强调要突出学生的主体性,要在教学的各个环节加以体现,包括作业设计的环节。教师在作业设计中,应将学生的特点作为作业设计的依据之一加以考虑,以突出学生的主体性。

哲学上认为主体性是人作为对象性活动的主体所具有的本质特性,是主体在作用于客体的活动中表现出的能动性,因此它集中体现为人的独立性、主动性和创造性。美国加州富尔顿学院的心理系的陆哥·赫青勒曾痛心地写道:"编撰 20 世纪人类历史的时候,可以这样写:'我们最大的悲剧不是恐怖的地震、连年的战争,甚至不是原子弹投向日本广岛,而是千千万万的人们生活着然后死去,却从来未意识到存在于他们自身的人类未开发出来的巨大潜力。'"这段话道出了 20 世纪人类对主体性的忽视。因此,人们对以往和现实教育中人的主体性教育的缺失开始进行反思,并进行积极的探索和追寻,从对整个教育系统如何发挥主体性的思考,到一节课内保障学生发言权的探讨。近年来兴起的对话教学、生命教育等新的教学理论无疑是人们追求主体性的见证。在作业设计中,教师将学生的因素作为依据之一,充分发挥了学生的主体性。

现代教学理论认为，学生在课堂中不是被动接受教育的客体，而是教学的主体，具有主观能动性，教学的一切活动都必须以调动学生的主动性、积极性为出发点，引导学生主动探究、积极思索。在课堂作业的设计上，首先应该将学生视作课堂的主体、作业的主体，这样才能从学生的需要、学生发展的角度思考课堂作业的设计。在以学生为作业的主体时，要思考设计的作业是针对某个学生的个体，还是一个小组，或是班级中全体的学生，因此可以依据主体针对性对作业进行分类，分为群体作业、小组作业和个体作业。

主体性在强调学生全面发展的同时，注意学生个性的培养。美国一贯提倡自由，提倡发展学生个性，自杜威提出"儿童中心论"以来，就围绕发展学生的个性来设置课程，选择和组织课程内容，这一历程从未间断。20世纪80年代末，日本政府进行了历史上第三次重大的教育改革，提出了"尊重个性的原则"，主张培养人格健全、富于人性的青少年，提出实现教育多样化，重视发展每个学生的个性，实现教育个性化。因此，作业应该成为学生自身学习和生活的需要，而不是为应付教师和家长所布置的任务。作业的内容设计应该着眼于学生的未来发展，具有可持续性，充满人文关怀。让作业的设计关注学生主体的需要和发展，改变学生被动的局面，激发学生学习兴趣，调动学习积极性，从而让作业成为促进学生发展的一个生长点。现行许多学生作业由于过分强调地理学科的科学性和自然性，忽视人文性，以至于不少教师把作业理解为仅是巩固知识、训练技能的手段。雅斯贝尔斯在《什么是教育》中提过："教育是人的灵魂的教育，而非理智知识和认识的堆积。"新课程地理作业应体现学科的自然科学性和人文性，除了注重知识的积累和技能培养，也应该创设情趣和快乐，促进学生心智的发展和人格的完善，使作业活动成为学生人文素养形成的重要载体。

1631 年英国商人霍布森贩马时,把马匹放出来供顾客挑选,但有一个条件,即只许挑选靠近门边的那匹马。显然加上这个条件实际上挑选就等于不让挑选, 这种没有选择余地的所谓选择, 被讥讽为 "霍布森选择效应"。如果教育教学陷入了这种效应,就会因失去选择性而极大地限制学生的创造性、积极性和主动性。过于僵化的千篇一律的作业形式就没有注重学生的个体差异,没有赋予他们选择的权利,最终只能发展为学生"强者不强,弱者更弱"的可悲结局。中国的伟大教育家孔子说过:"中人以上,可以语上也;中人以下,不可以语上也。"即"中等水平以上的人,可以告诉他高深学问;中等水平以下的人,不可以告诉他高深学问"。也暗含了教育应该有选择, 要因人而异。所有教师应该根据班级中学生的不同学习层次,布置不同梯度的作业,这也是学生主体性的体现。

(二)策略性原则

在知识爆炸和更新速度日益加快的今天, 人们终身受用的不再是学龄期获得的知识,而是善于学习的能力,"教会学生学习"已成为当今教育领域的一个重要目标,地理学科的教学也不例外,只有把教会学生学习地理策略的研究放在重要位置上,才能提高教学的质量。学生只有掌握了学习方法,在他们离开校门之后,才能继续学习、自主学习,达到让学生掌握终身学习本领的目的。学习策略是学生为达到一定的学习目标,有意识地进行自我认知、反馈、调控和优选学习方法的一系列活动过程的总和。调查与实验表明,学习策略对学业成绩具有极显著的效应,发现成绩优秀的学生与成绩不良的学生在制订学习计划、调节学习情绪、理解和记忆课文内容及复习应考等方面,均存在着显著的差异。因此,拥有良好的学习策略,对学生的学习非常重要。

尼斯比特在《学习策略》一书中写道："一个成功的学习者,不仅仅是获得大量正确的知识,更重要的是掌握了一系列学习策略。"学习策略是衡量学生学业水平的重要标志,也是学习能力的关键因素。所以,学习策略既是促进学生学习的条件,又是学校教育的重要目标。布朗等人的一项实验表明,对智商为90左右的学生进行阅读理解实验,结果这些学生能够理解课文中的词句,但对课文的总体意义理解较差。进行策略训练后,他们和学习能力强的学生一样,能较好地运用所学到的策略,阅读成绩明显提高。由此可见,学习策略是可以训练的,是可以教会和迁移的。

《地理课程标准》强调,地理教学要注重知识传授与获得知识过程的统一;倡导以基础地理知识的获得为工具和手段,开发智慧、培养情感、形成科学态度、掌握地理科学方法。地理作业的设计,应着眼于使学生掌握地理学习策略,将掌握地理知识的基本方法、读图用图的基本技能、根据需要搜集信息的方法及对地理学习的自我意识等贯穿于地理作业之中,把学习策略中如何计划、操作、监控、检查、矫正等一系列环节与地理作业结合起来。让学生在完成地理作业的同时,能领悟、发现、掌握这些学习地理的策略。在作业中教会学生反思的方法,培养反思习惯,使其对地理学习策略做出清晰的判别、体验和调控,有助于学习迁移,从而达到提高学习质量的目的。在设计和布置作业时,教师很少有作业指导说明,如作业与前面的学习、今天的学习及以后的学习有什么关联。这样的布置有时让学生找不到达成任务的突破口,产生困难,从而降低学习的兴趣。因此,布置作业时除了要向学生提出明确的要求,规定完成的时间,对比较复杂的作业,教师也可以适当地向学生提示完成作业的方法,但这种提示应该是启发性的,不能代替学生的独立思考。因此,针对如何完成作业,教师要给学生清楚的指导和简明扼要的说明。

（三）开放性原则

地理新课程基本理念明确提出，学习地理的重要内容之一是帮助学生认识地理与人类生活的密切关系，关注人类面临的与地理相关的社会问题，培养学生的社会责任感、参与意识和决策能力。在作业这一教学环节中如果只设计基础性作业是无法实现新课程这一要求的，应设计开放性作业。开放性作业的设计可以提高学生灵活运用地理知识解决实际问题的能力，促进学生更好地走向社会、适应社会，所以设计开放性作业具有研究和探索意义。开放性是相对于传统的封闭性作业而言的，两者无论在问题结构方面，还是在解题策略方面都具有不同的特性。在结构形式上，开放题具有组成要素的非完备性和解题答案的不确定性，从解题过程和解题策略来看，开放性作业具有发散性、探究性、层次性、创新性等方面的特征。

现在很多地理作业内容只局限于本学科，很少关注作业与实际生活、各学科的联系，更多的只是课堂内容和书本知识的回忆和再现。它虽然能提高学生掌握知识的效率，却容易使学生形成狭隘封闭的知识观，在发展学生思维、提高学生素质上存在局限性，不利于创新能力的培养。所以，新课程地理作业，务必从学生生活、工农业生产、环境等多方面入手，挖掘丰富多彩的作业素材。作业的形式和内容也要多样性，可以考虑书面作业与口头作业、操作作业和表演作业相结合，采用个人作业、小组合作作业、全班合作作业等不同的作业形式。越是形式多样的作业越具有开放性，越能激发学生的兴趣。

二、地理课堂作业设计的特殊性原则

（一）实践性原则

杜威强调儿童和社会的联系，认为在两者中有一个连接的共同要求，即活动。在杜威看来，活动是儿童认识世界的最主要途径。课程设计必须能直接促进儿童经验的重组与改造，并使经验体现出"连续性"和"交互作用"。《地理课程标准》倡导从实际出发，提出问题，引导学生进行分析、论证，帮助学生在自主探索的过程中真正理解地理知识，同时获得广泛的地理活动经验。实践是检验真理的唯一标准，通过实践的验证，能使理论得到补充、体验和证实，只有多实践，才能获得理论的升华，然后再促进高质量的实践。

实践性是地理学的主要特征之一，培养学生的实践能力是地理学科的主要任务，在设计地理作业时，应遵循实践性原则，让设计的作业有利于学生创新精神和实践操作能力的培养，提高学生学习地理的兴趣。新一轮课程改革注重改变以往学科偏重书本知识、结论性知识的现状，强调学生实践能力、创新精神的形成，重视学生在实践中获得积极的情感体验。古语有云"学以致用"。传统教学中，学生在校学习的理论较多，实践较少甚至没有，造成了"高分低能"的现象。因此，在设计课堂作业时，应注重实践操作性，培养学生的动手能力和合作精神。《地理课程标准》强调，引导学生积极参与"活动""操作""实践""考察""调查"等活动，不仅要用脑子去想，而且要用眼睛看，用耳朵听，用嘴巴说，用手操作，重视学生的直接经验，尊重学生的个人感受和独特见解。教学中，开展地理观测和观察、地理实验、地理专题研究等实践性活动，培养学生在实践中发现问题和解决问题的能力。在实践中激发学生的潜能和创造力，有助于学生素质的整体提高。

在实践性作业过程中倡导切身体验，通过反复观察、实践、练习，对事物、行为、情感进行内省体察，掌握策略性知识，掌握地理技能，养成良好的行为习惯，形成正确的情感、态度与价值观。《地理课程标准》要求教师引导学生学习生活中有用的地理知识和对终身发展有用的地理知识,体现了学习地理的实用价值;强调在活动中渗透教学主题,在学生的观察、思考、讨论、探究、合作与交流中灵活掌握和运用地理知识。"实践是知识转化为能力、外部教育转化为受教育者身心素质的必由之路。"

(二)生活性原则

《地理课程标准》倡导联系实际讲解地理知识的应用,反对只注重知识的传承。作为国民素质教育的地理课程,要充分体现和满足人们日常生活和活动中对地理知识的需求,满足各行各业在资源利用、生产生活安排、环境保护及可持续发展方面对地理知识的需求,满足广大国民进行现代化建设、促进社会经济发展对地理知识的需求。生活为学生培养实践能力提供了广阔的舞台,也为教师设计作业提供了鲜活的素材。调查发现,当鼓励学生在实际生活中运用课堂上所学的知识时,他们对这些知识的理解就特别深;当学生意识到所学的知识会马上运用到现实生活中去时,他们就觉得课堂上所学的知识特别有意义。新课改中也提出"加强课程内容与学生生活及现代社会和科技发展的联系,关注学生的学习兴趣和经验",要求教师应把作业与社会生活相联系,让学生结合具体情境发现问题并提出问题,以巩固知识、应用知识,这正是知识的价值所在。设计具有生活化的作业,让学生成为问题的探索者。

作业遵循生活性原则,有利于培养学生的实践能力和创新能力。泰戈尔说过:"不能把河水限制在一些规定好的河道里,当然学生也不能一直被禁锢在课桌上。"教师要创造性地设计一些开放性、实践性的作业,使学生在作业过程中自己走进生活、走向社会,参与实践活动。瓦特发明蒸汽机就缘于他对火炉上的水壶在沸腾时所进行的深入观察、思考和研究。新课改要求学生亲自动手、设计方案、收集资料、观察思考、探索原理,教师要指导学生"做中学",把"做"融入学习的全过程,也就是把生活融入学习中。作业设计紧密联系学生的现实生活,打破以前作业脱离学生现实生活、原有经验和体验的模式,不再把学生的学习等同于学科内容的学习。正如张华教授所说:"为了切实保障儿童的发展,把儿童的发展置于课程的核心,人们开始越来越关注学习者现实的活生生的经验和体验。这并不意味着排斥源于文化遗产的学科知识,而是在学生现实经验的基础上整合学科知识,使学科知识成为学习者的发展资源而非控制工具。"

(三)综合性原则

综合性作业是指有意识地让学生采用多学科的方法和语言对一个中心主题、观点、问题或实际经历进行考查的知识获得与作业过程。此处的"综合性"的理解,一是用另一学科的知识来对当下学科的作业进行分析;二是用平行的学科知识对同一问题或事件进行多角度的分析;三是相关学科知识的比较与综合;四是用跨学科的观念来处理生活实践中的问题或对学科知识进行全面理解。综合性作业是实现学生地理素养全面提高的一个重要途径之一。综合性作业不以某一学科为局限,而是注重跨学科的学习和现代科技手段的运用,这种作业方式,可以为学生提供一个平台,使他们学会查找、搜集和整理资料,培养他们的合作态度和参与意识,初步具备搜集和处理信息的能力。力求在掌握学科知识的基础上,加强学科之间的沟通与交融,为学生知识的建构提供教育基础,从而达到提高学生综合素质与实践能力的教育目的。

第四节　高中地理作业生活化的设计

爱因斯坦认为:"只有少数人在用他们自己的眼睛观察,用他们自己的头脑思考。"否则这个社会很有可能是不幸的,因为它所有的成员都失去了个人独创性。在地理作业的设计领域也是如此,没有个人志愿、失去个人独创性的作业世界是不会发展的。

一、高中地理作业内容生活化的流程分析

作业内容生活化是在文本作业中融入生活现象、引入生活见闻的知识表达方式,它需要作业设计者有发现地理问题的敏感性,积累地理素材的积极性,加深对地理知识理解的思想性,编制作业的踊跃性,自检反思与合作交流的习惯性。以下笔者将剖析高中地理作业内容生活化的流程。

(一)观察和阅读:素材获得的方法

冈察洛夫总结自己的创作历程时深有体会地说:"在我本人心中没有诞生或没有成熟的东西,我没有看见、没有观察到、没有深切关怀的东西,是我的笔杆接近不了的!"在他看来,创作的前提就是观察和阅读作业内容生活化的设计,是创作的过程,因而也需要观察和阅读。观察就是用一种或多种感官去搜集有关这个世界的信息,是直接面对真实事物的信息获取方法;阅读则是间接地发现事物。这两者都是生活素材的起始来源,也是对地理知识的初步学习。通过亲身观察或阅读地理课外读物、地理科普书籍等方式可以获得生活素材。中学地理教师都受过专业的地理科学教育,因而

在关注生活现象时最主要的是导入新视角,方能有助于发现新因素。

(二)理解:搭建知识点与生活现象联系的桥梁

理解是高中地理作业生活化建构过程的重要步骤,如果设计作业是在建设楼层,理解就是地基,其理解深度决定了设计的成败。我们至少要对以下两种对象加以理解:一是高中地理知识点,在认真研读地理知识点后,对其刨根问底,尽可能将内容简单化,抓住精髓,其实际是让学生理清新知识的内部联系,建构新旧知识相结合的体系。二是生活现象,将生活现象深度化,用地理思维对生活现象所表示的内容加以剖析,做一番"由表及里,去粗取精"的制作。对于一时理解不了又认为其中包含有地理知识的现象可以先做记录,再做思考。理解几乎是靠个人领悟和揣摩得出的,具有很强的主观性和不稳定性,为了弥补该缺陷,作业设计者要提高自身素养,以便在进一步理解时开辟出新的领悟空间。

(三)联结:活化作业的关键

在简化地理知识点和深化生活现象后,不断积累素材,在日常生活中若出现与知识点相关的现象时,则可加以联结,关键是找到知识与生活的契合处,因为同一种生活现象同一个事物在不同人的理解中可以有不同的意义。鲁迅先生曾经说过,一部《红楼梦》,"经学家看见《易》,道学家看见淫,才子看见缠绵,革命家看见排满,流言家看见宫闱秘事"。同一种社会现象,不同的作业设计者也可以看到不同的原理,从而与不同的知识点加以联结。唯其如此,地理作业才免去了千篇一律的单调,才有百花齐放的缤纷,造就了地理作业的多姿多彩。

(四)编制与体验:验证联结的合理性

编制是在明确作业目的的基础上,将考查目的与一致的素材整合在一起,借以搭建生活化的场景,语言尽量简明、生动,场景真实,各题序难度略有提升。体验是对与之相关的自身经历或所见的回忆与感受。针对作业内容的体验可以转化为融入和移情两种具体方法。融入的是情感,心理学课程也强调:"情感是人对客观事物所持的态度体验,而且情感更倾向于社会需求欲望上的态度体验。"也就是说,情感的产生是以社会为前提的,健全的情感世界建构存在于现实生活过程中。个体在日常生活中就从未停止过情感的产生,在感言成像与知意喻理的活动中,情感一直贯穿始末,在已经设计完成的生活化作业中融入自身的回忆,被作业内容搭建的场景所打动,形成一种独特的感受。这符合裴斯泰洛齐强调的"只有爱、情感和信任交织在一起才能发展良心的萌芽,培养学生"。移情是指消除自己与作业所搭建的场景中的时间、空间、社会、文化间的差距,自主地调整自身状态,产生一种身临其境的认同感。在作业中出现从未经历过的生活场景或生活原型时,移情便是最佳的情感体验方法。

(五)反思:提升设计能力的捷径

对于反思的作用,已有很多的专家学者对此加以论述。笔者在此引入一种诙谐的阐述,以一则保险公司开业启事为例进行详细说明。

成功保险公司开业启事

投保条件:每日三省自身,写千字文一篇。一天所见、所闻、所读、所思,无不可入文。10 年后持 3650 篇文章来本公司。

理赔办法:如投保方自感十年后未能跻身成功者之列,本公司愿以一赔百,即现投万元者可成百万富翁(或富婆)。本公司只求客户成功,不以赢利为目的。所有利润将全部捐赠希望工程。欢迎投保,欢迎垂询!

保单索取:WEBMASTER@eduol.com.cn

或许"启事"只是个笑谈，然而笔者却怀着该保险公司必会破产的信念尝试了一段时间，结果不了了之。不得不佩服设计者的洞察能力，深切感知"吾日三省其身""十年如一日"的艰难。诚然，做任何事情，无论是为了提高效率，还是为了精益求精，甚者是为了走捷径，必不可少的就是反思，是对自我创作的经验总结和批判，以期得到新的提升。高中地理作业生活化设计过程的最后环节也不例外。

此处的反思是设计者的一种内省状态，以求不断提高生活化的能力，通过一个个例子的设计，形成一种习惯，将对陈述性知识的掌握转变为程序性知识的掌握，形成地理思维的敏感性。

二、高中地理作业内容生活化的设计分析

以下列举一个案例进行详细说明。

一首《天路》唱遍大江南北，一条铁路带动青藏旅游业的发展。暑假是去青藏地区旅游的最好时节。七月下旬，经过湟水谷地的赵老师却非常失望，因为他看不到花团锦簇的油菜花盛景，而去林芝雅鲁藏布江谷地的李老师却十分欣喜，因为它看到开得正盛的油菜花。

请问：

（1）你认为导致青藏地区油菜花花开时期有明显差异的最主要因素是什么？

（2）请综合阐述湟水谷地和雅鲁藏布江谷地的地域差异。

（3）油菜花在我国的分布比较广泛，每年的油菜花盛景吸引了众多游客，南方地区各地的油菜花观赏时节却不一致，解释一下为什么会出现这样的现象。

以上是通过以下五个流程设计出来的。

（一）观察和阅读：素材获得的方法

素材 1：在某所高级中学听到教师的谈话：七月下旬，同样去青藏旅游的两位教师讲述自己看到的油菜花情景，湟水谷地的油菜花已经结籽，林芝雅鲁藏布江谷地的油菜花却开得正盛。

素材 2：在某个演唱会上，看到韩红在演唱《天路》。

加利福尼亚大学曾经研究过美国人每天接收信息的情况。结果得出：一个美国人平均每天接收的信息相当于 10.05 万个英文单词的信息量，也就是说大脑每秒接收 23 个单词。要从数量如此庞大的信息中挖掘出地理元素实非易事，这需要人们有发现问题的敏感性。南宋教育家陆九渊认为："为学患无疑，疑则有进。"因为只有怀疑才能发现问题。地理作业内容生活化的过程就是开始于对地理知识与生活现象的怀疑。如案例中两位教师的谈话，只不过是一般的谈资，然而设计者却对他们的谈话内容产生了疑问，经过思考后发现这是一个很好的生活化素材。因而说多观察生活，多留心身边事，有助于形成发现地理问题的习惯，教师若能以身作则，经常在生活中发现地理问题，编制生活化的地理作业，学生一定能受到感染，在耳濡目染中也能够形成发现地理问题的习惯。

（二）理解：搭建知识点与生活现象联系的桥梁

对素材 1 的理解：同种作物在同一时节、不同地方处于不同的生长期。由此可见，关键在于"不同地方"。

对素材 2 的理解：青藏铁路影响与改变的不仅是青藏地区，有心人都可借此机会成就一番事业。

听到《天路》这首歌曲，音乐教师感受到的是旋律与节奏美，政治教师想到是决策的合理性，语文教师感觉到的是文笔的细腻……而地理教师联想到的是地区差异、地域文化、旅游业的发展；虽然只是一首普通歌曲，但是学生对它却很熟悉，将它编入作业能吸引学生，也可以给作业输送新鲜养分。对两位教师看到的不同生长期的油菜花，联想到的是自然地理环境的地域性。

(三)联结：活化作业的关键

在素材理解基础上的联结：高中地理知识中关于自然地理环境地域性解释得最为系统的是"自然地理环境的差异性"，也就是"由赤道到两极的地域分异规律""从沿海向内陆的地域分异规律""山地的垂直地地域分异规律"，主要成因是"太阳辐射""水分""海拔"。因而可以编制一道考查自然地理环境差异性的作业。

(四)编制与体验：验证联结的合理性

编制成果结合案例，题目分为以下三个层次：第一层次就现象讨论原因，青藏地区油菜花花期有差异的主要因素；第二层次范围扩大到两个谷地的地域差异，与区域地理结合在一起；第三层次转换角度，用地图展示南方地区的油菜花期的差异，并分析其原因。通过该作业，学生完整地掌握了自然地理环境的差异性，并能解释相关的生活现象（如日本樱花观赏），还了解了青藏地区的内部差异。在完成该作业的过程中极大程度地调动了学生的地理思维能力，包括地理特征的综合分析能力、地理过程的描述和因果关系的分析与推理能力。用通俗易懂的文字或图片表述出抽象的地理概念，有助于学生分析、比较和抽象等思维活动的展开，在熟悉的日常生活中探求地理过程，简单分析原因与发展规律。作业内容搭建的环境让学生产生身临其境的感觉，从而自主地、迫切地运用自己的地理思维，通过反复练习能力必定有所提高。

(五)反思:提升设计能力的捷径

对本次编制成果的反思:办公室的谈资仅是消遣的一种方式,然而笔者却从其中敏锐地捕捉到隐含的地理信息,结合学生熟悉的《天路》歌曲,以景观图、地图和文字描述的形式搭建了观赏西藏油菜花的生活场景,并开阔视野,联系南方地区的油菜花花期,综合地考查了自然地理环境差异性。作业内容并不见得十分完美,编制过程也稍长,然而这是一种独创性的举动,设计者本身通过此次作业设计不仅地理教学能力有所提升,也会潜移默化地影响学生,从而使学生更加关注生活中的地理。

第五节　高中地理作业形式生活化的问题与改进方法

陶行知先生说过："一切教学必须通过生活才有效。"作业内容生活化只是停留在将生活素材转化为材料背景的层面上，是虚幻环境中的生活化。高中生思维活跃，自我表现意识强，他们不满足于现有的知识，也不满意结论性的总结，他们喜欢身临其境，喜欢在学习中体现自己的存在。因而需要更高层次的生活化，也就是让作业成为生活的一部分，真正做到在生活中教育。当学生养成学以致用的习惯时，知识能解决实际问题的意识便在一次次的活动中得到巩固，从而更有利于明白所学知识的价值，课堂教学也就随之变得有意义。目前作业的形式主要有文本作业和活动作业两种，文本作业生活化也就是内容生活化，本章笔者将剖析活动作业生活化的问题。

一、高中地理作业形式生活化的主要问题

（一）部分作业有"活动"之名，而无"活动"之实

教材是教学过程中教师用来协助学生学习，达到教学目标的各种信息材料。它是教师备课的第一手资料，是学生学习的最主要内容，也是作业的最基本来源，分析教材作业系统的生活化问题有较大的普遍性。

根据对教材作业系统的编写，笔者有以下四个发现。

第一，除了全国中图版还保留着传统的复习题，其他版本的作业系统几乎全被"活动或问题研究"所代替。"活动或问题研究"是让学生参与其中、主动学习的、可供操作或思考的作业形式，这是课程改革后出现的新

现象,让学生在活动中学习地理知识和技能的用意十分明显。

第二,作业系统形式多样,大致可以分成四类。第一类放置在正文部分开始之前,用于引入学习、引起学生注意;第二类放置在每个单元正文结束后,以附加专题的形式出现,较典型的是鲁教版里每个单元后面附带的活动,这跟以往总结回顾知识点的课后习题不同,用于拓宽思维广度;第三类放置在每个知识点或每节正文结束后,用于小结与挖掘思维深度;第四类随机穿插在正文中间,辅助理解课文系统,引导阅读图像系统。虽然每套教材的作业系统多数只选择其中的三种类型,但跟以往的教材作业系统相比,形式明显多样化。教材里提供的这些活动不仅使课堂教学不再是单一的传授知识,也丰富了作业的形式。

第三,无论哪种类型的作业均以栏目的形式单独出现,有别于课文系统和图像系统,从设计上体现对作业系统的重视。

第四,作业活动化并不代表生活化。活动化的作业有一部分让学生在生活实践中完成,锻炼学生的地理动手能力、地理实践能力和地理调查能力,这些是生活化的作业,同时也有一部分是传统的习题。

(二)活动作业以在课堂中完成为主,较少贯穿教学全过程

教学是教与学的连续过程,强调教学相辅,教学相长。课堂教学是教师实施"教"的最主要阵地,其地位的重要性导致它最能引起教师关注,成为教师最花心思的设计环节,在生活化思潮的影响下,大多数教师都勇于尝试,在课堂教学过程中引入众多生活实例,引起学生学习兴趣的同时保持了课堂的热烈气氛,逐渐让地理教学走向开放,在源于生活的开放过程中发展。课堂引入的生活实例多采用情境题、课堂实验与课堂游戏等形式进行。笔者有幸能观看大量的"全国高中地理优质课"录像,以下列举一个

案例进行详细说明。

"地域文化与城市发展"课堂实录

师：今天我将带大家开始一段城市文化之旅。今天的旅行将以游戏的形式来进行。让我们来看下游戏规则，我们每到一步老师都将给出三幅图片，你们根据图片的内容猜出我们所到城市的名字，猜出的话就可得到一定的积分，猜错了就要扣分，越早猜出来分数就越高。我们分成三组来竞争，看哪一组在我们今天的旅行当中能获得最后的胜利，有没有信心啊，好，那我们开始旅行了，首先是我们的国内三日游。

师：第一组是必答题，第一道题我们请第一组的同学来回答，首先第一组图片，一组同学来猜下。（出示图片）

生1：新疆和田。

师：新疆和田，你确定吗？

生1：确定。

师：咱们来看下对不对，第一组同学扣分，但是不要紧张，还有两幅图，希望大家不要气馁，还有机会。下一幅图，看看是哪？一组同学。

生2：西藏江孜。

师：喔，不错哟。那我们开始西藏江孜之旅，我们回过头再来看一下，我们看到这幅图是个建筑，这个建筑体现了西藏的什么特色呢？

生（齐声）：藏族。

师：藏族佛教，西藏除了建筑有特色，还有什么有特色？

生（齐声）：宗教。

师：服装是不是呢？接下来到了第二站，第二站就是二组同学的，请大家来看这剪纸是哪里的特色？

生3:陕西延安。

师:陕西延安,我们来看对不对,我们现在二组有分,当然,虽然答对了,但还是要回过来看延安的其他风貌,刚才看到的是延安的特色剪纸,除了剪纸以外还有服饰,另外,延安的建筑也比较有特色,是什么呢?

生(齐声):窑洞。

师:接下来第三站,三组同学做好准备啊,来,猜一下,这里是哪里?

生4:云南大理。

师:云南大理,对不对? 很遗憾,不过还有机会,还有两幅图片,我们重新来看一下,下一幅图片,在哪里,下一组同学。

生5:云南大理。

师:刚才说云南大理,你怎么还说。你来答(手指另一位学生)再不确定就下一幅了啊。

生6:浙江乌镇。

师:浙江乌镇,我们来看一下,对不对呢? 啊,也得了分。很好啊! 经过第一轮之后,第二组同学暂时领先。

……

师:接下来请大家给老师做个导游,老师来海南的这段时间除了领略到海南的风光,还有很多疑惑,今天就请大家来给老师解惑。首先,要请大家给解释一些建筑上的问题,接下来的两分钟时间请大家注意观察建筑的房顶。第一幅图是琼州大学,还有我们学校房顶,这房顶都有点像船的形状,是不是?为什么会都是船形,还有海口的老街上有些建筑,就是南洋骑楼,为什么南洋风格的建筑会出现在海南,今时今日的海口标志性建筑莫过于海口的世纪大桥,这又反映了什么?老师的问题比较多,我说了半天,刚好是三个问题，一个组一个问题，第一组的问题，听好了，为什么海南的建筑的房顶都建成了船形？这种建筑跟海南黎族的船型屋有没有关系？第一组讨论一下，等会告诉我结果。第二个问题，海口的老街道为什么会有南洋骑楼？请第二组同学讨论；第三组问题，现在的世纪大桥的这种风格反映了海口怎样的发展状态、发展趋势？待会请同学来解答老师的问题。

……

师：现在我们留一个作业，大家课下写一篇小短文，分析地域文化对文昌的影响。

这则高中地理课堂掠影中师生互动得非常好，学生情绪高涨，整个过程出现许多口头提问作业，且皆以景观图、照片等影像图的形式带领学生走入实际生活场景中去。若按华东师范大学段玉山教授划分的地理课堂作业类型，它属于地理课堂游戏。这种课堂作业的活用提高了教学效率又富有生活气息，讨论部分特意将范围缩小到海南省甚至是学生所在的学校，用生活中常见的现象升华学生对"地域文化与城市发展"的理解，最后以"以短文形式分析地域文化对文昌的影响"为课后作业完成课堂教学，自始至终一脉相承生活化理念，相当精彩。可是如此完美的作业设计并不多见。不少教师的课堂教学设计得相当完美，如教授人教版高中《地理》必修2中"人口问题"内容，某教师以漫画引入，从世界人口到中国人口再结合当地人口，旁征博引，纳入众多生活信息，引导学生分析许多身边的生活现象，最后以小品结束，生活气息浓郁，可见该教师匠心独运，唯一缺点是他没有布置课后作业。又如，教授人教版高中《地理》必修1中"水循环"一课，某教师以一瓶当地河流水引入，联系当地最大的湖泊讲解河水补给类型，现场喝水引入水的类型，一边以谈话的形式引导学生畅所欲言，一边在黑板上将学生的话语转化成图形,最终画出水循环示意图。整节课都用日常生活例子在闲聊,不知不觉中完成了教学过程,可谓是生活化教学的最高境界,然而该教师也没有布置课后作业。精心设计的优质课尚且关注课堂上的活动作业,忽略课后作业的设计,平常的随堂课更可想而知。

(三)活动作业的对象多为学生个体,少与同伴、教师、家长互动

高中是人生重要的成长时期,在此阶段的学生独立意识和自觉意识都在不断增强,但同时也有浮躁的一面,偏向于看到自己一时的成功,忽略与他人之间的合作与交流。而且学生正处于成熟的初期,认知水平和实践能力都不太高,一旦受到挫折很容易造成精神不振,情绪低迷,因而需要适当的指导。相对于文本作业,活动作业对学生的要求更高,可是目前仅有的活动作业却多是学生个体完成,需要提高各方的互动来增强地理生活化教学。

二、高中地理作业形式生活化的改进方法

心理学上讲,情感是人对于客观事物是否符合自己的需要而产生的态度和体验。当客观事物或情境与人的需要和愿望符合时会引起人积极肯定的情感,而不符合时则会引起人消极否定的情感。学生在完成作业的过程中所产生的微笑、嗔怒、疑惑等表情,难过、欢乐、惋惜等心情都是表达情感的最直接方式,也是影响学习结果的最直接因素,作业的形式直接影响着学生的情感变化,在设计作业时若有意为之必能有利于学生形成健康的情感世界,因此下面笔者略谈高中地理作业形式生活化的方法。

(一)运用多媒体等信息技术,呈现学生发散思维的结晶

随着科学技术的发展,以计算机与视频技术的结合为手段的多媒体技术得到不断提高。广义的多媒体指的是能传播文字、声音、图形、动画等多种类型信息的手段、方式或载体,常用的是影音作品。它是一种新兴的信

息展示、思想交流与情感抒发的手段，通过多种感官使他人更准确、更形象地了解设计者的思想，符合高中生的求新求异的个性，把它作为一种记录手段完成地理作业，更能多方面体现学生的素质。由于没有规定作业成果的表现形式，学生可以自由发挥，从作业成果中呈现出发散思维的结晶。

笔者在实习期间曾给学生布置了这样一个作业："英国著名作曲家古斯塔夫霍尔斯特曾经谱写了一组题为"行星"的管弦乐曲。除了地球，太阳系中的其他行星都囊括其内，这七首曲子极富韵律地描绘了火星、金星、水星、木星、土星、天王星和海王星。先听一首"行星组曲"中的乐曲，想一想霍尔斯特是怎样用音乐来展现行星的？请同学们想想可以用什么方法来表现行星或者其他地理知识？"结果学生提交的作业五花八门，遗憾的是笔者没有保存。无独有偶，日前笔者发现网络上流行着浙江省舟山市普陀三中的苏静斌教师仿制的地理版歌曲，旋律熟悉，歌词朗朗上口，无疑是一种推广地理知识的方法，倘若教师布置这种类型的作业，相信在作业的过程中会充满欢歌笑语。

（二）以游览活动为抓手，记录学生发现、分析、总结的思维过程

游览是指从容地到各处参观。笔者认为，游览可具体分为两种形式，一种是有组织有计划的旅游观光，另一种是无意识的日常走动，游逛观赏。

1.以旅游观光为手段，感受生活中的地理

随着经济的发展，交通通达性能的提高，人们的生活质量也在逐步上升，学生外出旅游观光已经成为一种普遍现象，这就为设计以旅游观光活动为载体的作业提供了可能性。旅游观光是学生亲近大自然的直接方式，也是感悟地理知识生活原型的最佳机会，倘若教师将地理作业与旅游活动结合起来，学生便能在真实场景中体验地理知识，通过适当的方式可以记录学生发现、分析、总结的思维过程。

2.以游逛观赏为手段,感受生活中的地理

带着发现地理的意识外出旅游是能看到不少地理现象，然而旅游的次数毕竟有限,因而无意识的日常走动是一种可行性更高的作业载体。博学则返约,中学生广泛涉猎地理各方面知识后,游逛观赏时能发现不少地理现象,因此可以在分析某些具体知识的常规作业基础上,记录生活中遇到的点滴,帮助自己理清复杂知识体系的同时,加深对事物本质特征的了解。这是一座直接连接生活和地理的桥梁,然而它还需要借助其他方式才得以实现。例如,地理周记便是一种不错的辅助形式,以往的周记是一种常见的语文作业,是学生用以记录生活小事、表达情感、抒写感悟的一种表现形式。新时代的学生产生感触的可能性比较大,地理周记(月记)可以让学生用地理思维来记录生活点滴, 长此以往训练的不仅是语言表达能力,我们也能从中看到学生发现、分析和总结思维活动的全过程。历史上不乏类似的佳作,如《徐霞客游记》,或许他当年只是随性地从地理角度记录下游玩经过,谁曾想几百年后竟因此记录而当之无愧地成为地理学家。以下列举两个学生写的随笔进行说明。

案例一:我家附近有这样一条河,有时有水,有时干涸。河床里布满了圆滑的石头,听爸爸说,石头是由流水从山里带来的,才会变得这么圆滑。河岸分成两层,下层跟河床一样主要由石头组成,上层有土壤、泥土,乡亲们在上面耕种。我每天都经过这条河,从来不觉得有什么特殊,后来在写地理周记时无意中跟老师提起,才知道这是河流河漫滩典型的二元结构。原来细心留意身边事,是可以丰富课外知识的。

案例二:我一直生活在太平镇里,每天从家里到学校都要穿过面积不大的中心区,可能是因为过于熟悉,所以从没有认真地观察过它。直到最近学习了城市内部空间结构的知识，突然想到探究它的结构。于是在接下来的几周，我每天都默记途经地点的建筑，最后根据自己的记录用简单的绘图工具绘制，才发现太平镇也出现了职能区域的简单分化，分别是行政区、商业区、教育文化区、医疗服务区、居住区及工厂区。麻雀虽小，五脏俱全！

学生在完成此类作业的过程中，能用自己的双眼发现地理问题，用自己的想法分析地理问题，用不同的方法解决地理问题，呈现地理现象。不再拘泥于文本的形式，与日常活动结合在一起，在提高地理信息感知能力的同时，用自己的方式演绎心中的地理。即使作业成果不能做到精美无比，也会让学生倍感自豪，因为这是一份份渗透着生活气息、用观察与经验谱写的智慧篇章。

（三）采用小组参加社会实践的方式，展示集体智慧

"学以致用"长期以来都是我们学习目的的最佳表述，高中地理学习的目的也是为了能运用所学的地理知识解决生活中的实际问题，在一定程度上它可以将高中地理课堂延伸到任何空间，从而拓宽地理学习的空间。而且学生通过接触自然、社会，获得了直接经验，也学会从生活世界获取学习资源的方法。因此，符合学生实际生活的实践是最能激发学生兴趣和正面情绪的。这类作业旨在引导学生把学过的知识和技能应用到新的情境和现实生活中去，培养的是社会实践性的地理思维，它需要较强的转化能力。

学习最终是为了创造，只有实践积累到一定程度才会创造。因此，在教学中必须注重引导学生在实践中学习，认真观察、动手操作，懂得发现、理解并解决生活中的实际问题。然而，实践型作业对学生的要求会比较高，难度较大，作业时间也可能稍长，所以以小组合作的形式能提高其可行性，在作业的成果上强调能体现集体智慧，训练学生的合作技能。根据实践方式的不同，可以将其分为观察型作业和调查型作业。

1.小组参加观察型作业,展示集体智慧

地理观察一般指地理野外观察,是对地理环境各要素和人类社会经济活动进行实地观察。或抬头看天,观察天气变化,风起云涌;或低头向水,观察河溪走向,流水涓涓;或放眼看山,万物向荣;或走入生活现场,了解市场布局,市场选址,污水排放;等等。此项作业要求学生学会观察法,即能根据预定的计划,对处于常态之下的被研究对象进行有目的的观察,收集相关现象,并通过分析来认识被研究对象特点的一种研究方法。地理现象的变化是缓慢的,因而观察型作业不可能一蹴而就,需要长期观察,耐心记录,在过程中要与小组其他成员的观察记录进行对比,及时探讨,才能及时发现自己的问题。这是发现地理问题,直面地理现象的最佳方式。在学生观察和感受生活中的地理现象过程中,一方面有利于地理知识的学习,另一方面有利于学生正确认识和比较生活环境,为选择、适应、保护和改造生活环境提供理智的思考,进而懂得享受生活环境,并提高应对未来生活的能力。笔者根据人教版高中《地理》必修 1 的主要知识点设计的观察型作业的主题,在作业前可以让学生自由选择主题,细化实践步骤。可能有人会质疑该项作业的可行性,辩解之前,先讲一个小插曲:笔者认识一位有个八岁小孩的地理教师,他在家里的阳台给小孩设置了一个小型气象站(包括普通温度表、风向风速仪、水银气压表),要求小孩每天定时分两次观测和记录,并向家长播报天气预报。笔者乍一听觉得不可行,城市楼房的阳台怎么可以作为地理观测站。然而他的解释让笔者诧异并佩服,他说他要的不是精确的数据,而是小孩良好的习惯和对地理的兴趣。在小孩观测的期间他也同时整理了一份当地气象台发布的天气预报,每间隔一段时间就和小孩一起对比两份资料的差别,并引导孩子分析原因。长此以往，小孩自会明白地理对于生活的意义。套用这位地理教师的说法，教师要的并不是精确的数据，而是学生明白地理对于生活的意义，这也正是笔者的初衷。

2.小组参加调查型作业，展示集体智慧

地理调查主要调查社会经济及人民生活状况，也可调查人地关系，包括土地利用状况、其他自然环境的开发利用、工农业生产、环境保护问题、人民生活状况和风俗民情。完成这类作业，学生要熟练运用调查法，那就是围绕课题的目的，使用访问、座谈、问卷、调查表、测验等手段，通过被研究对象或熟悉被研究对象的第三者，有计划、有步骤地收集掌握被研究对象的客观材料，并通过分析综合地认识对象的特点或某些教育之间的联系。调查型作业不仅要发现问题，还要能分析原因，尝试解决问题，是更高层次的实践型作业。考虑到处理现实问题的实践性作业开放性很强，综合性较高，对学生的能力考查又是多方面的，需要学生收集较多的信息，因而时间跨度也长，有时可能会花费一个学期或学年甚至整个高中阶段，所以教师应该事先将作业设计好，最好是在学期初时公布作业题目。

本部分以人教版高中《地理》必修 2 知识为例，每个专题设计一个与之相关的调查主题，学生可以根据实际条件和兴趣自行修改、细化。由于城市学校和农村学校所处地理环境和经济发展程度不同，故而笔者将其区分开，这些调查题目着重促进学生的地理信息获取、处理和分析能力的形成，在收集信息的过程中，还可以拓宽思维广度，并随着问题的深入，学会批判和辩证地思考问题。当调查结果出现时，教师还可以引导学生提出新问题，如对获得信息的质疑，从而寻求更有用的资料。然而这些调查题目局限于当地的某个方面问题，集中研究区域特征，地理学除了区域性外还有综合性,因而教师也可放开视野,带领学生走出区域,甚至走出中国走向世界,形成全球性观念。因为学习地理的学生更应该学会尊重国家或地区的差异,学会理解自然的一致性。例如,在"地域文化"学习过程中,可以布置这样一个开放性作业,如南亚地区的宗教冲突是由哪些原因导致的。在学习"人口"时,可以让学生解答东南亚地区为何会出现迁居自由的基本人权。通过对现实生活问题的调查,培养学生某项地理技能,当遇到类似生活问题时,就会懂得以所学的地理技能去解决实际问题,达到"学自生活,用于生活"的完美结合。

(四)采取"学生、家长、教师"多方参与的措施,提升交流意识

教师、家庭成员(家长)与学生的多方参与,可以让家长体验作业的积极意义,提升三方之间的交流意识。国外的地理作业特别重视家长的参与,如"流星雨通常会在一些特殊的日子里定期发生,英仙座流星雨在每年的 8 月 12 日发生。请查阅报纸或历书,寻找关于下一次流星雨的资料。在家长的陪同下去野外观看流星雨,并向他们解释流星雨是怎样形成的""跟一位家庭成员,制作一个冰山模型。取一个牛奶或果汁盒子,切去顶部后灌满水,再冷冻起来,当水结成冰的时候,剥去该纸盒。同时,把盐加入一只装水的大碗里,模拟'海洋',再把'小冰山'放进碗里。然后让家人一起帮你用一把尺子测量浮在水面上的冰山有多厚,水面下的冰山又有多厚;并用测量结果解释说明为什么冰山对轮船来说非常危险"。这种作业的主体不局限在学生个人而是强调家长的共同参与,类似于社会上流行的"亲子活动",指在父母的陪同下,孩子利用假期参加社团或企业组织的有益于儿童成长的活动。亲子活动的对象是较年幼的,时间限定在假期,主办单位是社会团体,这种活动的限制太多,对于中学生而言可行性不

高，然而其核心思想却是可以借鉴的，因为通过家长与孩子一起完成作业，不仅让家长了解到孩子在学校的生活情况，还提高了自己的科学文化水平，也增进了两代人的感情，又有助于孩子养成动手与探索的习惯。在笔者的建议下，一位沿海的高中地理教师愿意尝试该作业形式，因而笔者针对海岛的自然地理环境，当他在进行海岸地貌教学时，设计了这样一项家长学生共同参与的地理家庭作业。

1.注重"学生、家长、教师"多方参与的作业

家庭作业

尊敬的家长：

您的孩子最近学习了有关海岸地貌的知识，具体内容请看教材。由于观察现实生活有利于学生活用知识，提高生存技能，考虑到我们沿海的自然地理环境，布置了一项作业，探究"当地人类活动对海岸的影响"。希望您能和孩子一起完成此次作业任务，本次作业由地理教师负责，在作业过程中有疑问可随时联系。

教师签名：×××

日期：201×年××月××日

作业内容：探究"当地人类活动对海岸的影响"

（1）研读教材内容，查询有关海岸的知识，与家庭成员一起探讨当地海岸的情况。

（2）作业之前请主要思考以下问题：

①当地人为什么要改变海岸环境。

②具体改变海岸的哪一方面。

③通过怎样的形式改变。

④结果是改善了生活现状还是降低了生活质量。

⑤你们全体家人对此有何看法。

(3)在作业本上写下你的探究方案(纲要),并与家庭成员探讨其可行性,修改补充内容,制定详细操作步骤。

(4)根据探究方案,全体家人(主要成员)一起完成。

(5)请提交最能体现本次作业的成果。

(6)请家长对此次作业写下评语。

家长签名:×××

日期:201×年××月××日

2.学生部分作业成果展示

如"改变流水流向的水利工程设施,由岸边伸向滩地,多见于河海,可以减轻一时潮水对堤岸的冲击,延长堤岸的使用寿命,起到抗潮防沉的作用。但从长期来讲,这种做法是愚蠢的,因为在水面前,改变只能是短暂的"。

学生与家长讨论时发现当地人们采用了堤坝改变海水流动的形式,从而将探究范围缩小到"当地人们如何用堤坝影响海岸形态",调查当地的实际情况后,采用故事演绎生活情境的方法,将"堤坝改变海水流向,从而改变海岸形态"的深奥地理问题,生动具体地展示出来,拓展了教材知识范围,并表达了自己对此行为的看法,完满地完成了作业。通过设计教师、家长、学生三方参与的作业,培养学生与家长一起探讨问题的习惯,锻炼了学生在日常生活中提炼地理问题、解决地理问题的能力。同时,教师通过家长的反馈能更清楚地了解学生运用地理知识的技能,而家长也能更全面地认识地理学科的价值。

第六节　高中地理作业内容生活化的问题与改进方法

　　教育界强调"教育回归生活"的呼声长久不息，一直坚信"教育能引领生活"，并且认真实践着。暂且不谈该思潮本身是否特别合理，特别严谨。关键在于它能缓和目前日益接近僵化的教学矛盾，对此《学会生存》一书中论述道："我们的儿童被分裂在两个互相不可接触的世界里。在其中一个世界里，儿童像个脱离现实的傀儡，从事学习；而在另一个世界里，他们通过某种违背教育的活动来获得自我满足。这一方面是因为学生没有生活经历与经验，学起来比较吃力，觉得枯燥难懂，在这样的世界里学习只剩下死记硬背；另一方面是因为远离学生的经验，即使学了也会觉得没有用处。毕业后，即使是回到农村还得跟父母学种田，到工厂还得跟师傅学做工。"这段话十分鲜明地揭示了教学生活化的必然性和迫切性。体验教学、探究学习、自主学习等学习方式的提倡就很有力地证明了我们对现实生活的关注和对理想生活的向往。从地理作业的现状调查上看，高中生仍保留传统的地理作业功能观，认为做作业就是巩固所学知识，提高答题技能，知识倾向十分明显，仅有少数学生认为在完成作业过程中所获得的知识、技能是能解决生活问题的。

　　由此可以看出，目前地理作业的生活化程度并不高，尚无法让学生产生"地理作业是有助于生活"的意识，但是生活化的作业能体现地理知识的人本性，能在教育情境中看到人的生活，能在生活中主动获取教育资料,因而高中地理作业回归生活是必然的。在《地理课程标准》中就强调高中地理课程要适应社会生产生活需要,作业也已经出现了生活化的趋势,在本部分中笔者将分析高中地理作业内容生活化过程中出现的问题。

一、高中地理作业内容生活化的主要问题

(一)部分知识点生活化仍存在局限

1.地理练习册各知识点生活化的统计过程

地理练习册一般是与教科书相配套的,秉承了课程的设计理念,不同于其他教辅资料的应试目的。因而剖析地理练习册上的题目,可以比较权威地了解现行高中地理作业的生活化现状。根据作业的背景图片是否借用地理景观图、地理示意图、照片等直观形式或者利用文字描述出某种常见景观塑造地理知识的生活化原型;作业材料是否引用杂志、报纸、其他出版刊物、网络和乡土环境里的相关报道,或者是否以某件生活事件为依托虚拟出考查地理知识的场景;作业形式是否在课堂外观察、探究某种自然现象里蕴含的地理知识。

2.练习册各知识点生活化结果分析

从地理学的分支上看,中图版高级中学地理课本第一册的知识点属于自然地理,第二册的知识点属于人文地理。自然地理的总体生活化程度比较低,其中水环境知识点的生活化程度最高,依次是岩石与地貌、宇宙与地球,最低的是大气与天气、气候。人文地理知识点的平均生活化程度比自然地理高得多,其中地域文化的作业中约有八成属于生活化范畴,由此可见,目前地理作业中自然地理的知识点较少与生活联系在一起。因为自然地理本身是研究自然地理环境的组成、结构、功能、动态及其空间分布规律的学科,比较抽象,潜意识里越抽象的知识与生活的距离就越远,也越难与生活联系在一起，如宇宙空间和气候。人文地理主要探讨各种人文现象的地理分布、扩散和变化，以及人类社会活动的地域结构的形成和发展规律，其本来研究的就是人与地理的关系，无论是与社会生活还是个人生活的结合程度都要比自然地理容易得多。这有一定的道理，然而事在人为，有时抽象的事物也能以生活事件为依托搭建出生活场景。

3.知识点生活化程度影响学生作业过程的情感

自然地理各知识点的生活化程度远不如人文地理，这在一定程度上增加了学生学习自然地理的难度，相对于人文地理而言，他们认为自然地理是更大的学习障碍，学习时的愉悦感也会比较低。美国著名教育学家布卢姆曾经说过："我们的动机更多的是由积极的情感引起的。"但是调查发现，目前高中生完成地理作业是以消极情绪为主的，其中以"没感觉"的比重最高。由此可见，作业并不能很好地激发学生的学习动机，而且学生在完成第一册和第二册作业时，情感差别很大。在完成第一册的自然地理作业的过程中，学生的情绪大多是"不愉快、总是很无奈"；在第二册的人文地理作业中学生却是"总是很愉快、基本上很愉快"的心情。可见，第二册的地理作业比较受学生欢迎。笔者认为导致该现象的原因除了内容本身的区别，还有一部分原因是自然地理作业生活化程度不高，不少学生才在自然地理的学习中无所适从。

（二）少数作业内容出现常识化倾向

美国课程标准里强调地理课程要"关注人的生活、解决实际问题，教给学生活生生的地理"；我国高中地理课程标准中也提到地理教育的目的是"培养未来公民必备的地理素养"。两者"关注生活"的理念是相通的，一方面是为了帮助学生找到学习地理的起点，使学习的地理知识得到学生已有经验的支撑；另一方面是为了将学习到的地理知识运用在日常生活中,体现"从生活中来,作用到生活中去"。生活是目的,生活化也不失为一种好的教学方法,而当它是方法时就要注意把握好"度",否则容易出现泛生活化。泛生活化是一种与生活脱离的现象,为了能联系生活而过多地引入生活事例,结果与目的偏离,效果过犹不及。这种现象在教学过程中比较常见,如课堂引入牵强附会,与教学重点无太大关联。泛生活化具体到地理作业中较多地表现为常识化,将地理常识问题当成一项作业。

之所以出现此类情况,笔者认为可能是设计者没能较好地把握住高中生的认知水平,生活化的作业是为了引起学生学习地理的兴趣,产生了兴趣的学生从主观意识上接受并乐意学习地理知识会在一定程度上降低难度。但是生活化过程中要明确作业目标,把握住地理学科的核心,否则容易将难度系数较低的知识编入作业,出现常识化的现象。

(三)少数作业内容缺失必要的地理元素

1.作业内容缺失地理元素的表现

"元素"在《现代汉语词典》中解释为"构成事物的必要因素"。依此定义,地理元素就是构成地理学科的必要因素。地理学科的必要因素分别是空间术语中的世界、地方与区域、自然系统、人文系统、环境与社会、地理的用途。教学元素中除了学科特性元素,还有所有学科都具备的,如思想品德、文化素养、沟通交往能力等。虽然通过学习地理也能促进这些元素的形成,但是这些也能从其他学科如语文、历史、英语等的学习中获得,所以说这并不是地理教学的首要任务。而若在作业设计中摒弃地理元素,过度追求地理的社会功能,把非地理学科的知识引入地理作业中,则会丢失地理学科本性,降低地理学科本身的地位。因此,在增加生活气息的同时更要注意地理性，生活化只是为地理性服务的，不能因为生活化而丢失了地理性。

教育最终培养的是综合型人才，在提高学生整体素养的任务面前，地理学科责无旁贷，然而在为数不多的地理作业中若能更多地关注本身学科的特性，公众承认地理学科重要性便指日可待。

2.作业内容缺失地理元素的原因

作业内容缺失地理元素，即在作业中没能体现地理学科的本质，测验的对象不是地理的核心知识，笔者认为其原因是设计者没有把握好地理教学的目的。苏联著名教育家加里宁说过："教育是对受教育者心理所施行的一种确定的、有目的和有系统的感化作用，以便在受教育者身上养成教育者所希望的品质。"在高中地理教育中，教育者希望学生应有的品质便是地理素养，地理课程改革把地理素养置于地理课程目标的核心地位，对于地理素养的解读也比较充实。李家清教授从地理教学三维目标的角度分析现代公民必备的地理素养，在知识与技能方面包括地理知识的素养、地理技能的素养；在过程与方法方面包括获取地理信息的素养、探究地理问题的素养、学会生存的素养、学会学习与合作的素养；在情感、态度与价值观方面包括关爱乡土的素养、关爱祖国的素养、关爱全球的素养、可持续发展的素养。东北师范大学袁孝亭教授则认为，地理素养可以分为构成要素和组成部分。构成要素是地理知识、地理能力、地理方法与地理观点，组成部分是地理科学素养、地理技术素养和地理人文素养。

虽然说法不同，但仔细分析不难发现它们的共同点在于，强调学生通过地理学习，能形成比较稳定的心理品格，体现在能够用地理学的观点来观察事物，并且运用地理学的技能来解决问题。因此，有地理素养的人都拥有一定的特质,能够更好地适应生活并提高生活质量。因为具有地理素养的人能够体会并欣赏到事物的空间格局美,使生活充满温馨;能心胸开阔、乐观大度地面对生活。

然而这个目的的制定者并不是学习者,在课堂学习地理的高中生只是为了上一所好的大学,拿起地理书就皱眉头的他们面对一堆枯燥作业的勇气和耐性只是为了符合教师和父母的要求,绝大多数学生学习地理只是因为考纲要求,为了升学不得已而为之。地理教育的目的在理想与现实中出现了分歧,学生学习目的层出不穷,却很少是为了所学内容。

在学科建设中,任何细节都不容小觑。我国中学地理学科地位本来就不高,加上诸如此类的不合理操作,很容易造成公众对地理产生误解:"地理过于简单, 无须特意学习""地理没有学科特色, 可以融合在其他学科中"。殊不知,这种误解多是地理工作者本身的行为引起的,而当今中学地理的唯一出路是向学生、向家长展示学科价值,否则学生无法感受到获取地理知识的兴奋,也不可能真正领会到学习地理的发展意义,更不可能让学生形成积极运用地理知识、技能和视角的习惯。

二、高中地理作业内容生活化的改进方法

高尔基说过:"在生活中,没有任何东西比人的行为动力更重要、更珍奇。"学生有大量的学习行为,而最佳的学习动力是自身对学习材料的兴趣,保持持久兴趣的唯一途径是学科的实用价值。心理学研究也表明,中学生对各门课程感兴趣的程度主要取决于对学科实际应用价值的认识。如何引起学生对高中地理的兴趣,让学生产生愉快的情绪,生活化的地理作业不失为一种好途径。当学生发现作业里的内容与生活有联系时,学生是兴奋的,这也就说明生活化的地理作业能迅速引起学生的愉快情感,学生潜意识里喜欢与生活有联系的作业。

既然文本作业在所难免，那就让作业的内容给学生眼前一亮的感觉，瞬时引起兴趣。深入学习，清楚地理学科的实用性时，学生自然会对地理保持持久的学习动力。陶行知先生也说过："生活教育是生活所原有、生活所自营、生活所必需的教育。"教育的根本意义是生活之变化，要用变化了的生活来更新补充教育资源，作业内容也不例外，随时与生活变化保持同步。因此，作业内容设计时对现实生活的关注必不可少。教师在对作业内容进行生活化设计时有一种意识最重要，那就是寻找与课本知识有联系的、学生熟悉的场景和事例，巧妙连接生活经验与高中地理，连接作业与学生生活，以期诱发学生的真切体验，让学生明白自己司空见惯的风景、耳熟能详的故事中其实蕴含着很多的地理知识，感受到地理学科的博大精深。然而，并不是所有知识都能与现实生活连接上的，所以设计的关键在于是否具有一双慧眼，不必过于强求，避免造成过犹不及的后果。而在有这种意识之前，应该先将高中地理知识进行分类，针对不同类型的知识选择不同的建构方法。

自从 20 世纪中叶现代认知心理学（也叫信息加工心理学）兴起以来，不少认知心理学家对"知识"进行了空间的分类研究。最有名的是美国加涅的学习结果分类理论，他把学习结果分为言语信息、智慧技能、认知策略、动作技能和态度，为知识分类提供了基础。之后众多的心理学家进行了进一步的研究，如梅耶、安德森把知识分为陈述性知识、程序性知识和策略性知识，陈述性是关于"是什么"的知识，是可以言传的知识，程序性知识和策略性知识是完成某项任务的一系列操作程序。

第一，地理陈述性知识，即地理的事实性知识。主要包括地理名称、地理分布、地理景观、地理数据、地理演变等,是正确运用地理语言、解决地理问题、提高地理技能的基础。

第二,地理程序性知识,即地理的原理性知识。强调的是运用地理规律、地理成因、地理概念、地理特征等知识解决实际问题的能力。如果一个学生只能说出各种地理规律、成因、概念和特征,但却不能正确运用这些知识解决地理问题,那么并不能说该学生掌握了程序性知识,而只能认为他仍然停留在陈述性知识。程序性知识重视的是结果,即"学会"了。由此,笔者将地理规律、地理成因、地理概念、地理特征等知识都归类于地理陈述性知识。

第三,地理策略性知识,即地理策略知识化。从根源上看这也是程序性知识,强调运用习得的地理规律和概念来调节、控制自己的加工活动。也就是平常所说的"会学",主要包括地理感知能力、地理阅读能力、地理信息能力、地图运用能力、地理思维能力等。

综合以上分析,地理陈述性知识是程序性知识和策略性知识的必要前提,是后两种知识学习的先决条件。而在解决实际问题时除了运用程序性知识,也无法完全脱离策略性知识。在学生的地理知识体系中,三者是紧密相连的,在完成地理作业时,也是密不可分的。

(一)通过塑造生活化原型,还原地理陈述性知识

1.塑造生活化原型的内涵

"塑造生活化原型"的方法就是用最直观的方法将陈述性知识表现出来,一般指的是图片材料,有地图、地理景观图、地理示意图、影像图。因为部分陈述性知识是抽象的,用文字表述事倍功半,而抽象要领和具体事例之间存在双向关系,因而概括性的知识可以在现实中找到原型,呈现图像

时,许多地理原理、规律、概念便一目了然,有助于高中生准确地理解概括化的知识。

2.塑造生活化原型的案例分析

例如,将抽象的"冷锋"概念转化为具体可感的生活现象(气温下降、下雪、刮风),学生很快能将它与冬春季节的料峭天气联系起来。给"冷锋"知识创设了"天气变化"的生活化原型,一方面枯燥深奥的概念变得浅显易懂,另一方面让学生认识到生活中的地理,使得地理不再那么遥不可及。在完成作业掌握知识点的同时培养学生于生活中获取学习资源的能力,增强学习兴趣的同时也使学生意识到学习地理的现实意义。

(二)通过搭建生活化场景,掌握地理程序性知识

1.搭建生活化场景的内涵

"搭建生活化场景"就是作业中能显现出学生生活中常见的环境或熟悉的事件,让学生解决生活化场景中的地理问题。学生已有的生活经验对于他们接受新的知识十分重要,而一般来说,高中生最熟悉的地理环境有两个,一是乡土地理,二是学校地理。乡土是学生自幼生活并成长的地方,这里的山水草木、人民的劳动智慧都在悄然影响着学生的成长。学校是学生接受教育并与同伴共同生活的地方。乡土和学校的环境都是学生能直接接触的生动事实,以此作为作业的材料来源效果远胜于介绍其他地方的文字描述、景观图片和录像事实。苏霍姆林斯基曾经强调过:"学生最初的地理认知便是对周围事物的了解与接触,以乡土地理中的环境资源为基础,进行地理学习与能力训练,是让新知识快速构建的有效方法。"

然而,很多时候学生对身边的地理现象却熟视无睹,对地理道理充耳不闻,因为缺少必要的提醒。正如笔者童年时期居住在河边,母亲经常会用"初三漠,十八水"的谚语来判断河水的丰歉,笔者虽然经常听,但却从来没意识到这其中蕴含的地理知识,倘若当时有教师将这样的乡土地理当成作业布置给笔者,相信笔者也不会愚钝这么多年。有时,地理教师对于学生的作用就相当于媒介,是将地理知识介绍给学生的媒介。

2.搭建生活化场景的材料来源

鉴于高中生的成长生活经历不长,直接的生活经验有限,间接生活见闻较丰富,在搭建生活场景时也可间接化用生活见闻。由于采用这种方法能获得更多的材料,所以会更加有效,是目前大多数作业内容生活化最常用的方法。以下列举一个案例进行说明。

"一方水土养一方人",下列句子描述我国南方地区的是(　　)。

A.残雪消融,溪流淙淙,独木桥自横,嫩芽初上落叶松

B.日头从坡上走过,照着我的窑洞,晒着我的膝膊,还有我的牛跟着我

C.撑着油纸伞,独自彷徨在悠长、悠长又寂寥的雨巷

D.棒打狍子瓢舀鱼,野鸡飞到饭锅里

解析:"一方水土养一方人"指引学生领略神州大地的不同风俗民情、生活习惯。通过选项,学生仿佛看到北国雪融成河、枯树发新芽的惬意;看到烈日炎炎,陕西大汉赤着胳膊,牵着牛从窑洞前经过的从容;看到江浙佳人撑伞漫步雨中寻觅理想时的无助;看到关东河水开化,鱼儿出游,到处是肥美野鸡、矫健狍子的富足。这些句子形象生动地将南方人与北方人的生活场景、文化特色描写出来,形成了鲜明对比,将地理知识悄无声息地融入于生活场景之中,指导学生在生活现象中寻找地理知识。

每做一道类似的题目,每完成一份这样的作业,都是在运用所学知识看待人生经历、讨论时事、了解生活,在作业中关心社会发展、关注地区差

异，做到学以致用。由此可见，拓宽生活见闻，积累融见闻于作业的方法，在提高窥探生活现象背后的地理意义的同时还能顺带了解各地的风俗民情，可谓是一举两得。但并不是所有的生活见闻都能编入地理作业的，笔者认为能编入作业的生活见闻要满足以下两个条件：一是具有一定的地理意义。这是确保作业具有地理性的基本要求。二是公众接受的社会见闻。可以分成两种类型，一种是当下的社会热点，原因是新闻事件通过多种媒体不断涌现，如报纸、电视、广播、书籍、音像资料、网络等，这些载体的传播速度之快和普及度之广是难以想象的，随时都可能被其他更加有争议、有新意的取代。化用此类生活见闻时，要注意把握时代主题，从时代变迁、世事变幻中提炼出鲜活的地理事件，将充满生活气息的资料融合在作业中，向高中生传递地理知识的同时，感受时代的新变化。然而，正是其日新月异的特性导致该类作业的重复使用率比较低。另一种是在长期时间内不会变化的事件，这类作业比较固定，实用效率较高。

(三)通过细化实践步骤，运用地理策略性知识

美国著名教育家杜威提倡"做中学"，学习就要从活动中学，从经验中学，操作与行动的重要性是其他学习方法所不能替代的。实践作业的重要性已是众所周知，然而要想在做中学，首先应该明白如何做，学生想在日常生活中运用课堂所学的知识，对知识有进一步理解和更深层次的解读，就得清楚如何去运用。虽然现行的作业中有一部分是文本作业与活动作业的结合，然而实践作业描述比较笼统、步骤不明朗，学生可以通过构想，将实践作业的步骤细化，在没能真正实践或者还没开始实践前明确作业的细节，在虚拟的环境里解决问题，实现策略性知识的运用。

本部分主要采用了实证研究法，分析了高中地理教材的作业系统和

部分高中常用的地理作业,观看课堂实录的作业布置情况,汇总问卷调查反馈的信息,从问题分析、方法建构、案例设计三个方面,针对作业内容和作业形式两个角度,对高中地理作业生活化进行改进研究,主要探讨了以下六个方面的内容。

第一,设计地理作业生活化的判定标准。在陶行知"教育从生活出发,在生活中进行教育,为了生活而教育"核心理论的基础上,设计出"作业内容引用生活素材,作业形式采用在生活实践中完成"的标准体系。以此为标准对现行部分高中地理作业进行生活化现状分析。

第二,高中地理作业内容生活化的主要问题。部分知识点的生活化仍有一定局限;部分作业类型限制生活化程度;少数作业内容出现常识化倾向;少数作业内容缺失必要的地理元素。

第三,高中地理作业内容生活化改进方法。通过塑造生活化原型,还原地理陈述性知识;通过搭建生活化场景,掌握程序性知识;通过细化实践步骤,运用策略性知识,并用案例解释内容生活化的流程与设计。

第四,高中地理作业形式生活化的主要问题。部分作业有"活动"之名,而无"活动"之实;部分活动作业以在课堂中完成为主,较少贯穿教学全过程;活动作业的对象多为学生个体,少与同伴、教师、家长互动。

第五,高中地理作业形式生活化改进方法。运用多媒体等信息技术,呈现学生发散思维的结晶;以游览活动为抓手,记录学生发现、分析、总结的思维过程;采用小组参加社会实践的方式,展示集体智慧;采取"学生、家长、教师"多方参与的措施,提升交流的意识。

第六,由于目前的作业多是学生在校期间进行的,所以笔者提出利用学生假期布置地理学科综合活动作业以期改善现行活动作业的形式,并剖析该类作业对培养学生地理学科能力的意义。

简而言之，高中地理作业生活化的目的是要求学生在完成作业后能将在作业里学到的一切运用到生活中去，解决生活中的具体问题，慢慢改变生活方式，进而提升对生活的认识，形成科学的生活价值观。作业是短暂的，然而由作业带来的影响是可以延续一生的。现实生活的立体多元为高中地理作业生活化提供了可能，而高中地理作业的生活化也必将带来未来生活的丰富多彩。

第六章　高中地理活动教学生活化

第一节　高中地理活动教学概述

一、地理活动教学概述

（一）活动的概念

"活动"一词来源于拉丁语"act"，在英文中是"activity"，基本含义是"做"，该词的原意指人身体的运动，后演化为有目的的行为。现代汉语词典中对"活动"一词的解释是"为达到某种目的而采取的行动"。哲学认为，活动是一种有目的性的活动，它能实现个人需要，同时也是主观的个人与客观的世界互动的过程。马克思主义哲学对"活动"的解释为："活动是人对外部世界的特殊对待方式。"以上是从哲学和心理学角度的活动定义，那么从教学的角度出发，"活动教学"中的活动指的是什么呢？

"活动教学"中的"活动"是一个具有特定内涵的概念。它既不完全等同于一般意义上的人的活动——劳动，也不等同于传统教学中使用的"活动"概念。首先，教学中的活动具有教育性，活动是为教育服务的，教育性是活动教学中的活动区别于一般活动的本质区别；其次，教育学指的活动是认知与实践相结合的，在活动中既完善了学生的认知结构，又具有实践操作，是完整意义上的活动；最后，现代教学中的活动区别于传统教学，它强调学生的主体能动性，注重学生的主动参与，活动贯穿于教学的整个过程，是为了实现学生素质全面发展而进行的具有主观能动性的实践活动。综上所述，本书的"活动"泛指在教学过程中进行的，有学生直接参与的内部思维与外部活动相统一的,各种具有教育性的活动。

(二)活动教学的本质

尽管"活动教学"的思想形成已久,但对于"活动教学"的本质和定义一直也没有一个统一的意见。笔者通过对相关文献著作的梳理,总结出了活动教学概念的几种学说。全国活动教学研讨会于1996年6月提出的关于"活动教学"的定义我们称为"单质说"。1997年1月的活动课程与活动教学研讨会上给出的定义我们称为"思想说"。李臣之于1998年在《教育导刊》上提出的"活动教学"的定义,我们称为"范式说"。2005年10月,吴茜和伏开典在《中学地理教学参考》中提出了活动教学的"模式说"。田慧生先生于1998年提出了《教育研究》活动教学的"复合说"。杨莉娟于2002年给出的定义是"实践说"。

除了"单质说"只强调了活动的外部操作性和对于学生外在行为的改变,其他的学说都重视活动对于改变学生内在的作用,并且强调学生主观能动性在活动中的作用。从总体上分析,关于"活动教学"实质的界定,主要有以下两种观点:一种是认为活动教学是单纯的教学思想,或者是教学模式,或者是教学范式;另一种观点认为活动教学既是一种教学思想(教学观念),同时也是一种教学形式。

结合当代教学论的发展现状和课程改革的实践,对于活动教学的本质和概念,作者认为复合说所代表的观点能更好地概括活动教学的本质和特性。因此,本书中的"活动教学"既指新型的活动教学观念,又指活动教学形式,并且提出了实现活动教学形式的策略。

综上所述,笔者将"活动教学"的定义概括为:在活动促进发展的教育思想指导下,通过在教学过程中构建各种能发挥学生主体能动性的各种活动来进行教学，以达到全面提升学生综合素质的新型教学观和教学形式。

二、地理活动教学概述

（一）地理活动的类型

一提到地理活动，多数人往往会把它和地理课外活动画等号。随着地理新课程改革的不断深入，地理活动的形式和内容也更丰富了。如果按活动内容和形式分类，无论划分得如何细致肯定还是会有遗漏。很多地理课程类型都涉及"活动"相关的内容，接下来我们就一起来梳理涉及地理活动的课程。

根据地理课程的内容和组织方式，可以将其分为地理分科课程与综合地理课程。地理学科是跨人文与社会和科学两个学习领域的学科，从课程性质来说属于分科课程。综合实践活动课程是教师引导下学生自主进行综合性学习活动，是根据学生的经验，联系高中生学习、生活和社会实际，综合运用知识的实践性课程。因此，我们在划分时将二者作为第一个层次。

综合地理课程是综合实践活动课的重要组成部分。新一轮的教育改革单独列出了与分科课程并列的综合实践活动课程。综合实践课程突破了原有学科的界限，以问题为中心，综合运用各学科的知识让学生进行探究。例如，给定一个课题，学生要动用物理、化学、地理、政治等多学科的知识，才能完成研究。因此，综合实践课程必然会涉及地理的活动，但是由于其理论和实践过于复杂，本书不予讨论。

从地理课程实施上可以划分为地理必修课和选修课两种类型。1990年，我国地理课程开始设置选修课，并逐渐加大选修课的内容和比重。1996年，我国首次把高中作为独立学段，制订地理课程计划，并建立以学科课程为主、活动类课程为辅的课程结构,打破了多年来学科课程一统学校的局面,以"优化必修课、规范选修课、加强限定选修课"为原则构建地理学科课程体系。高一开设地理必修课,高二、高三开设限定性选修课。2000 年的地理教学大纲对必修课要求不变,调整了选修课。地理课程结构的变化反映了地理课程更好地满足社会发展和学生发展的需求。

在我国新一轮课程改革中,高中课程被划分为以下三个层次:第一层次为学习领域;第二层次是学习领域下设的科目;第三层次是科目下设的模块。在高中地理课程中,地理科目由 3 个必修模块和 7 个平行并列的选修模块组成。地理学科教学由选修模块和必修模块的教学组成,是我们研究的活动教学的主要"战场"。根据地理活动开展的地点,我们把活动分为地理课堂教学活动和地理课堂教学以外的活动(课外活动)。

课堂教学活动泛指在地理课堂教学中可以利用的一切活动,是利用各种活动来传授地理知识、培养地理能力、陶冶地理情操的教学形式。虽然我们将活动划分为课堂和课外两大类,但也不是绝对的,因为很多活动是二者结合的,如观察、调查活动,需要学生课后的积累和准备,在课堂上可以汇报成果。对于这类的活动,我们不必去深究它究竟归属于哪一类,我们认为凡是能在课堂上进行的,来辅助教学的活动都可以称为课堂地理教学活动。

活动可以单独组成一节课,如给定学生一个探究问题,通过问题的探究、材料的分析、课堂的讨论等活动形式,学生在课堂上完成一个探究活动,在探究的过程中学到了知识、提高了能力。另外,活动也可以是教学的一个环节,活动可以用于导课、新课、复习课、总结、作业、练习等。

课堂以外的教学活动是传统意义上的地理活动，它们大多游离在正规课堂教学之外，如地理课外小组、地理课外活动、地理第二课堂、地理野外实习等，它是对传统地理课堂教学重要的补充和延伸。不管是课堂教学的活动还是课外活动，甚至是活动课，都遵循活动教学的教育思想，也符合一般流程，只不过在具体实践过程中有所差异。地理课外活动开展往往对人力、物力、时间、场地有较高的要求，是系统的、复杂的过程。我们不单独探讨开展课外活动的具体策略，它符合地理活动教学的一般教学策略和教学思想。

在地理课堂教学中引入活动，为高中生创设参与的情境和氛围，通过学生的参与和实践，改变机械的学习方式，有利于学生的探究能力的发展。这也是地理新课改倡导活动教学的原因。活动越来越多地走进了地理课程标准、地理教材、地理课堂。地理活动教学的发展趋势就是活动地点从课外向课内的转变，因此我们说在课堂上开展的地理活动是今后活动教学研究的重要方向，也是地理教学发展的潮流。因此，本书讨论的地理活动教学主要是基于地理课堂教学的"活动"，在"活动教学"中注入更多的生活元素，实现高中地理活动教学的生活化。

(二)地理活动教学的概念

地理活动是一个笼统而模糊的概念，活动究竟是指课堂的活动还是课外活动，不同的学者对其有不同的界定。

陈澄教授在《地理教学论》中从广义与狭义两个方面阐述"地理活动"。广义的地理活动"既包括教师教和学生学的统一活动，也包括课堂教学及课外、校外、野外的其他地理教学活动"。狭义的地理活动"主要是指课堂教学以外的，教师指导学生进行的各种有关地理学科的课外、校外、野外学习活动"。林宪生教授认为："地理活动教学是中学地理教学的重要教学形式,是以活动为载体的教学模式,对培养学生的地理能力和提高学生的综合素质方面具有独特而又显著的教育功能。"褚亚平教授所指的地理活动是地理课外活动,他认为教学包括课堂和课外两种形式,地理课外活动能起到丰富和深化地理课堂教学的作用,他还认为地理课外活动是一种体现理论性与实践性相统一的教学方式。刁传芳认为,地理活动教学由课堂教学、课外教学、课外活动三部分组成。也有的学者把地理活动称为地理实践活动,曾浩然认为,中学地理实践活动包括地理课外教学实践活动和地理课外科技活动。李家清教授认为,地理实践活动也可被称为"地理课外活动",是地理课堂教学的补充和延伸。林培英教授认为,地理学习中的实践活动主要是指以学生参与为主的、以实践为主要形式的学习活动,她提出了地理实践活动与地理课堂教学的整合的发展趋势。

从上述定义我们可以看出,过去一提到"地理活动",人们通常首先想到的是地理课外活动。地理活动一开始主要指的也是地理课外活动,但是随着新课改的不断深入和课程论与教学论的不断发展,地理活动也逐渐从课外走进课堂,地理课程结构已经比过去丰富了很多。地理活动教学既是一种教学思想,又是一种教学形式。

根据上文对活动、活动教学的概念梳理及对地理活动的分析,"地理活动教学"的定义可以表述为："地理活动教学是指在地理教学过程中,为了转变学生被动接受的学习方式,师生选择适合的活动方式结合具体的活动方法,以适当的活动策略为指导,以活动的形式进行教学,学生在地理教师的指导下通过亲身实践和主动参与活动来更好地掌握地理知识,发展地理技能,养成地理观念态度的新型教学观和教学形式。"

从宏观、微观两个角度来探讨活动教学在高中教学中究竟应该如何开展?宏观指的是地理活动教学的总体思想和一般流程,微观主要是从课堂教学活动的角度来说明活动教学在高中地理课堂是如何展开的,并补充了从教师教学和学生学习的角度出发,从活动的准备阶段、实施阶段、评价阶段三个方面师生应该如何具体操作,如何开展和组织活动来更好地服务教学。

第二节　高中地理"活动教学"开展的原则与方法

一、教学内容选择的原则与方法

活动教学虽然能够提升学生在课堂上的主体地位，达到较好的教学效果，但并不是所有的教学内容都适合开展活动教学，如果盲目地使用活动教学将会本末倒置，反而影响教学目标的达成。因此，如何合理地选择活动教学内容显得尤为重要。

(一)难度适宜

在选择活动内容时要遵循最近发展区理论，符合学生的认知水平与规律，控制好难度，难度过大容易影响活动的推进，使学生产生畏难情绪；难度太小，又没有挑战性，使学生丧失参与其中的兴趣。只有选取难度适宜的内容来开展活动，才能使学生真正地参与其中，经过一番努力探究能够解决其中的问题，从中收获知识与技能的同时，也能收获一些成就感，从而提升学生参与活动的兴趣与积极性。

(二)与生活相关，与时代同步

《地理课程标准》在课程理念中提出"学习对生活有用的地理"，"学习对终身发展有用的地理"。因此，在选取活动内容的时候，内容要新，而且与要生活实际关联性强，多去选取一些现实生活中的地理现象、地理问题和全球性热点问题，也可以选取结合当地的地理环境特点的乡土地理内容作为活动内容。这样既有利于达成《地理课程标准》的要求，又可以调动学生的学习兴趣,起到事半功倍的效果。尤其对于一些比较抽象难懂的教学内容,可以唤起学生的生活体验,促进其对地理规律的理解。例如,人教版高中《地理》必修 1 中"天气与气候"的内容,涉及一些自然地理规律,比较抽象难懂,如果能选取生活中的天气实例与体验作为活动内容,就能够唤起学生已有的亲身经历,化抽象为具体,化繁为简。

(三)对教材中的"活动"加以筛选

在活动教学内容的选择过程中,教材中的"活动"模块是首先要进行筛选的,但是也要根据实际情况进行适当的筛选。一方面,由于教材编写到出版一般历时较久,所以难免会有一些过时的活动内容,这个时候教师就要对其进行甄别,把一些过时的内容用最新的时事热点内容加以替换改写;另一方面,作为普遍适用的教材,在内容选择上往往没有针对性,一些活动材料可能会存在与教学所在地地理环境特点相差较远的情况,这样的活动在实施过程中难以唤起学生的亲身体验,可能会影响到教学效果,因此也应予以替换,可以替换成具有当地特色的活动内容。

二、教学设计的原则与方法

活动教学的设计是活动教学开展的灵魂部分,往往决定着活动教学的成败,合理的活动教学设计将有利于调动起学生主动参与的积极性,促进活动教学的开展。

(一)紧密结合教材

高中地理教材是《地理课程标准》所规定的教学内容和教学目标的重要载体,也是教师在教学中的重要教学媒体,它涵盖了每堂课所需要完成的教学任务。因此,教师在进行活动教学设计的时候,不能脱离教材。活动教学设计应以辅助教学任务的完成,同时促进学生更好地理解和掌握教材上的知识为目标。在设计时应围绕教材内容,以教材中的重点和难点知识为切入点,选取一些相关的案例、材料或实验来设计一些有助于启发学生思维的活动,促进难点知识的突破和重点知识的掌握。

(二)重视核心地理能力的培养

《地理课程标准》的内容理念提出"培养现代公民必备的地理素养",其中地理素养指的就是一个人由训练和实践而获得的地理知识与技能、地理能力、地理意识、地理情感等的有机构成与综合反映。培养学生的地理素养也是现代地理教学的终极目标。因此,对地理活动教学的设计,既要帮助学生掌握新的地理知识,同时更要注意对学生的空间定位能力、区位选择与分析能力及地理环境综合分析能力等地理能力的培养。成功的地理活动教学设计应该使学生通过参与活动,将所学的地理知识转化为自己能够灵活应用的地理方法技能和地理思维方式。

1.重视对地理"读图能力"的培养

地图是地理的第二语言,也是地理知识与内容呈现的重要载体,读图能力是高中生必须掌握的一项重要能力,也是其获取其他地理知识与技能的前提。在进行地理活动教学设计时,教师应注重地理图形的应用,注重对学生读图能力的培养。例如,在讲人教版高中《地理》必修1中"太阳高度"这一内容时,可让学生根据生活体验观察一天中太阳的方位与高度的变化,在教师的指导下画出太阳视运动图,然后再探究并画出地球上不同纬度在一年中不同时间的一天内太阳视运动图,通过这样一种绘图、读图的过程,可以帮助学生更好、更直观地理解太阳高度的时间和空间变化特征,对培养学生的空间想象能力、运用地图的能力、从图像中提取有效信息的能力和据图分析综合能力都可以起到很好的效果。

2.重视对学生探究能力的培养

"重视对地理问题的探究"是《地理课程标准》的基本理念,这一理念在人教版三本必修教材中都有明显的体现,教材中的"活动"模块中探究类活动占"活动"总数的一半以上。探究类的活动教学通常以活动内容为载体,引导学生通过自主探究掌握地理知识与学习方法,在自主探究的过程中,学生的创新能力、分析解决问题的能力及合作交流能力都能够得到有效的提升。在进行活动设计的时候,要明确教师在活动中的职责与地位。首先,作为探究活动的引导者,教师应合理地设计探究问题,层层递进,调动学生的积极性,引导学生通过小组合作交流去解决一个个问题,并在这样一个过程中,主动地获取新的知识与技能,提升探究能力与创新能力。其次,教师应该充分发挥学生的主体作用,为学生的学习营造探究的环境与氛围,教师只是从旁在必要时给予一些指导帮助,同时也要注意对学生探究过程的把控,防止偏离主题。

3.突出实践能力的培养

地理学是一门以地理环境和人地关系为研究对象的学科,具有较强的实践性。新课程理念也提出要提高学生的实践能力,在人教版必修教材中的活动模块也出现了很多实践性的动手实验和调查活动,在进行地理教学尤其是自然地理的教学时,可以设计一些课堂实验或课外实践活动,帮助学生理解抽象的地理知识,提升对地理知识和原理的实际应用能力。例如,在进行人教版高中《地理》必修1中"太阳高度"的教学时,可设计一些简单易操作的课外实验,让学生动态测量升旗杆的影长,测算学校所在地不同季节的正午太阳高度;然后通过二至日或二分日的正午太阳高度粗略测定学校所在地的经度。通过这样一种简易的课外小实验,既能够提升学生的学习兴趣,又能在实践的过程中锻炼学生的动手实践能力。

(三)采用开放性的教学策略

新课改的理念强调实现学生的主体性,这就要求教师在进行"活动"教学设计时,要给学生提供充分的自由发展空间,实行开放性的教学过程,使学生能顺应时代的变化,不断地扩充新的知识与技能。开放性的教学过程提倡自主、合作、探究的学习过程,目标是培养学生发现和解决地理问题的能力。在这样的教学过程中,教师要实现角色的转变,即由知识的传授者转变为学生学习的帮助者。开放式的教学设计首先体现在一些促进活动展开的开放性问题上,教材中的"活动"模块大多都是将一些重要的地理规律和原理以设问的形式去引导学生自主探究,而且这些问题以开放性的设问为主。例如,在人教版高中《地理》必修 2 中"农业区位选择"的活动,教师可以在"环地中海农业发展"的案例下提出探究问题"哪些因素在农业区位选择中起的作用越来越大,你能对环地中海地区农业区位选择提出建议吗?"像这样的设问就体现了问题的开发性,没有固定答案,给予学生足够的探究空间,有利于学生创新思维和发散思维的培养。其次,在活动设计时,还要注意对学生的启发与引导,尤其是对于那些有一定难度的活动内容,可以采用一些带有启发性的设问、图片及文字材料来辅助调动学生的思考。教学的开放性应该是对学生的全方位开放,而不仅仅局限于课堂上的学习,还应该为学生增加开放学习的时间与开拓开放学习的空间,使学校、家庭、社会、大自然都成为学生学习的空间,综合采用多种多样的活动方式。

(四)联系生活实际,创设情境的原则

活动理论提出:"脱离情境脉络的行为表现几乎不能产生理解,活动与情境脉络是相互界定的。"也就是说,活动的开展离不开特定的情境,只有在相应的情境中进行的活动，才能促使学生感觉到参与其中，帮助其理解地理原理与知识。而这种情境的创设则离不开我们的生活体验，因为地理学是以人地关系为研究中心的学科，地理学的相关知识也是离不开我们的实际生活的，也就是我们常说的"生活处处有地理"。因此，教师在设计地理活动时要尽量多地从生活实际出发，去寻找一些身边的现象和一些社会热点，以此为载体去创设活动情境，设计活动过程。例如，在讲人教版高中《地理》必修 1 中"常见天气系统"时，教师就可选取最近的一则天气预报在课堂上播放，或者一些生活中常见的天气现象实例，让学生通过所学的天气系统的知识对相关天气现象进行解释，以及对未来的天气现象进行预测。这样创设生活情境的活动设计不仅可以提升学生学习的兴趣，还有利于学生对生活中的地理原理的掌握，利用地理知识解决生活中的实际地理问题。

三、教学实施的原则和方法

在选取了合适的活动内容，设计了合理的活动形式之后，剩下的就是活动教学的具体实施，合理的实施策略是保证良好的活动教学效果的关键。

（一）把握活动的开展时机

活动形式和内容特点不同，活动适合开展的时间也有差异。为了提升活动执行的效率和教学效果，教师需要结合实际内容选取恰当的活动开展时机。如果活动内容简短，形式单一，占用时间较少但是具有较强的启发性和趣味性则适合放在课前进行，作为新课导入，这样既能调动学生学习的积极性，也能为该部分知识内容做好铺垫。例如，一些与教学内容相关的图片、视频及新闻材料等都可结合材料设计一些具有启发性的探究问题作为课前导入活动。

　　如果活动的开展需要花费较多的前期准备时间,如社会调查、资料收集类的活动,为了保证课堂上的教学效率和顺利完成教学任务,教师可以在课前将准备工作的任务预先布置给学生,让学生利用课余时间去广泛搜集资料,然后将搜集的资料与调查结果放在课堂上进行讨论与展示,这样既不妨碍教学进度,又促使学生对所学内容的深入思考。

　　对于一些分析思考、分组讨论、简易实验操作演示等这类耗时相对较少,与教学内容之间的联系又是非常紧密的,且利于促进教学内容的推进和教学目标的达成的活动,则适合在课堂上开展,渗透到课堂教学之中。例如,在讲解人教版高中《地理》必修1中"地转偏向力"的时候,教师可以设计这样一个活动——"拿一个地球仪,分别在静止和转动的时候从高纬度地区滴一滴红色胶水,观察胶水的轨迹"。

　　还有一些地理实践类活动,如调查当地的城市规划情况并绘制城市功能分区图,调查当地的水污染和大气污染现状并探究解决措施等,需要特定的活动区域与环境,则适合选择专门时间在课外进行组织开展。

　　(二)充分发挥教师的主导作用

　　地理活动教学在实施的过程中既要保证充分体现学生主体性,同时还应充分发挥教师的主导作用。新课程理念虽然强调在教学中要充分体现学生的主体地位,但是教师对活动教学开展的总体把控也不可缺少。教师对学生参与的活动过程不能过多干预,但也不能完全放任自流,学生在自主探究的过程中,往往会遇到一些困难,甚至偏离主要方向,这个时候教师应该在一旁仔细观察,给予适当的方法指导。在整个活动开展的过程中,教师应对学生参与活动的整个过程进行宏观调控,必要的时候还可以做出相应的示范,以确保活动教学的顺利开展与教学目标的达成。

四、教学评价的原则与方法

对活动教学进行合理的评价,可帮助我们了解教学效果的好坏、教学目标的达成情况,有助于提高教师教学的积极性和学生学习的主动性。《地理课程标准》的评价理念指出,地理教学的评价,既要关注学生的学习结果,也要关注学生在学习过程中的变化与发展,关注学生情感、态度和价值观的变化,提倡多种评价手段、评价方式。这也要求我们在评价的过程中,将过程性评价、诊断性评价和终结性评价并重,建立多元化的"活动教学"评价机制。

(一)采用多元化的教师评价方式

对教师的合理评价是促进活动教学设计不断完善,提高活动教学水平的必要前提,也是促进教师积极进取,不断完善自我的重要动力。为了更准确客观地对教师的活动教学效果进行评价,帮助其全面地了解活动教学实施中存在的优势和不足,我们应该采取多元化的评价方式,即通过教师的自我评价、学生评价及同行评价等多种方式对教师进行评价,从而获取对教学效果全方位的了解。为了科学准确地获取评价结果,可以采取定量评价与定性评价相结合的方式。

1.教师自评

对于教师的自评,可以采取定性评价,以课后教学反思的形式加以评价,教师可以通过自己在活动教学开展过程中的直观感受,对教学目标的达成程度、教学方法的适用性、问题设置的合理性、学生的参与度等方面进行回顾反思,发现问题并对教学设计加以改进。

2.学生习得性评价

学生习得性评价是指学生在学习过程中通过自己的直观感受对教师

的课堂教学进行评价。相比于传统的测验考试的定量评价方式,这种评价往往能更客观、更真实地反映出课堂教学中存在的问题,而评价方式应选择简洁易操作的问卷调查的形式,调查内容应包括对教学内容的接受情况、互动参与情况、课堂学习氛围、学习收获等方面的调查。

3.同行研究性评价

同行研究性评价是指同学科的教师与专家在听课后对课堂教学进行的评价,在这种类型的评价过程中可以体现出对被评价课程的教学思想、教学方法的研究与讨论,是从专业的角度对活动教学的开展过程与效果的科学评价。这种评价往往采取定性定量相结合的方式,笔者学校在课内教学比赛中,专家教师结合新课程标准的相关要求,制定了一套科学的评价体系。

此评价体系可通过将对教师活动教学开展情况的定性评价量化,从而更直观地衡量教学效果,并找到教学中存在的问题,加之评价者均为专业领域的地理教师,使得评价内容更加专业,使得评价结果有较高的信度和效度。

(二)对学生采取全方位的评价方式

学生作为活动教学的重要参与者,对学生的评价既能够客观准确地反映出学生对教学内容的掌握情况,又能反映出活动教学的成效及教学中出现的问题,以帮助教师不断地改进教学设计与教学方法。在传统的教学中,评价方式往往比较单一,以对学生的书面测试为主要的评价方式,而"活动教学"对学生的评价除了书面测试,还需要更加重视对学生学习过程的评价,即要对学生的不同学习阶段进行全面系统的动态综合评价,从而了解学生的学习情况,为学生的进一步深入学习提供建议和方法指导。

1.建立形成性评价与终结性评价并重的评价机制

在对学生进行评价时除了要关注学习结果，还更应关注学生的学习过程，关注学生在学习过程中所体现出的学习态度、学习方法、创新能力、探究能力、合作能力及情感态度价值观。这就需要教师在对学生的评价时不仅要制定总结性的考试评价，还应在整个活动教学过程中对学生进行动态观察，建立过程性的评价标准。实践证明，只有把形成性评价与终结性评价有机地结合起来才能全面、客观、公正、准确地评价学生，并有利于他们的长远发展。

2.实行主体性的评价方式

"活动教学"强调学生的主体性地位，在对学生参与"活动教学"学习情况进行评价时，也应该让学生成为评价的主体，让学生积极参与到评价活动中来，让学生与教师一起协商确定评价的标准、方法和内容等。传统学生评价中，教师作为评价者主导着整个评价过程，学生作为评价对象没有任何发言权。这种评价方式忽视了评价对象的主体地位，无法体现出对学生的差异性评价，往往不能真正发挥评价的激励、改进和促进发展的功能。而通过学生参与评价，可以考虑学生的个体差异，对学生采取差异性评价，并且可以在小组内采取学生互评的方式，帮助教师更加全面、细致、准确地了解学生的学习情况。

3.采取定性与定量相结合的评价方式

对学生的学习评价不是为了给被评价的学生下一个结论，而是为了促进学生的全面发展。因此，对学生的评价应采取定性与定量相结合的方式，尤其要注重对学生的定性激励性的评价，以发挥其反馈和指导改进的功能，从而实现师生的共同发展。目前，我国学生评价的方法主要是书面考试,属于定量评价。定量评价是一种量化的评价方式,其优点是能把复杂的教育现象简化,使评价简便易操作,但是其弊端也在于简化后的评价结果往往无法全面真实地体现出学生的学习情况和在学习过程中各方面的表现,从而丢失了教育中最有意义、最根本的内容。对学生的评价有些方面是可以量化的,有些是无法量化的,如团队协作能力、学习效率、学习态度等,对于这些无法量化的方面,我们就需要采取定性评价的方式。定性评价通常是通过课堂观察或者是与学生进行深入交谈,参考一些课堂提问参与情况与课堂问题讨论成果对学生的学习成效与表现进行阶段性的分析评定,对表现优良的方面予以表扬鼓励,对于欠缺的方面提出指导意见。

第三节　高中地理"活动教学"生活化存在的问题

一、地理教材中"活动"利用中的问题

(一)地理教材中"活动"利用率低

1.被利用的活动数量少

教材设置的三类活动中,思考类的活动利用率相对较高,但探究、实践类的利用率比较低,尤其是实践类,其中平均利用率只有一半左右。

2.利用效率低下

利用率低下是指教师在利用活动进行教学时,没有达到预期的效果,导致活动利用率低下。"活动","活"就是地理活动的气氛活跃,丝毫没有压抑感,可以是讨论、辩论、观察、观测等。"动"就是地理活动一般都是在动态中进行的,如学生需要动口、动手、动脑,还有可能动脚,即外出考察等,包括教师引导下的"动"和学生主动的"动",在教师的引导下,让学生在活动中"体验",以实现学生学习方式的转变。然而,在实际的教学过程中并未真正达到这一要求,学生没有"活"起来、"动"起来。

(二)地理教学中"活动"利用简单化

活动利用简单化是指教师在利用"活动"时,没有深入挖掘活动设计的目的、意义,而进行简单化处理。教材中的"活动",并不能等同于练习题。如果只是简单地加以利用,"活动"就失去了其设计的意义,也失去了其应有的价值。

（三）地理"活动教学"中学生参与度低

根据权威性的调查可知,不论是课堂活动还是课外活动,学生的参与热情都不是很高,严重影响了高中地理课程的教学效率和教学质量,也使得活动教学生活化无法正常开展。

二、地理公开课中"活动教学"存在的问题

随着课程改革的不断深入,省与省之间、区际之间、城市之间、校与校之间课堂教学交流越来越频繁。公开课成为交流与沟通的重要手段,同时也成为观摩、研究、评价教学的一种重要形式。笔者有幸观摩了多场高中地理优质评比课,这些优质课在课程目标、教学观念、教学手段、学生学习方法等方面起到了很好的示范作用,一改往日的"一言堂",让学生在活动中学习,体现了学生的主体性。但是,执教教师设计的活动在具体实施中却显现出不足。

（一）活动的泛滥化

"活动的泛滥化"是指在不应设计活动的教学内容上设计了活动。为了体现新课程理念,教师在课堂教学中,不考虑教学效果,频繁使用形式单一、简单的活动进行教学,学生普遍感到索然无味。新课程改革的一大举措就是强调学生的主体性,它把"在活动、实践的基础上,通过交往促进学生发展"作为课程实施的思路,并在教材中设计了大量的活动,这一方面说明了利用活动进行学习是一种重要的学习方式;另一方面也容易使人产生错觉,也就是一切知识都应该通过活动的方式获得,教学中只有"活动"才是唯一方法,因此新课改后的公开课中我们看到最普遍的一种现象就是分组讨论活动频繁出现。

纵观优质课中的课堂讨论活动状况,普遍感觉不够理想。有些课堂打

着"新课程改革"的旗帜，虽然课堂上气氛活跃，热热闹闹，实际上却出现"搞花架子，走过场"，看不到精妙之处，活动形式的单一化，活动内容的简单化，都难以激发学生学习的兴趣。其中关于人教版高中《地理》必修2中"协调人地关系的主要途径——自然资源的可持续利用"的两节课，教材中提到了土地资源、森林资源、淡水资源和海洋资源四种资源的利用，两位执教教师就此都安排了以下讨论活动。

案例1：教师1安排了四组专题讨论，包括土地资源、森林资源、淡水资源和海洋资源。每组分两个问题，形式如出一辙，都讨论资源减少的原因及措施。教师安排学生讨论的时间很短，学生发言的时间也很仓促，只有被点名的优秀生回答问题，课堂缺乏生机与活力。

案例2：教师2以华北地区淡水资源短缺为例，就其自然原因、人为原因和解决措施安排了三个大讨论组，采用前后四人一小组，每小组把意见汇总到组长处。学生讨论得很激烈，但讨论不到两分钟就安静下来。三个大组的组长分别表述了观点，但没有其他成员主动要求补充发言。活动太简单，导致学生对活动失去了兴趣。

由此可见，教师对活动教学存在误区，认为一堂新课改下的好课离不开讨论，动辄讨论、探究，似乎唯有讨论才是最好的。因此在教学时，不需要讨论的时候来个"分组讨论"，不需要合作的时候来个"合作学习"，导致"活动"泛滥化的现象出现。在听课者看来，虽然课堂气氛活跃，但由于教学中忽视学生已有的生活经验、知识和认知规律，只是盲目地迎合新课程的理念，导致学习效率低下。

(二)活动的表面化

在优质地理示范课的"活动教学"中，由于教师设计的问题缺乏层次性或缺乏深入活动的意义,学生的自主、合作、探究等没有深入开展,表面上的热闹掩盖了低层次、低水平的讨论和活动,学生学不到应该学到的东西。

自新课程改革以来,"合作学习""探究学习"已经成为教师课堂中"时髦"的代表。它是课堂教学中充分发挥学生主体作用的一种有效方法,也是当前引导学生主动学习交流的重要途径。教学实践表明,课堂内合理地利用合作学习、探究学习可以提高单位时间内学生学习、交往、表达的频度与效率,并有利于学生探究意识的培养和协作精神的发展,也有利于学生交际能力和解决实际问题能力的发展。因此,在新课程理念指导下,在课程改革的口号声中,教师已经有意识地把这种形式引入课堂。但是仔细观察课堂,我们不难发现,部分教师的课堂中,只要是"活动",都会冠以"合作""探究"的名字,课堂上热热闹闹,气氛活跃,出现"假繁荣"的现象,冲淡了课堂教学的主题。这种活动只流于形式,缺乏实质有意义的活动,课堂中甚至出现"放出去却收不住"的现象。

（三）活动的虚假化

笔者认为,教材中的重点或难点,由于学生理解起来有难度,我们可以借助于活动进行教学。但事实上,我们的教学中存在"活动虚假化"现象。"活动虚假化"是指教师设计的简单的、没有实际意义、学生不感兴趣的活动,或者是教师设计的已超出学生实际水平、未能达到预期效果的活动。在新课程理念的指导下,各学校纷纷开展地理"活动教学"的公开示范课,并实现了校与校之间的交流,这给地理教师带来了相互学习与交流的契机。但在示范课教学中,笔者发现有些教师没有根据教学目标精心设计课堂活动,只是把活动设为千篇一律的教师提问、学生回答小组讨论或合作演示,学生为"活动"而动,而参与活动的学生也仅局限于个别,这样的活动教学表面上热热闹闹，实属"作秀"，激发不了学生的学习兴趣和学习的积极性。长此以往，学生对地理课就失去了兴趣。以下列举一个案例进行说明。

"岩石和地壳的物质循环"教学案例

执教教师在课堂的一开始就连续设置了三个讨论题，让学生分组讨论。

分组讨论一：讲台上普通的石头是什么岩石？说出你判断的依据。

分组讨论二：什么是岩浆岩？什么是沉积岩？什么是变质岩？并请各组举例说明。

分组讨论三：如果一个小区要统一装修厨房，你会建议选择花岗岩、石灰岩还是大理岩作为厨房地面的装修材料？

任务布置后，众学生围着一张大圆桌开始热热闹闹地讨论，气氛的确比较活跃，学生也"动"起来了，冠以"讨论"一词，的确不为过。

但是试看教师设计的活动要求，尤其是前两个活动，是否以有利于促进学生主动探究地理知识为出发点。第一个活动涉及一块石头的判断，我们姑且不提石头的价值所在，但该活动设计的意义何在呢？而第二个活动的设计很简单，只要学生认真看书，学生就能不假思索地解决问题。而在其讨论过程中，有些小组热热闹闹，有些冷冷清清，有些小组在讨论与活动无关的问题，形成鲜明的对比。课堂中设计"虚假化"的活动，久而久之，学生就容易形成惰性思维，不利于学生创新思维的培养。

由此可见，最近几年来公开课中活动的"秀"味越来越浓，活动出现泛滥化、表面化、虚假化等。公开课在带给我们一线教师榜样的同时，也带给他们更多的疑惑。

三、课外地理活动实施中存在的问题

新课程理念提出："重视对地理问题的探究。倡导自主学习、合作学习和探究学习的学习方法，开展地理观测、地理考察、地理实验、地理调查、地理专题研究等实践活动。"课外地理活动是地理课堂教学的重要补充、发展和延伸，是以学生活动为主的实践活动，是地理教学全过程中的一个重要组成部分。它是加深学生对基础知识的理解，培养学生学习地理广泛兴趣所必要的操作技能，以及培养和发展学生智能的一条重要途径。通过大量的调查资料显示，课外地理活动的实施存在以下两个问题。

（一）地理调查活动不落实

调查活动是地理学科重要的实践活动之一。在高中地理必修教材及《普通高中新课程实验地理学科教学指导意见》中的"活动建议"有多处提到调查活动，如"组织学生调查家乡的河流状况""通过实地走访调查学校所在城市的土地利用基本类型""用实地调查、查阅资料的方法，了解学校所在城市环境污染的类型和危害"等。但在真实的活动中，教师很少让学生亲自查找资料，也就不能将活动教学与生活有效地连接到一起。

（二）课外地理考察活动缺失

学习地理知识不能仅仅通过教材进行学习，也不能仅局限在课堂中进行，还必须走进社会、亲近大自然，通过野外观测、地理旅行、乡土地理调查、绘制采集标本等野外实践活动进行地理学习。课外活动与课堂教学两者是相辅相成的。课堂教学是开展课外活动的基础，课外活动则是课堂教学质量的提升，它不仅有利于学生认识地理事物的变化，还有利于学生科学精神的形成，是课堂中教学讲授所不能达到的效果。地理课外活动开展的形式是丰富多样的，我们应根据学校所在地区环境条件和可能提供

的条件,选择适当的形式开展。

实践证明,开展丰富多彩的地理课外活动,比课堂知识灌输式的传统教学更具深远意义。首先,它增强了地理教学的开放性,使学生的知识迁移能力和创造能力得到培养和发挥。其次,它增强了地理教学的实用性,地理课外活动教学,加强了教学与学生生活、现实社会的联系,学生通过实践主动挖掘现实中存在的问题,增强了其解决问题的能力。最后,它丰富了教师教学的手段,使教师的教学方式不再一成不变,教学手段随之层出不穷,在地理课外活动过程中,学生是实践的主体,教师为主导,这样才能真正贯彻落实地理教学新理念,有利于促进地理教育改革。

尽管课外活动教学有课堂教学无法比拟的优势,但在我们的地理教学中,这类活动几乎一片空白。总而言之,我们的一线教师在处理课外地理活动时,要么落实不到位,要么干脆就不去实施,因此地理课外活动在各学校的实施状况让人担忧,有待进一步加强。

四、教师地理活动设计存在的问题

随着新课程改革的不断深入,"活动教学"对地理教师提出了新的要求。利用活动进行教学是地理教师必须具备的能力,而活动设计是教师教学风格的体现,也是教师教学水平的体现,"活动的设计"与"活动的利用"是相关联的。教师必须在设计活动的实践中不断提高自己的教学水平。

(一)利用校内外地理课程资源设计活动较少

《地理课程标准》提出:"充分开发、利用地理课程资源,对于丰富地理课程内容、开展形式多样而有效的地理教学,增添地理教学活力,具有重要的意义。"课程资源也称教学资源,就是课程与教学信息的来源,或者指一切对课程和教学有用的物质和人力。地理课程资源是指有利于地理课程目标达成的所有因素和条件的总和。地理课程资源包括校内地理课程资源和校外地理课程资源。校内地理课程资源包括本校教师、学生、学校图书馆、实验室、实验室器材、计算机房、地理专用教室、矿物标本、教学挂图、地理模型及其他各类与地理相关的教学设施和实践基地等。校外地理课程资源包括市级及以上图书馆、科技馆、博物馆、网络资源、青少年宫和乡土地理资源等。

在科技高度发达的今天，学校的课程资源越来越丰富，但是真正被地理课堂利用的课程资源却不多，许多课程资源处于闲置状态。以某中学为例，校园内有一个占地200平方米的仿真世界地图，尤其是晚上，从高空俯视，在灯光的点缀下非常漂亮，但是我们更多的是把这张世界地图当作校园内的"装饰品"。如果教师走出教室，来到这个"大千世界"，在世界地图上给学生上课，教学将别有一番风味；如果教师能够充分利用校内外的课程资源，可以提高资源的利用率，同时可以达到优化课堂教学的效果；如果教师能够结合地理课程自身特点，创设有助于学生掌握知识的情境，也同样能够培养学生的地理学习能力、爱国主义情感和人文精神。

但是长期以来，我们把"课本知识"作为唯一的学习资源，课堂教学以教师为中心，以传授"课本知识"为主要任务，使学生的学习游离于生活世界之外，学生成为被动接受课本知识的"容器"，其结果只能是发展"知识"而不是发展人。

因此，我们的教学必须从课内走向课外，从"课本知识"向"生活知识"拓展，使教学真正走入学生的生活世界。当前地理课程改革的重要任务之一是积极鼓励广大师生摒弃过分依赖书本这一单一课程资源的传统习惯，充分利用校内外各种课程资源，形成学校与社会、家庭密切联系，教育资源共享的开放性课程,将原本鲜活的地理课程资源演绎得更加有声有色。

(二)设计的地理活动与学生实际脱节

《基础教育课程改革纲要(试行)》指出:"改变课程实施过于强调接受学习、死记硬背、机械训练的现状,倡导学生主动参与、乐于探究、勤于动手,培养学生搜集和处理信息的能力,获取新知识的能力,分析和解决问题的能力,以及交流与合作的能力。"这里的课程实施也可理解为教学活动。教与学是教学实践中两项最主要、最基本的活动,教学活动是双项的。美国心理学家布鲁纳认为,现代的教学方法是"教师与学生合作的方法",他强调学生在教学中也应该是个参与者。在新课改精神的指引下,"参与"也成了课程教学改革的一个方向。因此,"活动"从也过去的配角成为现在地理教学内容的重要组成部分,其在教学中的地位显著提高。于是在地理教学中,一线教师开始了无限制的"活动"以让学生参与其中。不管是什么样的课型,如新课、复习课、讨论课、作业讲评课等,动不动就"活动"。地理教材中的活动数量多,内容丰富,但是不同的活动对于不同层次的学校、不同的学生不一定都适应,活动与学生的实际相脱节,学生的参与率就低。

1.活动主题与学生兴趣错位

野外观测、社会实践、查找资料等学生感兴趣的活动,教师很少让学生去做,而一些不利于学生思维能力培养的活动方式,如思考类所占的比例最高,其次是交流讨论类和读图类。学生目前的活动更多地表现为讨论、思考等用口头语言形式表达的活动方式。

2.活动设计与学生实际情况不相符

第一,活动设计难度偏大。

第二,活动数量偏多、活动时间不足。

综上所述,在实际的地理教学中教师表现出的"活动设计"能力离《地理课程标准》的要求还有一段距离,需得到进一步的提高。

五、地理"活动教学"与目标达成中的问题

地理教学目标是指导地理教学和地理学习的依据。高中地理活动教学目标的确立也要以高中地理课程目标为标准,从三个维度来表述。三维目标在实施过程中是一个有机的整体,是达成活动教学目标策略的重要内容。"知识与技能"为课程的基础目标,"过程与方法"则是课程的关键目标,"情感、态度与价值观"为课程的终极目标。学生掌握的知识与技能、经历的过程、形成的方法,最终都应该升华为情感、态度与价值观,升华为意识、观念、责任、习惯。只有这样,才会使学生在终身发展中受益。只有实现内化才能实现升华,学生在参与活动中感悟,使内化成为可能。

(一)不重视让学生通过体验获取地理知识,形成地理技能

地理课程标准构建了知识与技能、过程与方法、情感态度与价值观三位一体的课程目标体系。其中将"过程与方法"作为课程目标的一个重要维度,是课程标准的一个亮点。何谓"过程"?它强调的是让学生经历类似于科学研究的过程,以获取知识、领悟科学的思想观念、科学家研究自然界所用的方法而进行的各种活动。"让学生经历类似于科学研究的过程"是指地理教学是一个活动过程,地理知识的获取、地理学科能力的形成、地理科学方法的掌握、地理观点的培育都必须以活动为载体去实现。由此可见,地理课堂评价关注的不仅是教师的行为表现,更重要的是学生内在的体验和体验方式。在高中地理教学中,教师要引导学生积极参与"操作""实践""考察""调查"等活动,不仅要用自己的脑子去想,而且要用眼睛看,用耳朵听,用嘴巴表达,用手操作,重视学生的直接经验,尊重学生的

感受和独特见解。"体验""经历"是高中地理新课程倡导的重要理念。但事实上,在我们的地理"活动教学"中,有些教师设计的活动形同虚设,学生根本没有机会在体验中学习知识、增长能力。当然,在地理教学中如果能巧妙地利用小实验进行体验式教学,也是实现学生自主学习、探究学习、合作学习的良好平台。

(二)地理"活动教学"中忽视情感、态度与价值观目标的达成

当今的课程改革是在全面推进素质教育,着眼于学生的全面发展与终身发展的背景下进行的,其显著特点之一是课程标准以"知识与技能""过程与方法""情感、态度与价值观"三维的课程目标取代了传统的以"双基"为主的教学目的,它关注每一位学生,促进学生知、能、情协调发展。《地理教育国际宪章》对地理教育目标的概括是:"为今日和未来世界培养活跃而又负责的公民,地理在各个不同级别的教育中都可以成为有活力、有作用和有兴趣的科目,并有助于终身欣赏和认识这个世界。地理既是促进个人教育的重要媒介,也可以对国际教育、环境与发展教育做出重大的贡献。"在个人教育方面,《地理课程标准》从知识与理解、技能与方法、情感态度与价值观三个维度阐述地理教育的作用,它着眼于学生的未来和发展,突出了情感、态度与价值观的地位,包括积极的学习态度,正确的世界观、人生观、价值观,使他们成为具有科学精神、人文素养,有社会责任感的社会公民。但是情感、态度与价值观都是依附在知识发生、发展的过程中的,是在探索知识的过程中得以形成和发展的。正因为情感、态度与价值观不可量化,在实现方式上比较难以把握,教师在"活动教学"中往往受传统教学根深蒂固的影响,仍然注重知识、技能的培养,而忽视对学生的情感、态度与价值观的培养。地理教学中的情感、

态度与价值观的培养绝不是一蹴而就的,它不可能在某一节课、某一周所能完成,它更多的是靠一个比较长的阶段,通过教师利用课程资源去熏陶,由学生去体验,通过潜在的积累而获得的。虽然是这样,但教师的每堂课中都包含着这些人文精神,所以每堂课都不能有违背这种精神的现象出现。

第四节　地理"活动教学"生活化中产生问题的原因

教学作为一个复杂的动态系统,必然出现功能的紊乱或功能的失调,甚至出现功能的障碍,产生问题。"活动教学"中产生的问题多种多样,为了更好地实施"活动教学",我们有必要审视我们的地理课堂,归纳产生的问题,分析原因,以寻求最佳的解决方案。地理"活动教学"是对教师的综合素质要求较高的一种教学实践形态,它要求教师不仅有理念的提升,更需要在实践领域练就一身技能,要有较高的活动设计能力和活动教学能力。教师方面的原因可分为主客观两个方面,主观是教师认识上的偏差,客观是现阶段教师实际的能力达不到,心有余而力不足。

一、对课程改革提出的"改变学习方法"认识不足

新课程改革明确提出,要转变教师的教学方式和学生的学习方式,并且将此作为课程改革能否成功的重要标志之一。转变教师的教学方式最终要落到转变学生的学习方式上, 学习方式的变革是课程改革中十分关注的核心问题之一。学习方式是学习者获取知识、掌握技能、吸取信息的手段和方法。转变学习方式就是改变原有单一、被动的学习方式,建立和形成旨在充分调动、发挥学生主体性的多样化的学习方式。把学习过程中的发现、探究、合作等认识活动凸显出来,使学习过程更多地成为学生发现问题、提出问题、分析问题和解决问题的过程,注重培养学生的能力。改变学生学习方法是促进学生发展的需要。但是, 从课程改革的实际进展

看,各个学校的教师虽然都很重视学生学习方式的转变,但在教学实践过程中却表现出对"改变学习方式"的认识不足。教师对"改变学生学习方法"存在以下两种认识上的偏差:一是改变学习方法就等于用合作式学习或探究式学习,或自主学习来取代接受式学习;二是形式上的自主、合作、探究等于学习方法的改变。

二、实施地理"活动教学"的能力不足

(一)教师的引导能力弱

教学活动是教师与学生的双边活动。尽管学生的学习能力在某些时候可以通过自己的"发现"来获得,但是在更多情况下是"教"会的。这里的"教",不同于传统讲授式教学中的教,准确地讲是"导",是教师的引导,它为学生的学习提供"示范""支架"。教师在"活动教学"中,不仅仅是活动的组织者、参与者,同样也是活动的引导者。但恰恰相反,现实中的教师却缺乏"引导"能力。

教学中,学生是主体,教师是主导,我们应该充分发挥教师的主导作用,让学生畅游在知识的海洋中,尽情享受知识带给他们的快乐。

(二)应对生成性资源能力不足

生成性资源是指在弹性预设的前提下,在教师与学生、学生与学生合作、对话、碰撞的课堂教学展开过程中,现时生成的超出教师方案之外的新问题、新情况。叶澜教授指出:"要从生命的高度、用动态生成的观点看课堂教学。课堂教学应被看作师生人生中一段重要的生命经历,是他们生命的有意义的构成部分,要把个体精神生命发展的主动权还给学生。""活动教学"课堂何尝不是动态的、生成的课堂。

但是,由于教师捕捉并利用生成性资源的能力弱,使生成性资源在瞬

间流失，"活动"课堂失去了应有的活力。学生是一个鲜活的生命，他们思维活跃，经常会有"异言怪举"。教师在课前哪怕预设了活动中出现的方方面面，但却预设不了这些"异样的声音"。面对"活动教学"中的生成性资源，教师唯一可做的就是提高自己随机应变、及时捕捉信息、利用信息的能力。

(三)缺乏地理"活动教学"的设计能力

地理活动设计能力是指教师在地理课之前，根据教学目的要求，预先设计教学活动、确定教学方法、选择教学内容等事项的创造性本领。在地理"活动教学"中往往存在教师能力缺乏的状态，主要表现在以下两个方面。

1.整合活动能力欠缺

"整合"一词指的是整顿组合，形成新的东西。整合用于地理活动内容，即把相似的或有联系的地理活动内容整合，使它们通过渗透、互补、重组等途径结合在一起，以达到整个课堂教学的综合优势和整体功能。在《地理课程标准》中有"活动建议"，在地理教材的编排中有活动栏目，有些教师为了省力，直接将《地理课程标准》中的"活动建议"或教材中活动栏目中的"活动"搬到课堂上。

2.照搬现成的，缺乏再设计的能力

在我们的地理教学中，我们还发现有些教师直接照搬观摩课、书籍、杂志中现成的活动进行教学，而缺乏自己的思考。他们认为这些活动设计既然能在杂志上刊登或观摩课中开展，应该有其独到之处。因此，未经思考、消化、拿来就用。缺乏创新设计活动的能力教材也好，书籍、杂志也好，其活动设计是仅供我们参考、借鉴的，如果教师一味地照抄照搬，既不利于学生能力的培养，更不利于教师的专业成长。

三、地理"活动教学"硬件受限

地理活动的开展要受到场所、设施、时间、经费等的限制。但由于学校活动设施的短缺或闲置,使得地理教学内容多、课时紧,学生课业负担重,无暇顾及地理活动及学校的支持力度小,导致地理活动无法按计划开展,这在某种程度上阻碍了"活动教学"的顺利开展。

(一)地理活动设施受限

"活动教学"资源是提高学生学习兴趣、开展自主探索、研究性学习的必要条件,是改变传统教学方式的有效保证。"活动教学"资源主要包括教材等课内资源,以及生活、社会和自然界中有利于"活动"实施的所有教育资源。

(二)地理野外考察条件受限

新课程重视地理问题的探究,倡导自主学习、合作学习和探究学习,开展地理观测、地理考察、地理实验、地理调查、地理专题研究等实践活动。野外考察是地理学最根本的研究方法。野外考察不仅可以让学生亲近社会、走进自然,获得第一手资料,更重要的是能为学生的空间想象提供最准确的空间概念和最直观的素材,引导和帮助学生通过自己的观察体验,"化抽象为直观"亲身体验地理知识产生的过程,增强学生地理实践的能力。但是,地理野外考察活动要走出校门、亲近自然、亲近社会,其活动的开展需要一定的场所、资金、资料等条件。

1.场所

从本学科角度考虑,我们可以选择地形、地质、地貌、水文、气候、植被分布、矿产分布、土地资源等自然地理内容,或者是人口、工业、农业分布、城市道路、商业分布、建筑分布等人文地理内容。

2.资金

包括交通费用、住宿费用等。

3.资料

考察所需的资料包括地图、相机、记录本、绘图纸、笔等，个人用于考察的生活资料包括饮用水、干粮、太阳帽、急救药品、帐篷等。

4.安全条件及学校的支持力度

野外出行最重要的就是安全问题，但由于要考虑学生的人身安全，往往得不到学校领导的支持，因此会造成野外考察计划的流产。野外考察意义重大，应紧密联系新课程教学理念，让学生亲近自然，感受自然，以培养他们的探究能力。

（三）地理教学内容多，时间难以安排

新课程倡导探究式学习，学生参与活动、探究需要大量时间。地理教材中的每一节内容都有若干个"活动"，实施起来难度较大。而高一地理一直以来周课时为3课时，内容多与课时少之间存在矛盾。绝大部分教师在必修的教学中，将教学时间进行了压缩，教学建议每节内容两课时上完，但有时课时紧，教师用一课时解决，时间上很难进行科学合理的安排。

（四）学生课业负担重，无暇参与地理活动

由于学校与学校之间的竞争压力大，各所学校为了提高本校的升学率，从高一开始抓，学生一天从早到晚都是课，有些学校晚上还有晚自习，真正属于学生自己的自主时间基本上没有，难得有个周末，可各学校纷纷以各种名义要求学生补课。现在各学校基本上是一个月放一次假（两天），但好不容易有了两天的周末，可那两天也不是属于学生自己的，还有一大堆的作业要做。此外，课外活动要走出家门，走出校门，根本得不到家长和所谓的主课教师——语数英教师的支持，他们认为那会分散学生的学习精力。

（五）学校对于地理活动支持不够

学校领导普遍认为搞活动耽误教学进程，只要完成教学目标，无须考虑学生的课堂活动，更何况是地理，反正绝大部分学生以后不选择读文科，开展地理活动也是针对少数学生的，意义不大。此外，出于组织管理和学生的人身安全方面的考虑，各个学校对于学生集体外出考察、集体外出调查之类的活动采取谨慎的态度，这在一定程度上阻碍了地理"活动教学"的开展。

四、地理教学评价体系缺乏科学性

地理学习评价是地理课程评价的一个重要组成部分。它是以地理教学目标为依据，运用一切可行的科学方法系统地收集信息，对教师"教"地理的理念、策略、方法与学生"学"地理的认知、技能、情感、态度、价值观变化进行判断的过程。我国自20世纪80年代以来，对基础教育的学习评价进行了一系列的改革，但现行的评价方式与地理新课程改革的目标之间还存在一定的差距。

（一）对地理教师的评价比较片面

1.评价方法单一，过分关注地理教师教学效果的评价

以往的教师评价过分关注定量评价和终结性评价，忽视定性评价和过程性评价；注重静态的评价，忽视动态的评价，即学生在学习过程中参与、实验、设计地理制作、讨论等活动的表现，都没有成为评价教师教学的依据。这种评价方式，最终使教师将目光聚焦在学生的分数上，他们为考而教，学生为考而死记硬背，出现不切实际和盲目拔高的现象。社会各界、

家长评价一所学校的优劣也是以高考升学率为衡量标准的。虽然教育部门曾经为了减弱高考"指挥棒"的负面作用,提出为学生"减负",但没有一所学校敢忽视高考的存在,而对学生进行真正意义上的"减负"。因此,在任何一所学校,我们都会看到一种"高考考什么,学生学什么",哪位地理教师任教的班级平均分高,哪位教师在领导心目中的地位就高的现象。

在这样一种评价体制下,教师不愿意把时间花在几乎不需要考试的探究技能、实践能力的培养上,他们注重的也不是自身在教学方式上的改进和教学技能上的提高,而是思考如何积累考试资料,如何让学生通过题海战术在考试中获得好成绩,至于教学的创新能力和教育科研更无从谈起。这种评价方式,使教师长年疲于应对应试教育,它在本质上抑制了教师发展的愿望和要求,不利于教师形成发展的需要和动力。教师的发展是一个全面、持久、连续的动态过程。因此,这种评价严重挫伤了教师教学的积极性,不能激发教师可持续发展的潜力,并容易引起教师对评价产生恐惧和厌烦心理,从而造成教师发展的迟缓和落后。

2.评价制度带有浓厚的功利色彩

传统性教师评价主要是为教师奖励、职称评定和去留提供依据的。往往把评价结果与被评对象的奖惩直接挂钩。通过对教师的评价,做出解聘、晋升、加薪、减薪、调动、增减奖金等各种决定。当前,在学校管理中经常用到的"优胜劣汰""末位淘汰"等就是其充分的体现。教师为了保住自己的"铁饭碗",唯一可以做的是,想尽一切办法提高学生的学习成绩,而非能力、情感、态度和价值观的提升。而"活动教学"倡导学生在活动中学习,在活动中培养探究、合作学习的能力,但这往往要花费较多的时间,与知识能力的培养有一定的冲突。因此,考试引导力度的不到位,势必会影响到"活动教学"的正常开展。

(二)地理考试的引导力度不够

1.考试的方式单一

以纸笔测验的传统方式进行考试,而缺乏灵活多样的考试方式,如课题研究、情境测验或辩论等。

2.学生没有选择考试的权利

考试机会有且仅有一次,采用标准化的试卷进行统一测试,学生没有选择的空间,考试没有采取分类、分项进行。

3.试题的导向单一

文综高考地理试题注重对学生主干知识的考查,注重考查学生的图表解读、获取信息、分析信息的能力,以及语言表达能力和知识迁移的能力等,但缺乏大量的探究性、实践性、开放性试题的设计。

而大量探究性、实践性、开放性试题的设计,对中学地理教学走向"注重地理素养培养"起到很好的导向作用,对促进教学方式和学习方式的变革,推进新一轮课程改革的不断向前发展起到积极推动作用。因此,考试引导力度的不到位,势必会影响"活动教学"生活化的正常开展。

(三)学生评价注重终结性评价,而忽视形成性评价

新课程改革强调教学评价应着眼于促进学生素质的全面发展,改变以往只注重终结性评价的方式,坚持发展性评价和终结性评价并重的原则,使教学评价成为学生认识自己、激励自己的教育方式和教师改进教学的反馈方式。但是目前我们发现,更多的学校还是过分注重终结性教学评价,忽视形成性评价,即过分重视学生学习成果,而忽视学生学习的探究过程和情感体验,在方法上将过程性评价与终结性评价对立起来,认为非

此即彼。学校重视学生学习结果的方式主要是通过测试的途径，这种测试往往具有一定的滞后性，教师一般从学生的分数中了解学生学习中存在的缺陷与不足。这种评价方式仅凭学生的测验成绩很难观察到学生在学习过程中获取地理信息能力、整合信息能力、探究学习能力、合作学习能力和具体的实验操作能力，不利于学生的发展。

正因为我国地理教学评价中存在诸多的问题，这不仅阻碍了新课程标准的推进，同时也影响了地理课程改革。

第五节　高中地理"活动教学"生活化中问题的对策

基于活动教学中存在的问题,我们应该对症下药,寻求对策,以便更好地改进"活动教学"。针对当前活动教学中存在的问题,笔者认为提升中学地理教师的基本素养,提高教师活动设计的能力,加强课外活动实践,转变教学评价机制,才能从根本上解决活动教学中存在的问题,才能更好地落实《地理课程标准》的理念,充分发挥地理教学在素质教育中的重要作用,更好地实现高中地理活动教学的生活化。

一、提升地理教师素养

在中学地理"活动教学"实施过程中不可避免地出现了许多问题,作为课堂教学的组织者、引导者、参与者,教师具有不可推卸的责任。在"活动教学"中,我们应该如何发挥学生学习的主动性,充分调动学生学习的积极性,从根本上发挥"活动"应有的魅力,焕发地理课堂的生命活力呢?怎样才能更好、更有效地促进"活动教学"的顺利实施呢? 面对这一系列的问题,教师往往感到困惑。本部分内容笔者尝试从不同的角度,阐述提高教师基本素养的措施,旨在帮助教师走出困惑,实现师生共同发展的目的。

(一)改变培训机制,实现教师的"有效学习"

1.分类培训,区别对待不同专业发展阶段的教师

教育部在《中小学教师继续教育规定》中第六条明确提出:"中小学教师继续教育应坚持因地制宜、分类指导、按需施教、学用结合的原则,采取多

种形式,注重质量和实效。"教师专业发展的不同阶段有不同的特征,因此客观上要求教师培训应区别对待,而标准化或"一刀切"的培训效果不佳实属必然。例如,对于刚毕业的新手地理教师,培训的主要内容应是地理课堂管理和教学的最基本技能,使他们尽快和较顺利地适应地理教学工作;对于稳定期的教师,培训时则应对其常规教学技能提出更高、更全面的要求,使他们成长为优秀教师;而对于成长期的教师,应注重教育理论和实践创新能力的培训,使尽量多的教师脱颖而出,成长为专家型教师。

2.拓展培训模式,让培训深入一线教师

从多年的地理教师培训实践中发现,尽管地理教师培训形式多种多样,有短期课程培训、地理教学研讨会、教学观摩、网上继续教育等,但是绝大部分地理教师在参与了这些培训后,依然感觉难以把所学的知识和技能运用到日常的课堂教学中,课堂教学技能和水平停滞不前。为了让培训深入每一位教师,我们应该拓展培训模式;为保证教师培训的实效性,我们可以充分调研本校地理教学的实际情况,确立研讨专题,针对不同专题的特点,选择最佳的培训模式,力求内容与形式的完美结合,彻底改变培训形式单一化的现状。形式多样的培训模式不仅可以开阔教师实施课程的视野,调动教师学习的积极性,丰富教师的教学经验,而且增强了教师自主学习、终身学习的观念,提高了培训的实效性。

(二)提升教研活动,促使教师互相学习

随着课改的深入,教研活动方式的变革创新已成为必然。教研活动的目的在于研究和解决教学实践中存在的问题,总结和提升教学经验,探索教学规律,提高教学质量,在有效地改进教学工作的同时,促进教师的专业发展。但是,目前仍然存在教研活动实效性不高、教师参与教研的积极性低下的状况。面对这种状况,我们应不断探索和创新教研活动方式,让教研活动更加高效、务实,让地理教师在教研活动中不断得到发展。

(三)创设条件,为教授展示活动教学提供平台

1.建立地理实验室

地理实验室也称地理专用教室,它是为完成地理教学而设计、建设的特种教室。地理实验教室可以作为地理课外活动的固定场所,其中的各种设备又为地理课外活动提供了方便。学生可以在这里举办各种有益的地理课外活动,如召开地理班会,开展兴趣小组活动,举办地理讲座,开展地理小论文或地理小报的评比,绘制各种地理图表,鉴别或制作岩石等标本进行课题研究等。在这里开展地理课外活动,既为学生发挥创造力、想象力创造了良好的机会,又为学生展示自己的才能提供了广阔的空间;既可以使学生将理论与实践相结合,又可以使学生的全面发展与个性培养相协调。

2.开展"活动教学"教研活动,让教师在观摩中成长

每一位教师都有各自的教学风格,都有着自己独特的教学优势,教师必须开启封闭之门,向新老教师学习。我们应该学会欣赏他人,借鉴他人之长处,并且经常参加教研会、专家讲座等,以促进教师自身专业的提升。

3.寻求学校支持

地理课外活动的开展涉及学生的人身安全问题。全体学生课外活动的召开,需要班主任、校级领导的大力支持。此外,还需要活动经费,这不是地理教师所能承担的,学校如果能够给予"拨款",活动的召开就会更为顺利。学校的大力支持是活动顺利开展的前提条件。

(四)加强教学检查，落实活动教学的基本要求

教学检查是监控教学质量的重要手段，通过教学检查可以掌握"活动教学"信息。必要和及时的教学检查是维护良好教学秩序、确保教学工作按计划有序运行的重要手段。教学检查的根本目的不是为了批评教师，而是为了帮助、促进教师改进教学，提高活动教学水平。教学检查在促进教学改革、加强教学管理、树立教学典范、改进教学工作、提高教学质量等方面起到了重要作用。

1.加强教学检查，开展学生评教活动

学生的评教活动，在一定程度上可以督促教师的教学工作。从实际操作来看，学生评教优于专家评价。原因在于学生不像专家那样只听一二节课，而是整个学期全程体验教师的教学过程。因此，学生最了解教师在平常状态下的教学态度与敬业精神。学生评教评价成本很低，而且可以覆盖所有教师，起到普查的作用。我们可以通过调查问卷或学生座谈会的形式，了解教师"活动教学"实施的情况。学生评教活动主要针对教师课堂中活动的设计、活动的开展状况、效率等。开展"活动教学"，要提倡在减轻学生课业负担的条件下实现学生全面发展，尽量做到活动少而精，做到"低投入、高产出"。在当前"血汗教学"盛行，教师加时、加课、拖堂现象严重的现状下，我们更应该注重教师活动教学的课堂效率。

2.加强教学检查，开展听课、评课活动

听课、评课是教学研究的有效手段。听课和评课对教师的成长，尤其是提高教师教学水平具有现实的意义。"智者千虑，必有一失"，不要说是新教师，就是任课多年、驰骋教坛数载的老教师，也不可能做到每一堂课都讲得完美无缺。这里的"听课、评课"一般是指同事间的互听、互评，其目

的在于互帮互学,共同提高教学业务水平。一般有以下两种情况:一是执教者为了解决课堂教学中的某个实际问题,邀请一两个或三五个同事进自己的课堂听课。二是教师为了解决教学中的实际困难深入到有经验教师的课堂听课,希望在优秀教师的课堂上得到启发。俗话说得好,"当局者迷,旁观者清"。听课者对每一堂课的精妙之处和存在的问题是容易看得清清楚楚的。因此,我们应该坚持以教师为本,以帮助提高为切入点,加强听课、评课活动的开展,加强与被听课教师的沟通,以达到共同提高。

3.加强教学检查,发挥校领导、专家督导作用和优秀教师的指导作用

学校领导可以定期或不定期,打招呼或不打招呼,在被听者正常上课时间,"走村串户",不期而遇,随机听课,实施督查工作。发挥同行专家作用,保证教学督导的权威性。我们特别强调要充分发挥同行专家、优秀教师的作用,可以多向同行专家或优秀教师学习,以提高自身教学水平。

总之,通过教学检查,找出教师课堂教学中存在的问题,并及时同教师进行交流沟通,督促教师改进和提高课堂教学水平。因此,长期坚持对教师的教学检查,不失为学校抓好教学质量的一种有效手段,对提高和巩固教师的课堂教学水平起到重要作用。

二、创设开展地理课外活动的条件

(一)充分认识地理课外活动的意义

1.地理课外活动

中学地理课外活动是有别于地理课堂教学的,它是指在地理课堂教学以外,在教师的指导和组织下,学生自愿参加的地理科技活动或实践活动。它是一种有目的、有计划、有组织的活动,它以培养学生地理能力、地理素养、发展学生聪明才智和潜在能力为目的,给学生创设尽可能多的探

索、表现机会。地理课外活动是中学地理教学不可缺少的组成部分，是地理课堂教学的延续和补充。它的开展可以不受教材的制约，活动内容、活动方式、活动时间、活动场所、参加人数等都是不固定的。地理课外活动的特点在于"活"与"动"，学习内容活，学习方式活，思维活跃，气氛活跃。活动一般要在动态中进行，动脚出行、动手操作、动眼观察、动口提问或表达意见、动脑思考，有时还要动笔记录。

2.意义

加强中学地理课外活动是现代中学地理教学的特点之一，是地理教学改革的重要方向，教师应充分认识到地理课外活动的教育意义，并取得学校和有关领导的重视与支持。地理课外活动开展的意义主要表现在以下四个方面。

（1）启迪智慧，增长技能

地理课外活动突出体现了地理学科的实践性特点。"课内长知识，课外练本领。"的确，学生在课外实践活动中经常要用到多种地理技能，如阅读地形图、等高线图、等压线图的能力，以及绘制统计图表的能力。学生走出课堂，进行亲身观察、动脑思考、动手操作、实地调查、搜集资料及分析研究，在实践中培养学生的观察力、想象力、思维能力、综合分析与解决问题的能力，提高学生的综合素质，获得全面发展。

（2）激发兴趣，拓宽知识

课外活动为课堂教学提供实践场所，为学生进一步发展提供了学习空间。地理课外活动内容丰富、形式多样。通过大量的实践活动，让学生广泛接触自然或社会，非常适合学生的好动心理和追求新奇事物的心理特点，从而激起学生对地理知识的渴望和需求。通过地理课外活动，可以培养学生多方面的兴趣和爱好,激发学生学习动机。由于在活动中学生有机会接触更多的地理事物,了解更多的地理现象,深入社会,探索自然,了解乡土,学生可以在感受祖国山河壮丽的同时开阔胸襟,拓宽知识。

(3)教学相长,有利于形成更为融洽的师生关系

在地理课外活动中,学生由于面对新的信息获取途径,他们有时可能会提出一些更新、更完美的主张,或向教师介绍一些他所听到、看到、学到的新知识,师生交流机会更多了,教师的权威将不再建立在被动的基础上,而是建立在与学生共同参与活动,以促进他们能力的充分发展上;教师不再是无所不知的权威,更多的是顾问和向导,他也将从学生那里学到自己还不了解或未接触过的东西,教学相长同样能促进教师更快地学习。在课外活动过程中,师生共同活动,同甘共苦,有利于培养艰苦奋斗精神,使师生关系更为融洽。

(4)促进学生情感、态度与价值观的养成

在地理课外活动实践中,理论联系实际,生动形象地对学生进行国情与爱国主义教育,有利于使学生形成正确的资源观、环境观,有利于培养学生正确的情感、态度与价值观,学习一切知识的目的都在于应用。学生在调查活动中运用所学的地理知识解决问题,并提出有益的改进方案,在这个过程中,学生不仅能够得到能力的培养,而且形成了正确的资源观、环境观、人地协调观念和可持续发展观念。

(二)建设地区性地理课外活动基地

教育的根本目的在于提高学生的素质,提高教学质量,使学生乐学、会学。如何全面提高学生的素质是目前亟待解决的问题。笔者认为,要提高学生素质仅靠课堂教学是不够的,还必须开展丰富多彩的课外活动,形

成素质教育的氛围,教师才便于引导学生学习,学生才可以根据自己的特长和兴趣去参与教学活动,在实践活动中学习,把所学知识与周围生产和生活联系起来，更深切地了解人与自然的关系，达到培养各种能力的目的。教师可以结合学校环境特点和地理学科知识,充分利用当地自然环境和社会环境,利用周边的"天然活动室"创建地区性地理课外活动基地。这不仅可以使课堂教学与课外活动有机结合,还可以使学生在愉快中学习。因此,我们可以利用周边环境的优势,紧扣教材,在学校内建立地理活动室,在校外结合本地乡土地理,联系生产生活实际,建立若干个科学教育基地,让学生分批到这些基地参观学习,开阔视野,培养科学创新精神。

1.建立校内课外活动室,增进学习兴趣

校内活动室包括地理制作、地理专题讲座、地理实验等。地理制作包括学生手抄报、地理墙报、地理模型、地理作图等,以培养学生动手、动脑的能力。地理专题讲座包括对以与地理相关的时事为背景,开展专题知识的讲座。这样既可以开阔学生的视野,激发学生学习的积极性,而且能够树立正确的防灾、减灾意识。地理实验包括对地质地貌、水文、环境污染、生态破坏等方面进行实验操作,以培养学生的实际操作能力和分析问题、解决问题的能力。

2.建立校外科技活动基地,培养学生创新能力

地理观测基地包括对天文、气象、水文等方面的观察和观测。由于地理事物千变万化,并且结合日常生活,常吸引青少年的好奇心。

地理考察基地包括对地形、气候、河流等自然地理要素的野外考察和旅游活动。我们可以利用周末或节假日,结合当地乡土地理状况,就近到野外进行实地考察。例如,讲到"地壳物质循环"时,我们可以带领学生到采石

场寻找岩石,判断岩石的类型;讲完地质构造后,就近带领学生到野外考察,进行断层、背斜、向斜的判断;利用社会实践到温泉感受洗浴温泉的惬意。总之,建立地区性地理课外活动基地,在扩展地理教学的空间的同时,提高了学生学习的积极性,同时使学生的动手实践能力也得到了培养。

(三)开展与地理课外活动相关的竞赛与观摩活动

1.竞赛活动

教学心理学研究表明,适当的竞赛活动能有效激发学生的学习兴趣,能充分调动学生的主动性、创造性和积极性,启发学生进行积极思维,并有利于把学生的口、耳、眼、脑、手等感觉器官调动起来,让学生充分投入活动,从而产生最佳的学习效果。教师可以适当地把竞赛活动灵活地引进地理课外活动中,使得地理教学变得生动活泼、趣味无穷,从而提高教学效果。我们可以建立地理实践俱乐部,搭建学生课外活动的平台,营建良好的校园地理课外活动的氛围,组织学生开展各种竞赛活动,如制图比赛、模型制作、实验设计、科技小发明活动、学生实践项目比赛等,还可以组织学生团队申报地理研究性学习课题,培养学生的实践能力,激活学生创新思维,力求体现"以实践教学吸引学生,以技能训练发展学生,以竞赛展示激发学生"的实践教学思路和"以活动促教学"的发展思路。

实践证明,举办学生课外活动创新竞赛,不仅提高了广大学生的创新意识,营造了良好的创新环境,而且增强了参与者的观察能力、思维能力、想象能力、操作能力和创造能力。课外活动竞赛的开展,使学生在体验成就感的同时,极大地增强了学习的自信心,进而激发其内在的更大的学习动机。同时,通过实践使得学生增长了知识,锻炼了能力,增强了社会责任感。

2.观摩活动

观摩课具有直观、具体、交流的特点，是集检查、展示、交流为一体的不可缺少的一项教育教学活动，它同样具有导向性的特点。我们可以请一些善于思考、研究、发现问题，在教学上有自己的思路、见解和创新的骨干教师，担任观摩示范任务，尤其是在课外活动这一薄弱领域开展示范课，发挥骨干教师的引领作用。课后，任课教师开展说课活动，以阐述活动教学目标、设计思路、自我反思，听课教师则在民主、开放的氛围中充分发表自己的见解，在各抒己见中不同的观点碰撞，新的观点、思想在交流过程中生成。举办与课外活动相关的观摩活动，不仅是为了激励教师在教学方式、教学方法、教法手段等方面不断进行研究、探讨与创新，还因为观摩课的开展是常态教学的一种升华、一种导向。

总之，地理课外活动是地理教学的一个重要环节之一，地理课外活动是学生独立获取知识和独立思考问题、解决问题的有效途径。地理课外活动的开展有利于学生学习兴趣的提高、创新能力和实践能力的发展，有利于学生正确价值观的形成。因此，我们应该把课内与课外有机地结合起来，加以统筹考虑，使地理教育培养出更多的有时代特色的接班人。

三、建立多元化地理"活动教学"生活化评价机制

（一）对教师的评价

教师评价是促进教师改进工作，提高教育教学质量的一种重要手段，也是教师完善自我、发展个性优良品质不可或缺的一个环节。从理论上讲，教师评价具有激励功能，能够通过评价发现教师的优缺点，给他们指明工作方向，调动其工作积极性，激发教师内在的发展动力。但要发挥这一功能，首先就要保证评价的质量。评价工作一旦做不好，不仅难以对教

师产生激励作用,反而还会挫伤教师教学的积极性,导致其工作热情下降甚至消极怠工。我们可以通过教师的自我评价、学生评价、领导评价、同行评价等多种方式对教师进行评价,使评价成为地理教师、管理者、学生、家长共同积极参与的交互活动。如何对教师进行科学、合理、公平、积极的评价以调动教师工作的积极性,也是我们必须思考和解决的重要问题。

(二)对学生的评价

《地理课程标准》强调"活动"的实施,其主要目的在于,一方面发展学生的地理能力,全面提高学生的地理素养;另一方面对"活动教学"进行诊断,对教学中存在的不足进行改正和完善。为了检测"活动教学"的第一个目标是否达成,我们需要对"活动教学"实施的最终结果或阶段性结果进行评价,判断其目标是否已经达成,找出与预期目标的差距,为改进"活动教学"计划提供依据,这就是一种终结性评价。同时,为了诊断实施过程中存在的不足,以便给下一轮的"活动教学"实施中进行自身完善和改进提供依据,还需要进行形成性评价,以使我们的"活动教学"更加完美。因此,我们应该建立学习结果和学习过程并重的评价机制。

实践证明,只有把形成性评价与终结性评价有机地结合起来才能全面、客观、公正、准确地评价学生,并有利于他们的长远发展。尤其是在活动教学中,我们不仅要关注学生学习的质量,更重要的是关注学生的学习过程,包括学习态度、目的、情感、方法、效率等。例如,对学生的评定应该包括学生在实践过程中的表现,以及他们是如何解决问题的,而不能仅仅是针对他们得出的结论。即使最后结果按计划来说是失败的,也应从学生获得了宝贵经验的角度视之为主要成果,肯定其实践价值,营造其体验成功的情境。

（三）采用多样化的评价方式

地理"活动教学"的评价应着眼于学生的发展,关注学生的个体差异,注重学生学习的过程,倡导评价方法的多元化及"因材施评"。秉持过程性评价与终结性评价相统一,定性评价与定量评价相结合的原则。通过评价,能让学生发现自己在发展中的长处和不足,正确认识自己,并增强学习的积极性和针对性;让教师诊断学生在学习中存在的困难,及时调整和改善教学策略,促进教师教学过程的改进和教学能力的发展,促进学生在知识与技能、过程与方法、情感态度与价值观方面的发展,发展学生多方面的潜能。在地理活动教学中,我们只有运用多样化的评价方式去评价教师或学生,甚至用不同的评价方法去评价一个教师或学生的不同方面,才能实现评价应有的价值。因此,新课程改革要求我们坚持评价方式的多元化。

总之,新课程改革的核心理念是"一切为了学生的发展",其课堂教学、评价的根本目的是为了促进学生和教师的发展。新课程理念给课堂教学评价带来的变化是不容忽视的,教学评价要按照新课程改革的要求,以得到较快的发展。

开展地理"活动教学"的研究,实施高中地理"活动教学",是当前进一步深化课程改革、扎实推进素质教育的客观要求,是符合新课程理念的基本要求。高中地理教师应该充分认识地理"活动教学"的真正含义,从自身出发,不断提升自身的基本素养,进一步改进、完善教学行为,真正实现学生学习方式的转变,以实现高中地理"活动教学"生活化的真正意义。

第七章 高中地理生活化教学的案例展示

第一节　地理与日常生活的联系

一、衣、食、住、行与地理

（一）服饰与地理

服饰往往和一个民族、一个地区的发展紧密相连，并且反映该地区的文化和经济发展水平，所以服饰本身包括十分丰富的地理知识。中国56个民族的服饰各具特色，苗族妇女喜欢穿绣花衣，傣族姑娘爱穿短衫筒裙，瑶族妇女喜爱盆形布缠头饰，景颇族男子有佩带长刀的习惯，赫哲族人常穿鲜艳古朴的鱼皮衣，高山族有黥面文身的旧俗，傈僳族人身不离弩刀和砍刀。很多时候凭服饰，我们就可以判断一个人的民族身份、地理区域。不同服饰是各民族在复杂的地理条件下智慧的选择与创造。寒冷地区，特别是牧民、渔民，宜着长袍高靴。多雨或高温，或两者兼具，身着和服或纱笼，求其宽松，易通风散热，日本人的木屐、荷兰人的木鞋也为多雨地湿而备。中国云南、泰国等地天热，经常入水沐浴，故妇女多穿空筒裙。

（二）饮食与地理

中国各地的饮食风俗因地理环境不同而差异很大。以种植业为主的汉族，北方以面食为主，南方以大米为主。以畜牧业和狩猎业为主的少数民族，则肉食比重大，但各民族风味也不同。例如，蒙古族以牛羊肉、奶制品为主食；回族以米面为主食，忌吃猪肉；藏族以青稞、小麦为主食,日常食糌粑,伴以酥油茶;南方的侗族、苗族、瑶族,都有腌制酸鱼、酸肉的习俗;西双版纳的傣族喜欢吃糯米饭;朝鲜族喜欢吃冷面,喜欢酸辣配料;维吾尔族以面食、大米饭为主食,肉食以羊肉为主。这些都具有强烈的地域性和民族性,并在主食、小吃、酒、茶等方面十分明显。由于我国农作区的粮食生产比较发达,因此大部分酒是以粮食作为原料酿制而成,贵州茅台、泸州老窖、山西汾酒及浙江一带的黄酒等都是深受欢迎的名酒。有人尝试在别的地方制造茅台酒,其工艺、原料、技术和贵州茅台酒一样,但怎么也做不出贵州茅台的口味,经过认真地考察比较,他们发现这是由贵州茅台地区所独特的温度、湿度、光照和微生物环境所决定的,这些地理条件是无法移植和模仿的,因此茅台酒只能在贵州生产,别无选择。

(三)住房与地理

生活地域和地理环境的差异,追求实用和审美要求的差异,造就了各种不同的居住文化。我国的民居大体可分为以下三类:第一类是帐篷型和蒙古包民居。这是游牧民族的居住方式,最大的特点是容易拆迁,如达斡尔族、鄂温克族、蒙古族居住的蒙古包,哈萨克族的毡房等。第二类是干栏式民居。这类民居多见于我国南方少数民族地区,如西双版纳傣族的竹楼,侗族、苗族的吊楼,海南黎族的船形屋。第三类是见得最多的平顶屋和人字顶屋,一说到四合院,都知道北京最为典型;一说到窑洞,都知道陕西为多。全国各地民用建筑,风格各异,大多因气候、季节、雨水、地形等地理环境差异所致,反映了人民利用自然、战胜自然的智慧。

(四)交通与地理

由于各地区所处的地理环境不同,自然条件也不一样,因此人们使用的交通工具也不同。"南船北马"是我国传统交通地理的显著特点。南方水乡，船舶是农村的重要运输工具；北方地区陆地多，河流少，主要的交通工具是车。

二、地理与其他生活方面

地理与生活、旅游、历史、工业、城市、农业、自然灾害、环境保护及可持续发展之间存在千丝万缕的内在联系。根据中学生的认识水平、实践基础和地理课程的教学目标，应掌握以下十个方面的知识。

第一，地球、宇宙、生命的基本知识，掌握宏观方面的天文学、地理学、生物学知识。

第二，掌握地理要素在地理环境形成中的作用及对人类活动的影响，人口、经济、文化发展的区域差异，以及发展变化的基本规律和趋势。

第三，在全球一体化加快的背景下，中国与世界的联系越来越紧密，掌握世界、中国和家乡的地理概貌、区域特征、现状、发展趋势等。

第四，人类的生活环境质量与人口、资源、环境问题息息相关，增强对环境、资源的保护意识和法制意识，形成可持续发展观念，关心、爱护环境。

第五，对于水灾、旱灾、地震、海啸、龙卷风等各种自然灾害的发生、防御有正确认识，具有安全意识，基本能够自我保护。

第六，了解家乡的人口、地形、土壤、河流、气候、民情风俗、历史沿革等自然和人文资源。

第七，能够运用地理常识看懂大众传媒的节目。看电视、听广播、上网、读书、看报是现代人生活中必不可少的内容，这些媒体所提供给我们的是包罗万象的信息，其中地理知识则处处有，时时有。

第八，关注国际、国内时事，通过对当前国内外热点的背景、缘由、过程、发展趋势等方面的剖析,知道发生地的自然地理环境、人文地理状况。

第九,对各国、各地不同文化和传统有所了解,对那些国际、国内不同民族之间交往的常见礼节、禁忌有所了解。

第十,日常生活中的地理知识包罗万象,能够从地理知识的角度来认识,并进行正确的宣传,如垃圾的分类、废电池的处理等。

第二节　生活化思想指导下的课堂教学典型案例

一、案例一：水循环

(一)教学设计理念

1.学习对生活有用的地理,培养学生懂得生活、善于生活、热爱生活的良好心态,帮助学生认识现代社会中各种地理现象的成因,增强人际交往和合作,学会创造健康向上的生活。

2.学习对终身发展有用的地理,充分发挥地理课程的内涵和外延来影响学生的生命历程。

3.通过大量的地理课程资源,利用现代信息技术,为学生构建一个开放式的地理课堂,开阔学生的视野,培养学生的创新意识。

(二)教学设计思路

本节课以教材为主线,采用谈话法、讲授法、多媒体教学法、案例教学法为主的教学方法,从生活的话题引入,以教师为主导、学生为主体开展教学,使学生以轻松的心态去学习,通过有趣的、生活化的问题引领,完成整个知识的学习。

本节课的教学设计:第一步,播放歌曲《长江之歌》,然后教师设问引入;第二步,学生看书预习,教师利用多媒体课件展示学生预习时需要解决的问题;第三步,以小组为单位围绕问题展开讨论;第四步,各小组展示自己的成果,其他小组对其进行评价补充;第五步,教师利用多媒体课件展示水循环的动态演示图,对重点、难点内容进行补充说明,加深学生的印象。

(三)简化教案

1.教学课题

水循环。

2.教材分析

在人类生存的四大环境中,陆地环境对人类的影响最为显著,与人类的关系最密切,是人类生存的最直接的环境。陆地环境是由岩石、地貌、水、生物和土壤等要素组成的,水在组成陆地环境的各要素中是最活跃的要素之一,目前水资源已严重威胁到人们的生产、生活,因此本节课在本单元,甚至整个高中地理教材中都占有极为重要的地位,同时陆地水与气候和海洋水都存在着密切的联系,也是这两单元知识的自然延伸。

本节课是人教版高中《地理》必修1第三章第一节,主要包括三个方面的内容:陆地水的基本类型、陆地水体的相互关系和水循环。其中各种水体的相互转换和水循环是本节的重点内容。

3.教学目标

依据教材、大纲和学生实际,通过本节课的学习,要达到以下三个目标。

(1)知识与技能

了解陆地水体的各种类型及其分布,理解陆地水体相互运动、相互转化的关系,以及水循环的过程和原理。

(2)过程与方法

培养学生自主学习、合作学习的能力,培养学生理论联系实际、运用所学知识解决实际问题的能力,还要培养学生动手绘制地理示意图的能力。

（3）情感、态度与价值观

增强学生水资源的忧患意识，使学生树立可持续发展的资源观。

4.教学重点、难点

贯穿高中地理新教材的主线是"人地关系"，在本节教材所讲的三个问题中，陆地水之间的相互补给、水循环与人类活动的关系最为密切，因此它们是本节的重点；陆地水体的相互运动转化关系，学生理解起来有一定难度，所以确定为本节的难点。

5.教法

就本节课的总体而言，难度不大，但内容较多，涉及面较广，因此在教学中要根据不同的知识采取不同的教法。

（1）学案导学法

教材中难度不大的知识，学生容易看懂，但学生在看书中往往比较盲目，又不愿动脑筋，为指导学生看书，帮助学生自学，而将教材中陈述性的知识转变为程序性自学思考题，通过多媒体展示出来，从而提高课堂容量，启迪学生思维，教师及时解决学生遇到的各种问题。

（2）图表、现象分析法

从教材中的地理图表入手，通过分析图表、演示地理现象，引导学生总结归纳地理现象和规律，从而培养学生从地理图表中提取地理信息的能力。

6.学法

小组合作学习法。

7.教学手段

自制课件。

(四)教学过程

1.导入新课

"兴趣是最好的老师",学生只有产生了兴趣,才会认真地去探究、去学习。因此教师首先通过播放视频歌曲《长江之歌》来激发学生的兴趣,教师再设问引导学生去探究、了解有关水循环的知识,从而导入新课。

引入设计:播放歌曲《长江之歌》。(1分钟)

师:有句歌词"你从雪山走来……你向东海奔去……"写出了长江的发源地和注入的海洋,请同学们思考流入东海的水能回到唐古拉山吗?

生(齐声):不会,因为水不能倒流上山。

师:如果东海之水不能回到唐古拉山,那么东海海面就会越涨越高,而唐古拉山的冰川也会有流干的一天,那我们的长江还能永远奔腾不息吗?

生(齐声):能。

师:如果东海之水能回到唐古拉山,那么它是怎么回去的? 难道海水可以倒流上山?

2.学习新课

依据《地理课程标准》要求和教材知识结构体系,按教材标题顺序学习教材。

(1)陆地水体类型

《地理课程标准》要求了解陆地水体的类型及分布,这部分内容没有难度,因此这部分内容可让学生在规定时间内,根据多媒体展示的问题,自读教材,简单问题自己解决,疑难问题可以小组讨论。

(2)陆地水体的相互关系

本部分内容是教学的重点和难点,必须弄懂。为此这部分内容可通过图表的分析、动画的演示来学习。

河流水、湖泊水和地下水之间的相互补给关系,可利用教材中的图表进行加工,做成动画,分别演示当潜水面高于河湖水面时,潜水补给河湖水,当河湖水面高于潜水面时,河湖水补给潜水。让学生看出他们之间的相互补给关系。水库和河流下游的湖泊对河流径流的调节作用,也要利用动画进行演示和讲解,洪水期湖泊和水库起到了蓄水、延缓和削减洪峰的作用,枯水期则起到了补水的作用,从而调节了河流的径流量。

图表分析和多媒体动画演示法的运用, 把学生带入到图画中去,形象、生动、直观,学生易于理解和掌握,突破了难点,强化了重点。

(3)水循环

这部分内容是本节教材的又一个重点,教学中可分为以下三步来进行。

第一步:水循环的过程,可以根据教材中的水循环示意图,如图 7-1 所示,制作成动画形式,在为学生演示后,让学生总结水循环的主要环节和过程,然后让学生根据总结的情况,分别绘出水循环的示意图,从而发挥了学生在课堂上的主体地位,加深对水循环的认识和理解。

（陆地内循环）陆　　　海陆间水循环　　　海（海上内循环）

图 7-1　水循环示意图

第二步:水循环的意义,是对整节教材的一个总结,这部分内容要充分发挥学生的主观能动性,让学生自己看书,总结归纳出水循环的意义,并在此基础上,让学生各抒己见,举出实例说明水循环的意义。从而避免了空洞地讲解,真正让学生参与到课堂中来。

第三步:人类对水循环的影响,这是学习本节课的最终目的,根据水循环的各个环节,学生就可以看出,人类可以对水循环施加影响的环节就是地表径流。在这里可以让学生展开激烈的讨论,讨论人类怎样才能利用水循环的规律,改变水的时间和空间分布,使水循环向着趋利避害,有利于人类生存的方向发展。根据学生的讨论回答情况,教师要及时进行总结,肯定人类对水循环有利的影响,如南水北调、跨流域调水、植树造林、修建水库等措施;抨击对水循环不利的影响,如围湖造田、毁林开荒、破坏植被等措施,并对学生进行思想教育。

3.课堂小结

最后教师要用简洁的语言,对本节内容全面而又有重点地总结一遍,指出教材各知识之间的内在联系,各种陆地水体之间虽然类型不同,但它们是不断地通过水循环相互联系、相互转化的,从而构成了一个整体。同时需要指出的是,知识的理解和掌握要通过读图、思考练习、理论联系实际来完成,要用综合分析的观点全面分析,加深理解。现在我们可以说,如果黄河之水真的奔流到海不复回,那么地球就将失去生机。

4.巩固练习

为检测和巩固学习效果,训练学生的作题速度,贯彻教学的巩固性原则,编制练习题一套,让学生当堂完成,并根据出现的问题,讲解、纠正、深化。

5.教学反思

(1)亮点

以播放歌曲的形式引入,引起学生注意,教师的引入提问与我们的日常生活密切相关,激发学生的兴趣。学习水循环的意义时,让学生各抒己见举出实例说明水循环的意义,使学生的理论知识与现实生活联系在一起。学习人类对水循环的影响时,让学生展开讨论"怎样利用水循环的规律趋利避害",使学生对生活现象的认识上升到理解的高度。

(2)不足

学生活动较多,课堂时间紧张。

二、案例二:季风水田农业

(一)教学设计

本节课的教学设计如下。

第一部分季风水田农业的区位因素的学习步骤:第一步,教师以生活化的设问引入;第二步,学生看书预习,教师利用多媒体课件展示出学生预习时需要的资料;第三步,学生以小组为单位围绕问题展开讨论;第四步,各小组展示自己的成果,其他小组对其进行评价补充;第五步,教师利用多媒体课件展示季风水田农业的区位因素。

第二部分季风水田农业的特点的学习步骤:第一步,教师在课前给学生分组布置探究作业;第二步,各小组展示自己的探究成果;第三步,教师进行总结并展示板书内容。

(二)教材分析

本节课是人教版高中《地理》必修 2 第三章第二节,是在第一节影响农业的区位因素的基础上的展开和深入,第一节内容是本节课的基础,本节课是第一节的延伸。本节课主要有两个方面的内容,一是季风水田农业的区位因素,二是季风水田农业的特点。

(三)教学目标

1.知识与技能

(1)掌握亚洲季风水田农业的区位因素。

(2)理解季风水田农业的特点。

2.过程与方法

(1)通过对季风水田农业的分布图的分析,培养学生的读图、析图能力,使学生掌握分析农业区位条件的方法。

(2)通过生活化的课前探究作业,并在课堂上进行分析和阐述,让学生学会地理野外调查的方法,锻炼学生的口头表达能力,培养学生合作的精神。

3.情感、态度与价值观

培养学生探究的科学精神和合作精神,因地制宜地发展农业。

(四)教学重点和难点

1.重点

理解季风水田农业的区位因素和特点。

2.难点

把全班学生分为4组,分别完成四项探究作业。

第1组:了解水稻的生产过程。

第2组:调查村里每户平均水稻种植面积和产量。

第3组:了解每户用于食用的稻米和用于销售的稻米分别是多少。

第4组:了解当地水稻种植的主要方式以及从事水稻种植活动的人数。

把相关内容设计、制作成课件。

(五)教学过程设计

1.季风水田农业的区位因素及分布

(生活化问题引入)

师:同学们喜欢吃猪肉还是牛排?

生(齐声)：牛排。

师：为什么呢？

生1：因为牛排好吃，牛排贵，可不是每天都能吃到的。

师：对！那大家知道为什么牛排比猪肉贵吗？

生(齐声)：不知道。

师：因为我们中国的主要农业地域类型不是以养牛为主的，而是以种植水稻为主，这种农业地域类型叫作季风水田农业，我们今天就来学习有关季风水田农业的相关知识。首先请大家看书第一部分，结合四张地图，以及我展示在大屏幕上的相关资料，分小组讨论："我国为什么以季风水田农业为主，或者我国具有发展季风水田农业的哪些区位条件呢？"

学生活动：看书、看图、看多媒体资料，小组讨论。(10分钟)

生2：我国东部季风区，夏季高温多雨，适合水稻喜湿、喜高温的特性。

生3：我国东部地区大多是平原，地形平坦，利于水稻的耕种。

生4：我国东部平原区土壤肥沃。

生5：我国东部平原区多大河，灌溉水源充足。

生6：水稻种植需要大量劳动力精耕细作，我国东部平原区人口稠密，劳动力丰富。

生7：我国水稻种植历史悠久，人们喜食大米。

师(总结)：大家回答得非常好，这些都是我国季风水田农业的区位因素，我们把它板书出来。(板书)

师(过渡)：大家想一想，在世界上除了中国，还有哪些国家和地区有季风水田农业的分布？

(学生看图，思考，回答)

师:对了,其实只要区位条件和中国相似的地区都有季风水田农业的分布,大家刚刚也从地图中获知了季风水田农业的分布地区主要在东亚、东南亚和南亚地区。

(板书:季风水田农业的分布)

2.季风水田种植业的特点

师:我们当地也有水稻的种植,下面请大家将你们的课前探究作业成果展示出来,我们一起来分享。

第1组:描述观察水稻的生产过程,感悟到水稻生产过程复杂,主要靠人力栽种,需要精耕细作。

第2组:汇报调查村里每户平均水稻种植面积和产量,感悟到当地农民人均耕地面积少,水稻单产高。

第3组:汇报每户用于食用的稻米和用于销售的稻米情况,发现当地每家所产的稻米绝大部分用于自己家人食用,只有少部分的余粮才用于出售。

第4组:汇报当地水稻种植的主要方式和从事水稻种植活动的人数,发现当地水稻种植主要依靠人力,从事劳动的人口多。

教师(总结):大家的课前探究作业完成得非常好,大家也从探究的过程中找到了季风水田农业的特点,现在我把它的特点用大屏幕展示出来,请大家做好笔记。(板书)

3.课堂总结

由学生完成课堂总结——季风水田农业区位因素、分布地区和特点。

4.教学反思

(1)亮点

富于生活化的课前探究作业,锻炼了学生的动手能力,分析问题、解决问题的能力，口头表达能力，提高了学生的合作意识。教师引用、采用身边熟悉的案例，激发学生的兴趣，便于学生理解。学习季风水田农业的分布和区位时，就是将学生的生活现象总结成理论，再将理论用于更大的生活领域中，强化学生对理论知识的理解和运用。

（2）不足

课前准备的东西会耗用学生大量的时间和精力，而且会受条件的限制。

结束语
Conclusion

　　我国的地理教学由于长期受应试教育的影响,形成了"重理论,轻实践"的局面。在教学的过程中,过分注重学生的书面成绩,而忽视了对学生实践能力的培养,违背了教育教学的本质。随着新课改的逐步推进,高中地理教学要善于借助教育改革的春风,在教学过程中引入生活元素,给学生一个不一样的地理学习体验。使学生学习的地理知识不再是书面上的"死知识",而是能够解决实际问题的"活知识"。

　　本书写作的目的旨在为教师提供一个高中地理生活化教学的思路,希望能对各位地理教师的教学工作提供理论和实践支持。

　　由于笔者水平有限,书中还有很多不足之处,还望各位专家和同行不吝指正。

参考文献
Reference

[1]钟后泉,崔允漷.新课程的理念与创新——师范生读本[M].北京:高等教育出版社,2008.

[2]周雪忠."回归生活世界"的地理课堂教学策略研究[D].上海:华东师范大学,2008.

[3]瓦.阿.苏霍姆林斯基:给教师的建议[M].北京:人民教育出版社,1984.

[4]梁梅青."学习三角论"对高中地理教学的启示[J].地理教学,2016（21）:16–21.

[5]陈丽娟.中学回归生活地理教学的策略研究[D].天津:天津师范大学,2008.

[6]谌安荣.陶行知生活教育理论的内涵及其意义[J].广西社会科学,2004(9):189–191.

[7]田芬.杜威教育思想对于现代教育的借鉴意义[J].泰安教育学院学报岱宗学刊,2009(4):97–98.

[8]杜威.民主主义与教育[M].北京:人民教育出版社,1990.

[9]华中师范学院教育科学研究所.陶行知全集第五卷[M].长沙:湖南教育出版社,1985.

[10]谢辉,张雷等.国外高中地理教材比较分析[J].中学地理教学参考,2004(3):4-6.

[11]夏志芳.地理课程与教学论[M].杭州:浙江教育出版社,2003.

[12]曾浩然.中学地理实践活动[M].北京:北京教育出版社,1996.

[13]王策三.教育论稿[M].北京:人民教育出版社,1985.

[14]张天宝.新课程与课堂教学改革[M].北京:人民教育出版社,2003.

[15]杨志国.新课改背景下高中地理生活化教学探析[J].新课程(下),2010(11):91.

[16]薛秋.引导式地理课堂教学模式的实践与思考[J].地理教学,2013(24):18-20.

[17]汪小慧.创设整体学习情境,激发学生学习兴趣[J].地理教学,2013(2):42-43.

[18]杨晓霞.高中地理教学生活化激发学习兴趣[J].地理教育,2013(s1):47-48.

[19]魏春东.浅谈日常生活情景在地理课堂中的作用[J].地理教学,2008(6):27-28.

[20]高小琴.高一地理课堂情境教学研究[D].呼和浩特:内蒙古师范大学,2013.

[21]李家清.学习理论与高中地理新教材编写研究[J].地理教学,2007(1):8-11.

[22]刘倩.高中地理本土案例教学[D].大连：辽宁师范大学,2014.

[23]苏晶晶.高中地理生活化情境教学的策略研究[D].南京：南京师范大学,2015.

[24]安宁.新课改背景下高中地理案例教学的应用研究[D].南宁：广西师范大学,2012.

[25]王运菲.高中地理案例教学研究[D].开封：河南大学,2014.

[26]魏丹丹.新课程高中地理活动教学的有效策略研究[D].北京：首都师范大学,2011.

[27]刘胜利.高中地理课堂活动教学的问题及策略[J].河北旅游职业学院学报,2007,12(2):139-141.

[28]陈龙安.创造性思维与教学[M].北京：中国轻工业出版社,1999.

[29]袁孝亭,王向东.中学地理素养教育[M].北京：高等教育出版社,2005.

[30]袁德龙.高中阶段地理教学中学生地理素养的培养[J].才智,2011(7):148.

[31]甘育山.探究式学习在地理教学中的应用[J].中学地理教学参考,2002(12):33-34.

[32]孙香伟.新课程背景下高考地理试题的比较研究[D].曲阜：山东曲阜师范大学,2011.

[33]蒋佩佩.高中地理新课程实施的现状及对策研究[D].重庆：重庆师范大学,2014.

[34]潘燕云.乡土地理课程资源在高中地理教学中的应用[D].金华：浙江师范大学,2013.

[35]赵艳廷.高中乡土地理课程资源利用研究——以濮阳市为例[D].开封:河南大学,2014.

[36]韩金荣.中学生地理科学思维方式及其培养研究[D].长春:东北师范大学,2006.

[37]徐淑宏.新课程下如何培养学生的地理思维[J].延边教育学院学报,2010,24(4):71-72.

[38]薛红.让生活回归地理教学课堂[J].考试周刊,2010(31):170-171.

[39]樊明军.学生野外考察中方向辨别方法概述[J].甘肃教育,2012(16):82-83.

[40]程顺娣.用生活之水浇灌地理教学[J].新课程研究(下旬刊),2012(7):19.

[41]黄少荣."生活化"让知识变活[J].陕西教育(教学版),2005(12):24.

[42]李玲玲.生活化地理教学的理论和实施初探[J].现代教育科学:教学研究,2013(7):188.

[43]汪心.浅析地理教学案例生活化[J].福建教育学院学报,2013(12):31-32.

[44]王瑶.生活化地理课程资源的开发利用研究[D].长春:东北师范大学,2007.

[45]柳青.提高地理课堂教学效率的实验研究[J].辽宁师范大学学报:社会科学版,2001,24(1):53-56.

[46]陈玲.面向生活的中学地理教育研究[D].上海:华东师范大学,2006.

[47]王洪霞.论中学地理教学和生活的融合[D].南京:南京师范大学,2006.

[48]黄国清.面向生活的中学地理教育理论和实践探讨[D].济南:山东师范大学,2006.

[49]马小雪."学习对生活有用的地理"理念的体现与贯彻情况[D].长春:东北师范大学,2010.

[50]白璐.高中地理生活化教学模式探讨[J].中学教学参考,2011(18):82.